光文社古典新訳文庫

政治学(下)

アリストテレス

三浦 洋訳

kobunsha classics

光文社

Title : ΤΑ ΠΟΛΙΤΙΚΑ

Author : ΑΡΙΣΤΟΤΕΛΗΣ

凡例

一　本訳の底本としたのは、Oxford Classical Texts (OCT) に収められているロスの校訂本：Ross, W. D., *Aristotelis Politica*, recognovit brevique adnotatione critica instruxit W. D. Ross, Oxford, 1957 である。訳文の下部にある数字とアルファベットは、十九世紀にドイツで刊行されたアリストテレス全集（通称「ベッカー版」）における当該箇所の頁・欄・行を示す参照番号で、参照箇所を指定する場合はこの参照番号を用いる。なお、底本と異なる読み方をした箇所は注に明記した。

二　注にアルファベットの略号で示す出典は以下の通りである。

D……Diehl, E., *Anthologia Lyrica Graeca*. 2Bde., 2. Ausgabe, Leipzig, 1936–1942.

K……Kock, T., *Comicorum Atticorum Fragmenta*, 3Bde., Leipzig, 1880–1888.

N……Nauck, A., *Tragicorum Graecorum Fragmenta* , 2.Ausgabe, Leipzig, 1889 : reprinted with Supplementum continens nova fragmenta Euripidea etc., ed. Snell, B., Hildesheim, 1964.

DK……Diels, H., und Kranz, W., *Die Fragmente der Vorsokratiker*. 3Bde., Berlin, 1951–1952.

三　底本に注はなく、付せられた注はすべて訳者によるものである。

四　各巻・各章の内容を示す見出しと目次、訳文中の太字の見出しは訳者が付したものである。

五　記号等の使用については以下の通りである。

「　」……ひとかたまりの語句の単位を示したり、語句を強調したりする場合に用いる。

『　』……書名や作品名を示す場合に用いる。訳注で著者名を付さずに示したものは、すべてアリストテレスの著作である。

（　）……底本で丸括弧となっている場合、または、語の意味を訳者が補足説明する場合に用いる。

［　］……底本にはないが、訳者が補足として挿入した場合に用いる。

〈……〉……底本の原文に欠落がある場合に用いる。

傍点……「解説」において訳者が語句を強調したい場合に用いる。

六　訳文中の改行は、必ずしも底本に従わない。また、底本にはないが、論点を整理するため、「第一に……第二に……」などと語句を補う場合がある。

七　ギリシャ語のカタカナ表記については、固有名詞を除いては母音の長短を区別し

（例：デーミウールゴス、ポリーテイアー）、固有名詞、または短い母音表記が一般的な語句は短母音に統一する（例：ソークラテースではなくソクラテス、アゴラーではなくアゴラ）。また、χはκと区別せずk音として扱い、θはτと区別せずt音として扱う。ただし、ϕはp音ではなくf音として扱う（例：デルポイではなくデルフォイ）。

八　ギリシャ神話の内容は、ホメロスの『イリアス』と『オデュッセイア』、ヘシオドスの『神統記』、アポロドロスの『ビブリオテーケー』、オウィディウスの『変身物語』など多くの作品に含まれているが、注や「解説」で参照したり、引用したりする場合は一括して「ギリシャ神話」と称し、個々の典拠は挙げない。

アリストテレス『政治学（下）』＊目次

訳者まえがき

この『政治学』(下)は、後半となる第五―八巻を収めました。内容は、ほぼすべてが国制論で、「国制の変動」を主題化した第五巻と、「民主制と寡頭制の課題」を論じる第六巻は議論上つながっています。しかし、「最善の国制」を探究する第七巻と、それを受けて「最善の国家の教育制度」を考察する第八巻は、新たな議論のグループを形成します。それは、本書の全体が次のような分岐構造を持っているからです。

第一―三巻(国家共同体論の原論)
　├ 第四―六巻(現実的な最善の国制の探究)
　└ 第七―八巻(理想的な最善の国制の探究)

ここでいう「現実的な最善の国制の探究」とは、第三巻第七章で示された六種類の国制を基盤にした探究を指し、「理想的な最善の国制の探究」とは、特定の国制の種類にこだわらない純理論的な探究を指します。六種類の国制は、次の通りです。

〈支配者数での分類〉〈正しい国制〉〈逸脱した国制〉
単独者による支配　王制　独裁制（僭主《せんしゅ》制）
少数者による支配　貴族制（最優秀者支配制）寡頭制
多数者による支配　共和制　民主制

ただし、議論が進むにつれ、この六種類は形式的な分類にすぎないことが判明してゆきます。アリストテレスによれば、現実に存在する多くの国制は、「富」を重視する寡頭制か、「自由」を重視する民主制であり、いずれか一方の特徴だけを強める極端な国制に陥らないよう、国制の混合を進める必要があります。そのため、例えば第五巻第七章では、寡頭制と民主制の混合によって共和制や貴族制が生じるという考え方に基づき、適切な混合こそが国制を安定化させると説かれます。このように、第六巻までの「現実的な最善の国制の探究」では、寡頭制と民主制を現実的な足場のようなものと見なし、そこからより善い国制を目指すという方針が次第に明瞭にされてゆくのです。

それに対し、第七巻以降の「理想的な最善の国制の探究」では、六種類の国制の実質を問題にするような言及はほとんどありません。わずかに第七巻第十一章で、城塞を置く場所が、寡頭制、単独者支配制、民主制、貴族制では異なると述べられる程度です。つまり、完全に理論的な考察を進め、人口や国土面積など最も基礎的な国家の条件から、有徳な市民を作る教育や子どもへの配慮まで、すべて願い通りに実現できる場合のユートピアのような「最善の国制」を追求すると、既存の国制のいずれにもぴったりとは該当しないものになるということです。このように、「国家はこうあるべきだ」という議論をひたすら積み重ねてゆく規範的な探究も、哲学的な政治学の一つのあり方にほかなりません。

そして、政治の最大の仕事は優れた市民の育成だという思想に基づくのが、最終第八巻の教育論です。とりわけ、実用性からは遠い音楽教育の意義が論じられるのは、同じ主題に取り組んだプラトンの『国家』と『法律』への応答にも見えます。その途中、音楽の用途の一種に挙げられる「カタルシス（浄化）」は、アリストテレスの

『詩学』でキーワードになっていることから、関連が注目されてきました。この問題に関心を持つ方には、『詩学』と『政治学』の「カタルシス」を比較しながら読んで頂ければ幸いです。

本書は、現代の正義論にとっても古典となる著作です。既に『政治学』(上)に目を通された読者には、その第三巻第九―十三章の原論的な正義論と、この(下)に収められた第六巻第二―三章の現実的な正義論を比べてみて頂けば、論述姿勢の違いが感じられることでしょう。正義の原理は国制ごとに異なり、どの原理も絶対的な正しさを持ちえないという方向に議論を導く第三巻に対し、貧困者と富裕者が混在する国家を見据え、その中に平等と正義を実現しようとする第六巻は極めて現実的な態度で書かれています。つまり、アリストテレスが『ニコマコス倫理学』で提示した「配分的正義」の理論が、実際的な政治哲学に変貌しているのです。だからこそ、第六巻第三章末尾の叙述は強く訴えかけてきます。「平等と正義を求めるのは、常に弱者なのであって、力で優る者たちはまったく顧慮しない」(一三一八b四―五)という文言からは、哲学者の静かな怒りさえ感じられるのではないでしょうか。

政治学（下）

第五巻　国制の変動の原因と対策

第一章　内乱に関わる平等の問題

対等性のとらえ方の誤り

1301a19 さて、私たちが解明を意図していた問題[1]のうち、これから扱うもの以外については、
a20 ほぼすべてを論じ終えた。そこで今度は、何が原因になって国制が変動するのか、そうした原因はいくつあってどのようなものなのか、とくに、それぞれの国制を消滅させる要因は何か、そして、どのような国制からどのような国制へと交替する場合が最も多いのか、ということを考察しなければならない。さらに、国制を存続させる要因はどのようなものなのかということについても、諸国制に共通するものと国制ごとに個別的なものに分けて考えた上で、それぞれの国制を存続させる最大の要因を考察すること、これらが、以上に続いて取り組むべき事柄となる。

まず、考察の出発点として把握するべき事実は、正義の実現、すなわち、比例的な平等の実現については誰もが賛成していながら、対等性のとらえ方を誤ったために生

じた国制が現実には数多いということであり、これは先にも述べた通りである。[2] つまり、人々が何らかの点で対等であることに基づいて、絶対的に対等だと考えられてしまったときには民主制が生じたわけである。実際、自由人だという点では誰もが同質のため、そのことから、人々は絶対的に対等だという信念が民主制の支持者に生じている。これに対し、人々が何か一つの点で対等ではないことに基づいて、全面的に対等ではないと考えられてしまったときには寡頭制が生じたわけである。実際、人々は財産の点で対等ではないため、そのことから、絶対的に対等ではないという考え方が寡頭制の支持者に生じているのである。このようにして、かたや民主制では、人々が対等であることを根拠にして、何でも対等に得るのがふさわしいと考えられ、かたや寡頭制では、人々の非対等性を根拠にして、優越者が他人より多く得ること（つまり、「より多く」得るとは、非対等に得ることである）を求めるのである。

1　第四巻第二章一二八九b一二―二六で挙げられた五種類の問題。
2　第三巻第九章一二八〇a七―二五、同巻第十二章一二八二b一四―二三で述べられている。ここで「比例的な平等」と呼ばれているのは、配分的正義を平等の一種ととらえたもので、同巻第九章一二八〇a一六―二五の説明と、同巻同章注3参照。

かくして、これらの民主制や寡頭制は、いずれも一定の正義を含んでいるが、端的にいえば誤った国制になっている。そして、この誤りが原因となって、民主制と寡頭制どちらの支持者にせよ、自分が実際に抱いている正義観とは反する仕方で国制に参与しているとき、内乱を起こすのである。しかし、全市民の中で、内乱を起こしても最大限の正当性を保てる人々がいるとすれば、内乱を実行する可能性は最小であるにせよ、[3]徳において傑出した人々であろう。なぜなら、徳において傑出した人々だけが絶対的な意味で対等ではないのだから、そう見なされることにこそ、最大限の道理があるからである。しかしまた、生まれの善さで優る人々の中にも、この点で自分は他人と対等ではないのだから、対等な扱いを受ける覚えはないと主張する人々が存在する。なぜこのように主張するのかといえば、生まれが善いということは、先祖に備わっていた徳と富を受け継いでいるということだと考えられるからである。

二通りの変動

それゆえ、以上に示した事情が、いわば内乱の発端ないし源であり、ここから人々は内乱を起こすにいたるのである。したがって、国制が変動するといっても、二通り

1301b　a40

あることになる。

その一つは、国制そのものの変動であり、現行の国制から別の国制へと移る場合である。例えば、民主制から寡頭制へ、寡頭制から民主制へ、あるいは、民主制や寡頭制から共和制や貴族制へ、もしくはその反対に国制が移る場合である。

もう一つは、現行の国制を変えるのではなく、同じ国制が定着する方向を選びつつ、寡頭制や単独者支配制といった国制を、自分たちが掌握しようとして変動させる場合である。また、同じ国制が存続する場合でも、その国制の性格をより強めたり、より弱めたりするような変動がある。例えば、寡頭制の場合なら、少数者が支配するという性格をより強める方向や、より弱める方向へ、民主制の場合なら、多数の民衆が支配するという性格をより強める方向や、より弱める方向への変動がある。それ以外の国制の場合も同様であり、制度を厳しくする方向、あるいは緩める方向への変動がある。さらに、国制を部分的に改変する場合もある。その例となるのが、ある公職の新

b10

3　本巻第四章一三〇四b四―五の説明によれば、有徳者は少数者にとどまるため、内乱を起こさない。

設や廃止であり、ラケダイモンではリュサンドロスが[4]「世襲制の」王制の廃止を企てたといわれているし、ラケダイモンのパウサニアス王は監督官の廃止を企てたといわれている。また、エピダムノス[5]で起こった国制の変動も部分的なもので、「寡頭制的な」部族長会に代わり、「民主制的な」審議会が設けられたものの、何らかの公職者を投票で選出する際、出席が義務づけられているのは政府内の公職者だけである点は、なお変わらない「ので、寡頭制の性格が残っている」。また、この国制における最高位の公職者が一人だけであった点も寡頭制的である。

数あるいは価値における等しさ

すなわち、どこであっても、内乱の原因は非対等性である。ただし、人々が非対等な場合でも、その非対等性に対応して比例的に事物が配分されれば「正義にかなうため」内乱は起こらない。[6]なぜこう述べるかというと、終身制の王の存在が「正義に反する意味で」非対等（不平等）になるのは、人々が対等な場合に限られるからである。[7]つまり、総じて内乱というものは、平等を求めて起こされるのである。

とはいえ、平等に関わる「等しさ」には、二通りがある。すなわち、一方は数における等しさであり、他方は価値における等しさである。数における等しさとは、多さや大きさの点で同じであるゆえに等しいということであり、価値における等しさとは、比例しているゆえに比率が等しい[8]ということである。すなわち、数における等しさの例となるのは、三が二より多さで上回る分と、二が一より多さで上回る分との等しさである。一方、価値における比率の等しさの例となるのは、四が二に対して倍数的に上回る比率と、二が一に対して倍数的に上回る比率の等しさである。つまり、四の中の二と、二の中の一は、両方ともが半分という意味での等しい部分なのである。

これら二通りの等しさのうち、価値における等しさの意味での平等（比例的な平等）こそが絶対的な正義だという点に関しては、意見の一致を見ている。それでもな

4　スパルタの海軍司令官を務め、ペロポネソス戦争でアテナイを敗北させた人物。世襲制を廃止し、市民の中から王を選出する制度の導入を図ったが、失敗に終わった。

5　第二巻第七章注13参照。

6　非対等な人々に対等な配分が行われると内乱の原因になるという説明。

7　対等な人々に非対等な配分が行われると内乱の原因になるという説明。

8　A：B＝C：Dが成立しているとき、A／BとC／Dは等しいということ。

お意見が相違するのは、先にも述べたように、人々が何らかの点で対等であれば全面的に対等だと考えてしまう者たちが一方に存在し、何らかの点で非対等であれば何でも非対等に配分するのが自分たちにはふさわしいと考える者たちが他方に存在するからである。だからこそ、とりわけ民主制と寡頭制という二つの国制が生じるのである。というのも、［最優秀者支配制や王制の特徴となる］生まれの善さや徳は少数の人々にしか備わっていないのに対し、民主制と寡頭制の特徴となるもの［すなわち、自由と富］は比較的多くの人々が持っているからである。実際、生まれの善い有徳な人々は、どこでも百人といないが、[9] 裕福な人々は多くのところに多数存在するのである。

だが、二通りの等しさのうち一方の等しさの意味での平等だけに基づき、国制のあらゆる面が画一的に組織されているならば、拙劣である。そのことは、現実に起こっている事態からも明らかである。すなわち、一方の意味での平等だけに基づいた国制の中からは、安定した国制が一つも現れていない。その原因は、最初の想定、つまり出発点とする[10]ものが誤っていれば、何か劣悪な結末を迎えざるをえないことにある。それゆえ、[11] 誤りを避けるためには、必要に応じて、ある場合には数における等しさの意味での平等を、ある場合には価値における等しさの意味での平等を採用しなければ

1302a　b40

ならないのである。

しかし、安定した国制が現れていないとはいっても、なお民主制の方が寡頭制よりも堅固で、内乱も起こりにくい。なぜなら寡頭制では、支配者同士の争いと、支配者対民衆の争いという二種類の抗争が起こるのに対し、民主制では、寡頭制支持者に対する抗争が起こるだけで、支配者である民衆同士の争いという意味では、語るに値するほどの内乱が起こることはないからである。加えて、中間の人々が参与する国制は［支配者の数が多くなるため］少数者支配の寡頭制より多数者支配の民主制に近くなることも、堅固さの理由である。まさにこのような国制こそが、不安定になりやすい国制の中では最も堅固である。[12]

9　ロスは kai aporoi（貧困者も）を挿入しているが、その修正に従わない。

10　国制の理念で、本章の文脈では平等のとらえ方のこと。

11　絶対的な平等を指すと考えられる。例えば、寡頭制において財産の査定額に応じて公職を割り当てるのではなく、貧困者も富裕者も一人の市民として扱われて同じ公職に就くことができ、同じ日当を受けるような制度が該当するであろう。

12　第四巻第十一章一二九六a一三―一八にも同様の説明がある。

第二章　内乱の普遍的な原因

状態、目的、発端

私たちが考察しているのは、何から国制の変動や内乱が起こるかということであるから、まずは変動や内乱の発端と原因を［特定の国制に限ることなく］普遍的に把握するべきである。そこで、だいたいのところを述べれば、発端と原因の数は三つになるが、最初に一つずつ輪郭だけでも描き、区別しておかなければならない。すなわち、第一に、どのような状態にあるときに人々は内乱を起こすのか、第二に、何を目的として内乱を起こすのか、第三に、何が発端となって国家の混乱と市民同士の抗争が起こるのか、ということを把握する必要がある。

さて、三つの原因の中でも、人々を国制の変革へと駆り立てる状態という意味での原因こそがとりわけ普遍的に考えなければならないが、そのことについては、実際のところ、既に私たちは述べたのであった[1]。すなわち、ある人々は、互いに対等であるはずなのに、より多くの事物を得ている者たちに比べて自分たちは少ししか得ていないと考えたとき、平等を求めて内乱を起こし、ある人々は、優越者の自分は他人と非対等であるはずなのに、より多くの事物を得ていないどころか、他人と対等、あるいは他人より少ない事物しか得ていないと考えたとき、非対等な配分、すなわち優越した配分を求めて内乱を起こすのである（こうした要因のうち、平等ないし優越を求める欲求は、それ自体として正当な場合もあれば、不当な場合もある）。要するに、劣位にある小さな者は対等な者になろうとして内乱を起こし、既に対等になっている者は優越した大きな者になろうとして内乱を起こすのである。

以上述べたのが、どのような状態にあるときに人々は内乱を起こすかということである。

一方、何を目的として内乱を起こすのかといえば、利益や名誉のためであるが、それらと正反対のものも目的になる。なぜなら、自分自身に降りかかったことにせよ、親しい人々に降りかかったことにせよ、不名誉から逃れるために、あるいは不利益か

1　前章一三〇一a二五―三九、b三五―三九で述べられている。

ら逃れるために国家の中で反乱を起こす場合もあるからである。

そして、いま述べたような状態と目的を人々のもとに現出させるという意味での、国家の変動の原因ないし発端を列挙すれば、七つを数えることになるけれども、別の数え方ではもっと多くなる。そのうち二つは、いま言及したのと呼称上は同じ「利益」と「名誉」であるが、それらが内乱に関わる仕方は先の説明と同じではない。すなわち、利益や名誉のために市民同士の抗争が発生するといっても、いま述べたように利益や名誉を自分たちが得ることを目的として抗争するという意味ではなく、他の人々が（正当な仕方にせよ、不当な仕方にせよ）自分たちより利益や名誉を多く得ているのを見たことが発端となって抗争するという意味である。この二つ以外のものは、傲慢、恐怖、優越、軽蔑、「正義にかなう」比例に反する肥大である。また、「内乱なしの変動の原因なども含める」別の数え方の場合には、公職者に選出されるための支持集め、事態の軽視、小さな事柄の看過、市民の非同質性も加えられる。

2　第四巻第十三章一二九七b六―八では、貧困者は公職に参与できなくても、傲慢な振る舞いをされない限り反抗しないと説明されていることから、傲慢は内乱の引き金の一つである。

3　解釈の困難な箇所であるが、本章一三〇二a三〇―三一の「大きな者」という表現を参考にして訳した。

第三章　内乱の発端　各論

傲慢と利益

いま挙げた事柄のうちでも「傲慢」と「利益」に関する限り、それらがどのような結果を引き起こす力を持つか、つまり、どのように内乱の原因となるかということは、ほぼ明らかであろう。すなわち、公職に就いている者たちが傲慢に振る舞い、より多くの利益を得ようとすれば、人々は互いに争うようになるだけではなく、公職者たちに権限を与えた国制に対しても反乱を起こすのである。より多くの利益を得ようとする不正は、個人の財産に対して行われる場合もあれば、公共の財産に対して行われる b10
場合もある。

名誉と優越

そして、「名誉」に関しても、それがどのような結果を引き起こす力を持つか、つまり、どのように内乱の原因となるかということは明らかである。すなわち、自分たちが不名誉な扱いを受けるか、他の者たちが名誉を与えられているのを見ると、人々は反乱を起こす。とはいえ、個人の価値に反して名誉が与えられたり、不名誉な扱いがあったりするときには不当であるが、価値に基づいた対応になっているときには正当である。

また、「優越」が内乱の原因となるのは、一人であれ、複数の人間たちであれ、特定の者たちの持つ力が、国家の力、すなわち政府の力より優越して強大になるときである。なぜなら、そうした状態は単独者支配制や門閥制を生むのが常だからである。それゆえ、アルゴスやアテナイなど、いくつかのところでは陶片追放[1]を行う習慣がある。けれども、これほどまでに強大な者たちが出現するのを許しておいて、後になって処置を施すよりも、こうした者たちが国内に現れないよう最初から監視する方が優れている。

b20

1　第三巻第十三章注10参照。

恐怖と軽蔑

次に、「恐怖」が原因となって内乱を起こす場合には二通りがあり、その一つは、既に不正を犯した者たちが罰を与えられるのではないかという恐怖を感じて行動する場合である。もう一つは、いつか自分が不正な行為をされるだろうという恐怖を感じている者たちが、不正な行為をされる前に相手を壊滅させようとして行動する場合であり、ロドス[2]の名士たちが、次々と訴訟を起こしてくる民衆に対し、結束して反乱を起こした[3]ことがその例になる。

そして、「軽蔑」も内乱や攻撃の原因になる。例えば、寡頭制では、国制に参与できない人々が多数派になったとき、自分たちの方が勢力で優っていると考えるため、支配者を見下すという意味で軽蔑して内乱や攻撃を企てる。また、民主制においても、富裕者が無秩序と無統制の状態を軽蔑して行動を起こす場合がある。例えば、テバイではオイノピュタの戦い[4]の後に国家の統治が悪化したため、民主制が滅ぼされた。
b30
さらにメガラでも、民主制が無秩序と無統制に陥ったゆえに打倒された[5]。加えて、ゲロ[6]ンが独裁制（僭主《せんしゅ》制）を敷く直前のシュラクサイや、先ほど述べた反乱が起こる直前のロドスでも、民主制はこのような状態に陥っていた。

比例に反する肥大

また、比例に反する肥大によっても国制の変動が起こる。それは、さまざまな部分から成り立っている身体が均整を保って成長するには、各部分が比例的に成長しなければならず、そうでなければ身体が破滅してしまうのと似ている。例えば、足は四ペーキュス[7]もの大きさなのに、足を除く身体は二スピタメー[8]しかないときには破滅してしまうのである。

2　ロドス島については第二巻第十章注6参照。
3　紀元前三九〇年、寡頭制を目指す人々が反乱を起こした事件を指すと考えられる。
4　紀元前四五七年、テバイ（第二巻第九章注15参照）がアテナイに敗れた戦い。オイノピュタの場所は不明。
5　第四巻第十五章一三〇〇a一七―一九、本巻第五章一三〇四b三五―三九で言及されているのと同じ出来事を指すと考えられる。
6　紀元前五世紀にシュラクサイで独裁者となり、シチリア島全体に影響力を持った人物。
7　一ペーキュスは肘から指先までの長さで、約四十五センチメートル。
8　一スピタメーは手のひらを広げたときの親指から小指までの長さで、約二十二センチメートル。

しかし時として、比例に反する肥大は、量的変化にとどまらず、質的変化も引き起こすことにより、ある生き物の身体が他の生き物の姿に変わってしまう[9]ことさえあるのだから、多くの部分から成り立っている国家の場合にも同様である。例えば、民主制や共和制において貧困者の数が次第に増大する［ことで国制が変質する］ように、国家のある部分が肥大していても気づかれないという事態が、しばしば生じるのである。

そして、こうした国制の変動は、偶然の出来事を原因としても起こる。例えばタラス[10]では、ペルシャ戦争の直後、多数の名士たちがイアピュギア人との戦い[11]に敗れて殺害されたとき［貧困者層が肥大したため］、共和制に代わって民主制が出現した。また、アルゴスでは、ラコニア（スパルタ）王クレオメネスによって、いわゆる「七日目の人々」が殺害された[12]とき、一部のペリオイコイ[13]を市民として受け容れざるをえなかった［ので、民主制的になった］。さらに、アテナイではラコニアとの戦争[14]の際、事前登録の徴兵名簿に基づいて兵士を出征させた[15]ため、陸上戦での不運により、名士たちの数が減る結果となった［ので、民主制的になった］。同様の変動は、比較的少ないとはいえ、民主制でも起こる。すなわち、富裕者の数が多くなったり、富裕者の財産が増大したりすれば、民主制から寡頭制もしくは門閥制へと変動するのである。

9 オタマジャクシがカエルへと変態するときのように、足の長さの変化が最終的には姿全体の変化をもたらすというような意味であろう。これに対応して、国家のある部分が肥大すると国制そのものが変化する場合もあると、後続箇所で例証されている。

10 第四巻第四章注15参照。

11 イアピュギアは、イタリア半島を長靴に見立てたとき、かかとの外側に位置する都市。この戦いは、紀元前四七三年に起こったもので、ヘロドトス『歴史』第七巻第百七十章によれば、史上最も多くのギリシャ人が殺害された。

12 紀元前四九五年にラコニアとアルゴスの間で起こった戦いを指すが、殺害されたアルゴス人が「七日目の人々」と呼ばれる理由は不明。一説には、新月の七日目に戦争が起こったことに由来するという。

13 第二巻第九章注2参照。

14 紀元前四三一—前四〇四年に起こったペロポネソス戦争。

15 『アテナイ人の国制』第二十六章と第四十九章によれば、重装歩兵や騎兵となる富裕者が事前審査を受けて名簿に登録されていた。

内乱なしの変動の原因

また、内乱なしに国制が変動することもある。[16] 例えば、ヘライア[17]で起こったように、公職者に選出されるための支持集めの運動を原因とする場合である。すなわち、支持集めに回った人々が公職者に選出されるようになったことから、それまでの選出制に代えて「民主制的な」籤《くじ》引きが導入されたのである。[18]

あるいは、事態の軽視が原因となって、内乱なしの変動を生じさせることもある。すなわち、現行の国制に対して好意的ではない者が主要な公職に就くことを軽視し、その就任を許容する場合である。例えば、オレオス[19]では、寡頭制に対して好意的ではないヘラクレオドロスが公職者の一員になったとき、寡頭制が破壊された。ヘラクレオドロスは、寡頭制に代えて共和制もしくは民主制を打ち立てたのである。

さらに、小さな事柄が原因となる場合もある。つまり、小さな事柄を無視したとき、しばしば気づかないうちに法律や習慣に大きな変動が起こるため、それを指して「小さな事柄」と表現しているのである。例えば、アンブラキア[20]では、公職に就く条件となる財産の査定額が少額に設定されていたが、最終的には財産なしでも公職に就けるようになってしまった。というのも、少額の財産は財産なしに近いか、財産なしと何ら違わないとの考えから、「少額の財産」と「財産なし」の差を小さな事柄として無視したからである。

市民の非同質性

加えて、異なる人種から構成されているという意味での市民の非同質性も、市民同士の息が合うまでは内乱の原因になる。[21] なぜなら、同一の時に、たまたま居合わせた人々の集団から国家が発生するのではないのと同じように、たまたま同一の長さの時

16　動乱や政変のない平和的な改革も、広義には国制の変動に含まれるため、その三つの原因が順次説明される。

17　ペロポネソス半島中央部のアルカディア地方の都市。

18　内乱を未然に防ぐために導入されたという意味であろう。

19　エーゲ海の西部にあるエウボイア島（現・エヴィア島）の北部の都市。

20　ギリシャ北西部のイオニア海に面した湾岸都市。

21　再び内乱の原因に言及されるが、先に挙げられた原因は、異なる国制を支持する者たちの間での抗争という性格が強かったのに対し、ここで述べられる市民の非同質性は、人種の違いや居住地の違いといった別の要素を含むため、区別されているのであろう。

間を人々がともに過ごしさえすれば国家が発生するというわけではないからである。それゆえ、建国の当初から居住者として異なる人種を受け容れた場合や、途中から入植者として受け容れた場合は、たいてい内乱を招いている。例えば、アカイア人[22]はトロイゼン人[23]と共同してシュバリス[24]に国家を建設したが、後にアカイア人が多数になると、トロイゼン人を追い出した。このことに起因して、シュバリスの人々には呪い[25]が降りかかったのである。また、シュバリス人はトゥリオイ[26]でも、共同で入植した人々と争うことになった。すなわち、トゥリオイが自分たちの土地だという理由で、より多くの配分を求めたために、かえってシュバリス人の方が追い出されたのである。ビュザンティオン[27]でも、後から入植した者たちの陰謀を住民が見破り、戦って追い出すにいたった。また、アンティッサ人[28]も、キオス[29]からの亡命者を一度は受け容れながら、やはり戦って追い出すにいたった。しかし、ザンクレ人[30]の場合は、サモス人[31]を受け容れながら、自分たちの方が追い出されるにいたった。さらに、黒海沿岸のアポロニア人は、新たな入植者を連れてきたために内乱を招いた。シュラクサイ人の場合も、
1303b 独裁制[32]が終わった後に外国人や傭兵を市民にしたところ、内乱を招き、内戦状態に陥った。そして、アンフィポリス人[33]は、カルキス[34]から入植者を受け容れたものの、か

えって大多数のアンフィポリス人が入植者によって追い出される結果になった。

また、[35]寡頭制では、多数者である大衆が不正な扱いを受けているという理由で反乱を起こすのであるが、その不正とは、先に述べたように、互いに対等でありながら対

22　第二巻第九章注4参照。
23　トロイゼンはペロポネソス半島の東端の都市。
24　イタリア半島を長靴に見立てたとき、土踏まずの部分に位置する都市。
25　何を指すかは不明だが、ヘロドトス『歴史』第五巻第四十四―四十七章によれば、シュバリスは、トロイゼン人を受け容れたクロトン市からの攻撃で滅んだ。
26　紀元前五世紀、シュバリス（本章注24参照）の近くに建設された都市。
27　第四巻第四章注16参照。
28　アンティッサはレスボス島の北部の都市。
29　第一巻第十一章注9参照。
30　ザンクレはシチリア島の東端の都市。
31　第三巻第十三章注14参照。
32　紀元前四六六年、シュラクサイで反乱が起こり、独裁者のトラシュブロスは亡命した。
33　アンフィポリスはマケドニア中央部に位置し、アテナイ人の植民都市となった。
34　第二巻第十二章注13参照。

等な配分を受けていないことである。他方、民主制では、名士たちが反乱を起こすのであるが、その理由は、互いに対等ではないのに対等な配分を受けていることにある。

さらに、時として国家に内乱を招く原因となるのが、市民たちの居住する場所の違いという意味での非同質性である。すなわち、国家が一つにまとまるのに適した国土をもともと持っていない場合に、問題が起こる。例えば、湾岸にあるクラゾメナイで[36]は、大陸部のキュトン地区[37]の人々が、小島に居住する人々と抗争した。また、沿岸部のコロフォン[38]の人々は、港町のノティオン[39]の人々と抗争した。また、アテナイでも、どこに居住する市民であれ同質だというわけではなく、港湾部のペイライエウス地区[40]に居住する人々は、都市部の住民よりも民主制的である。なぜ居住する場所の違いがこうした結果を引き起こすのかといえば、それはちょうど、戦争の際に軍隊が小川のような水流を越えて進んでゆくときのようすに似ている。すなわち、どんなに小さな水流であっても隊列を分断する原因になるのと同様に、どんな種類の差異であれ、何か人々の間に違いがあれば、それが国家の分裂を引き起こすと推察されるのである。[41]

かくして、さまざまな非同質性が存在するにせよ、おそらく国家に最大の分裂を引き起こすのは、美徳と悪徳の差異であり、その次には、富裕と貧困の差異である。さ

b10

らにその次には、というように後続して、この差異の方があの差異よりも分裂を生む度合いが大きいという観点から序列が続いてゆくのであるが、ここで述べた事柄も、そうした序列に含まれるものの一つである。[42]

35　従来、この段落は、他の位置にあった文章の混入と見なされる場合が多かった。しかしアリストテレスは、富、徳、人間の能力における非対等性を時として「非同質性」と表現するため、ここでの非対等性への言及が無関係とはいえない。第三巻第四章注3参照。

36　小アジアのイオニア地方の都市。もともとは大陸部にあったが、小島に移った。

37　クラゾメナイが大陸部にあった時期の地区。

38　第四巻第四章注7参照。

39　コロフォンの外港の所在地。

40　第二巻第八章注2参照。

41　戦時に厳しく統制された軍隊でさえ、小さな水流で分断が発生するのだから、平和な時にも小さなことで分裂が起こるのだろうという推察。

42　おそらく、居住する場所の違いを指しており、分裂を生む度合いの比較的小さい差異の例として挙げたという意味であろう。

第四章　国制を変動させた原因の事例

公職者や名士の争いから

以上まで見てきたように、内乱は原因として小さな事柄[1]から発生するけれども、結果は小さな事柄だけに及ぶわけではなく、人々が実際に起こす内乱は大きな事柄に及ぶ。そして、小さな争いでさえも、重要な権限を握る人々の間で発生するときには、とりわけ大きな影響を及ぼす。例えば、古い時代にシュラクサイで起こった出来事もそうであり、公職（アルケー）の地位にあった二人の若い男性A、Bが、恋愛問題を原因として争ったことから国制が変動したのである。すなわち、Aが外国へ出ていたとき、Bはその同僚にもかかわらずAの恋人であった少年を自分のものにしたので、今度はAがBに対して怒りを向け、Bの妻がAのところに来るよう口説いた。このことに起因して、AとBは政府内の公職者たちを自分の味方につけようとしたため、政府内の全員を分裂させる結果になった。

b20

それゆえ、こうした争いが始まったならば用心し、指導的な地位にあって権能を持つ人々の抗争を始めのうちに解決しなければならない。なぜなら、事の始め（アルケー）[2]に過ちが発生すると、「始めは全体の半分」と諺《ことわざ》にいわれる次第ゆえに、始めの部分で起こった小さな過ちは、始め以外の部分での多大な過ちに相当するものにさえなるからである。

総じて、名士たちの抗争は国家の全体さえも巻き添えにする。例えば、ヘスティアイア[3]では、ペルシャ戦争の後、ある二人の兄弟が父親の遺産を相続する際に配分をめぐって争ったとき、兄弟のうち貧民の方は民主制の支持者を味方につけた。すなわち、遺産の総額も不明なら、父親が発見した財宝についても明らかにされていないと主張

b30

1　前章の「小さな事柄」とは意味が異なり、国制の変動という大きな結果に比べれば小さなきっかけにすぎない原因を一般的に指している。前章までは変動の原因が種別化されたのに対し、本章では、小さな事柄から変動が起こることの証拠として過去の事例が挙げられる。

2　ギリシャ語の「アルケー」が意味する「公職」と「始め」が掛け合わされている。

3　前章注19で注釈したオレオスの古名。

したのである。他方、兄弟のうち多大な財産を持つ方は富裕者を味方につけたのであった。

婚礼や遺産相続から

また、デルフォイでは[4]、婚礼から生じた仲違いが、後に起こった抗争全体の始まりになった。すなわち、花婿が花嫁を迎えに来たとき、ある偶然の出来事を不吉な予兆と考え、花嫁を連れずに去ったことが事の始まりである。花嫁側の人々は侮辱されたと思い、花婿が供犠の儀式を行っている際に、神殿の聖なる道具をひそかに投げ入れ、その後、花婿を神殿荒らしとして殺害したのである。

ミュティレネでも[5]、遺産相続した女性たちを発端として争いが生じ、それが多くの
災いの始まりとなってアテナイとの戦争にまで発展した。そして、アテナイの将軍パ
ケスはミュティレネ人の国家を占領したのである[6]。どのような出来事だったのかとい 1304a
えば、ティモファネスという富裕者がミュティレネにおり、二人の娘を残して死去し
た際、デクサンドロスという人物が、自分の二人の息子の結婚相手に娘たちを得よう
として拒絶されたため、抗争を始めた。デクサンドロスは、ミュティレネにおいてア a10

テナイの権益を代表する領事の地位にあったので、アテナイ人の介入を煽動したのであった。同様に、フォキスでも遺産相続した女性を発端として争いが生じた。すなわち、ムナソンの父親であるムナセアスと、オノマルコスの父親であるエウテュクラテスが対立し、両者の争いはフォキス人にとって神聖戦争の始まりになったのである。さらに、エピダムノスでも結婚に関わる出来事が原因となって国制が変動した。すなわち、Aという人物が自分の娘をBという人物の息子に嫁がせる約束をしたとき、

4　第一巻第二章注4参照。
5　レスボス島の都市。
6　紀元前四二八年の出来事で、トゥキュディデス『戦史』第三巻で詳述されている。
7　ギリシャ中部の地方で、デルフォイの神域がある。
8　遺産相続した女性を自分の息子と結婚させようとして、二人の父親が対立したと考えられる。
9　デルフォイのアポロン神殿が冒瀆されたとき、神殿を共同で護持する隣保同盟の国々が冒瀆者に仕掛けた戦争を「神聖戦争」と呼び、ここで言及されているのは、紀元前四世紀に隣保同盟がフォキス人に宣戦した第三次神聖戦争。
10　本巻第一章一三〇一b二一―二六で記述された変動と関連している可能性もある。

たまたまBは公職に就き、公職者としてAに罰金を科すことになってしまった。AはBから無礼な扱いを受けたと考え、国制の外部に置かれた人々と徒党を組んだのである。

戦争での功績や独裁者の打倒から

また、公職者ないし国家の一部分が何らかの点で評価を高めたり、力を増長させたりすることによって、寡頭制へ、あるいは民主制や共和制へと国制が変動する場合がある。例えば、アレイオス・パゴス[11]の審議会は、ペルシャ戦争における功績で評価を高めたゆえに、［寡頭制的な］国制をいっそう厳しく引き締めることができたと思われるし、また反対に、海軍で力を発揮する大衆は、サラミス海戦[12]での勝因となり、その力によって海上の覇権を確立したことから民主制をいっそう強固にできたのである。アルゴス[13]でも、ラケダイモン人を打ち破ったマンティネイア[14]の戦いで名士たちが評価を高めたため、民主制の解体を試みたのであった。そして、シュラクサイでは、アテナイとの戦争で民衆が勝因になったため、国制を共和制から民主制へと変動させたのである。

a30 さらに、カルキスでは、民衆が名士たちと一緒になって独裁者のフォクソス[15]を打倒するや否や、国制を掌握した。やはり同様にアンブラキアの民衆も、独裁制を批判する者たちと一緒になり、独裁者のペリアンドロス[16]を追放した後、自分たちに合った国制へと転換した。

だからこそ、総じて、どの国制においても次の事実を忘れてはならない。すなわち、国力を増す要因となった人々は、内乱の動因という意味でも要因になるということである。その事実は、問題の人々が一般市民の私人であれ、公職者であれ、特定の部族であれ、総じて国家のどんな部分の、どんな人数の集団であっても変わらない。なぜ

11　第二巻第十二章注2参照。

12　ペルシャ戦争中の紀元前四八〇年、アテナイに近いサラミス湾で、アテナイの海軍がペルシャの艦隊を打ち破った海戦。

13　第二巻第九章注3参照。

14　ペロポネソス半島中央部のアルカディア地方の都市国家。

15　この人物については詳細不明。

16　コリントスの独裁者ペリアンドロスの甥で、紀元前六世紀にアンブラキアで独裁を行った。

なら、功績で高い評価を受けた人々に対して嫉妬する者たちが内乱を起こすか、あるいは、高い評価を受けた人々それ自身が自分たちの優越を理由にして、対等な扱いを受け続けることを望まなくなるかのいずれかだからである。

国家の部分同士の対立から

また、富裕者と民衆のように、国家の中で対立していると考えられる部分同士が互いに対等な力で拮抗しているとき、中間の人々がまったく存在しないか、ごくわずかしか存在しなければ国制は変動する。なぜ拮抗している場合に限定するかといえば、どちらの部分であれ、一方が他方よりはるかに優越しているときには、明らかに力で優る側に対し、劣位にある側が危険を冒してまで挑もうとはしないからである。いわば、そういう意味では、徳において傑出した人々も内乱を起こすことはない。なぜなら、有徳者というのは、徳を欠く多数者に対しては少数者になるものだからである。

1304b

暴力と欺き

かくして、あらゆる国制に当てはまるという意味で普遍的に、内乱や変動の発端と原因を述べれば以上のようになる。しかし、変動が人々の意に沿うかどうかという面から見れば、ある場合には、暴力による強制で人々の意に反して国制が変動し、ある場合には、虚偽によって欺かれた人々の意に沿って国制が変動する。そして、暴力による強制といっても、まさに最初から暴力を用いる方法と、［最初は虚偽で欺き］時間が経過した後に暴力で強制する方法とに分かれる。それゆえ、虚偽によって欺く方も、［後から暴力を用いる方法と用いない方法との］二通りに分かれるわけである。

二通りのうちの一つは、変動を企てた者たちが最初に人々を完全に欺き、欺かれた人々は自ら進んで国制を変動させるが、後になって［欺きに気づいた］人々が進んで国制に従おうとはしなくなると、今度は暴力で支配する方法である。例えば、寡頭制を目指した四百人政権[17]は、ラケダイモン人との戦争に際してペルシャ王が軍資金を提供してくれるような国制を作ると主張し、民衆を完全に欺いたが、このような虚偽で

17　ペロポネソス戦争中の紀元前四一一年、アテナイで成立した四百人の市民による政権。スパルタとの和平交渉に失敗し、四カ月で終わったことが『アテナイ人の国制』第二十九―三十三章で述べられている。

欺いた後も国制を暴力的に保持しようとした。それに対し、もう一つの方法は、最初に虚偽を用いて人々を納得させ、さらに後になって［虚偽に気づかれても］再び欺いて納得させることによって、人々が自ら進んで支配に服するようにする方法である。それゆえ、あらゆる国制に当てはまるという意味で端的にいえば、ここまで述べてきた事柄から国制の変動が生じる結果になるのである。

第五章　民主制の変動の原因

最大の原因は民衆指導者

そこで今度は、さまざまな国制を種類ごとに分け、以上述べた原因から起こる出来事を見てみなければならない。

まず、民主制の場合には、民衆指導者の無節操な煽り立てが最大の原因となって、別の国制へと変動する。すなわち民衆指導者は、一個人としては資産家たちをむやみに告発するので、かえって資産家たちを団結させてしまう［ため、寡頭制への変動が起こる］。なぜなら、資産家たちにとって共通の恐怖となる存在が出現すれば、最も敵対している資産家同士でさえも結束するからである。また、民衆指導者は、公の場では大衆に対して煽動を行うため、これも資産家たちを団結させてしまう。まさにこうしたことが、多くの場合、いま述べた通りに起こるのを見ることができよう。

実際、コス[1]では、国内に劣悪な民衆指導者が現れたため、民主制が変動した。というのも、名士たちが結束したからである。ロドスでも同様の出来事があり、民衆指導者は、民衆に対しては公職の日当を支給しながら、三段櫂船の船長たちが抱える負債に対しては国家負担の措置を講じなかった。そのため、返済を妨げられた船長たちが債権者から訴えられる状態に陥り、やむなく結束して民主制を解体したのである。

そして、ヘラクレイア[2]でも、植民地として都市が建設された直後に、民衆指導者が原因となって民主制の崩壊を招いた。すなわち、名士たちは民衆指導者から不正な扱いを受けて一度は追放されたのだが、その後、追放された人々は団結して帰国し、民主制を解体したのである。メガラの民主制も、似たような仕方で崩壊した。すなわち、財産を公有化するために、民衆指導者は名士たちの多くを追放したが、ついには追放された人々の方が多数者になったので、その人々は帰国して民衆との戦いに勝ち、寡頭制を打ち立てたのである。同じことが民主制時代のキュメ[3]でも起こり、トラシュマ

1　エーゲ海南東部の島。
2　紀元前五六〇年頃、黒海沿岸に建設された都市。
3　第二巻第八章注11参照。

コスは民主制を解体したのであった。 1305a

4 おそらく、他の国家の変動を見ても、以上の例と同じような経緯であることがわかるだろう。つまり、ある場合には、民衆指導者は民衆の歓心を買うことを意図し、名士たちの財産や収入を公共奉仕に使うという方法で再分配するため、このような不正な扱いが名士たちを結束させてしまう。また、ある場合には、富裕者たちの財産を没収して公有化することを意図し、財産の所有者を誹謗するため、かえって富裕者たちを結束させてしまうのである。

古い時代には独裁者に変貌

しかし、同じ人物が民衆指導者にも将軍にもなれた古い時代には事情が違い、民主制は独裁制へと変動した。すなわち、古い時代の独裁者は、ほぼ大多数が民衆指導者から変貌した者であった。

このような変貌が往時には起こり、現在は起こらない理由は、第一に、往時には将 a10
軍職の経験者が民衆指導者になったことにある。その背景には、演説することにかけ
て往時の人々がまだ巧みではなかったという事実があり、その点、弁論術が発達した

現在では、演説する能力を持つ人物が民衆指導者になっている。このように演説能力によって民衆指導者となった人物は、軍事的な指揮の経験を欠くために、［戦時には将軍となる］独裁者を目指そうとはしないのである。ただし、これは、どこかで例外的な出来事が少しだけ起こっているのを除いての話である。

第二の理由は、かつては重要な公職が数人の手にゆだねられていたので、そのことも一因となって、現在より多くの独裁者が出現したということである。例えばミレトスでは[5]、「主宰者（プリュタニス）[6]」と呼ばれる高位の公職者が多くの重要な権限を握っていたため、この公職者が独裁者に変貌した。

さらに、第三の理由に挙げられるのは、往時の国家は大きくなく、民衆は田畑のある農村部に住んで仕事に追われていたので、民衆を導く者たちは、軍事の能力を身につけると独裁者を目指したことである。そうした者たちは、誰もが民衆から信頼され

4　この人物については詳細不明。
5　第一巻第十一章注7参照。
6　「主宰する者」を意味するが、国家によって役割が異なり、ミレトスの制度は不明である。

たゆえに独裁者になれたわけであるが、その信頼は富裕者に対する敵対心と一体であった。例えば、アテナイではペイシストラトスが富裕者の「平野派」に対して反乱を起こした[7][8]。メガラではテアゲネスが富裕者の家畜を襲った例がある[9]。家畜が河畔の他人の土地で草を食《は》んでいるとき、それを捕獲して屠殺したのである。また、シュラクサイのディオニュシオスは[10]、将軍のダフナイオスと富裕者たちを告発したことから[11]独裁者にふさわしい人物と見なされた。つまり、富裕者に対する敵対心ゆえに民衆の味方として信頼を得たのである。

最新の民主制への変動

また、先祖伝来の民主制から最新の民主制へと変動することもある[12]。それは、公職者が財産の査定額を条件とせずに選出される場合であり、かつ、民衆が選出の主体になる場合である。このようなとき、公職に就こうと懸命になる者たちは民衆に肩入れし、ついには、法律さえも超えて民衆が最高の権限を持つ状態を作り出してしまうのである。この状態の出現を防ぐか、あるいは少なくするための方策は、民衆の全員ではなく、各部族を公職者選出の母体にすることである。

以上、民主制の変動の原因を述べたが、ほぼすべての変動はこうして生じるのである。

7　紀元前五六一―前五二七年にアテナイの独裁者となった人物。
8　アテナイ市内と周辺の平野部に住む富裕者の党派で、民主制を目指すペイシストラトスが率いた貧困者の「山地派」と対立した。他に、中庸の国制を求める「海岸派」も存在したことが『アテナイ人の国制』第十三章に記されている。
9　紀元前七世紀後半にメガラの寡頭制を打倒し、独裁者となった人物。
10　第一巻第十一章注12参照。
11　紀元前四〇六―前四〇五年にカルタゴ人がシチリアに侵攻した際、それを撃退できなかったダフナイオスらが告発され、処刑された。
12　第四巻第四章において第五の種類に挙げられた、最も極端な民主制。

第六章　寡頭制の変動の原因

支配者が不正なことを行う場合

次に、寡頭制において最も多い変動の起こり方としては、これ以上ないほど明瞭な二つの仕方がある。

まず、一つの起こり方は、寡頭制の支配者が大衆に対して不正なことを行っている
場合である。なぜなら、そのような場合、誰であっても大衆の先頭に立つのに十分な
者となれるからであり、とりわけ、寡頭制の支配層の内部から大衆の先導者になる人 a40
物が出現するときにはそうである。まさにナクソス[1]のリュグダミス[2]がその例で、寡頭
制を倒した後には、ナクソス人を支配する独裁者にまでなった。 1305b

同じく大衆が不正なことをされている場合、寡頭制の支配層の外部から反乱が開始されることもあり、これにはいくつかの異なる種類がある。第一の種類は、名誉ある公職の地位にある者が極めて少数の寡頭制になっているとき、公職に就いていない富

裕者層の中から始まった変動が国制の崩壊を招く場合である。例えば、マッサリア、[3]イストロス、[4]ヘラクレイアなどの国家では、このような変動が起こった。すなわち、公職に参与したくても参与できない人々の行動が国制を揺るがしたのであるが、こうした行動は、それらの人々に兄弟がいる場合、先に兄が公職に就き、その後で弟が就くまで継続された。なぜかといえば、ある国家では父子が同時には公職に就けず、ある国家では兄弟が同時には就けないという制度になっていたからである。その結果、マッサリアでは寡頭制が共和制に近づき、イストロスでは完全に民主制に変わってしまった。ヘラクレイアでは、少数だった公職者を六百人まで増やした。

第二の種類は、クニドスでも起こったように、[5]名士たち同士の内部抗争から寡頭制が変動する場合で、抗争の原因は、いま述べた通り、父親が公職に参与していれば息

1　エーゲ海南部の島。
2　紀元前六世紀、ナクソスに民主制を打ち立てたが、後に独裁を行った人物。
3　現在のマルセイユ。
4　黒海西岸のドナウ河口の都市。
5　小アジア南西部の都市。

子は参与できず、兄弟が多い場合は最年長の兄しか参与できないというように、少数の者しか公職に参与できないことにある。このような内部抗争に介入した民衆は、名士たちの中から自分たちの先頭に立つ者を選び出すと、他の名士たちを攻撃して制圧した。つまり、内部で分裂しているものは弱いゆえに制圧できたのである。

第三の種類は、古い時代のエリュトライでも起こったように、かつての国王の末裔たちが寡頭制の支配者となり、国制に属する事柄を優れた仕方で運営しているにもかかわらず、変動が起こる場合である。それは、国家の運営が優れていても、なお民衆は少数者による支配そのものに苛立ち、国制を変動させようとするからである。[6]

煽動家の出現による場合

そして、もう一つの変動の起こり方は、寡頭制の支配者同士の競争心が原因となって、支配層の内部から煽動家が出現する場合である。ここでいう「煽動」には二通りがあり、一つは、少数の支配者の内部における煽動である。たとえ支配者が極めて少数であっても煽動家は出現するのであり、例えばアテナイでは、三十人政権の際[7]にカリクレスの一派が三十人を煽動して勢力を得たし、四百人政権[8]の際にもフリュニコス

b20

の一派が同じ仕方で勢力を得た。

もう一つの煽動は、寡頭制の支配層の内部にいる者が大衆に対して行うものである。例えばラリサでは、[9]民衆によって選出される市民警護官が民衆を煽動した。ラリサ以外でも、公職者の選出主体が公職者の出身階層の人々ではないような寡頭制の国家では同様である。つまり、公職者の選出対象は、大きな財産を持つ者や党派に属する者であるのに対し、公職者の選出主体は、重装歩兵ないし民衆であるような寡頭制の場合である。アビュドス[10]で起こったことが、まさにその例である。また、法廷の裁判員が政府の公職者で構成されていない場合も、支配層にとって有利な判決を導くために

6　挙げられた三種類は、変動の主因が支配層に近い富裕者にあるものから被支配層の民衆にあるものへと配列されている。
7　アテナイがペロポネソス戦争で敗れた後の紀元前四〇四―前四〇三年、スパルタの将軍リュサンドロスの命令で作られた政権。
8　本巻第四章注17参照。
9　第三巻第二章注4参照。
10　小アジア北部のヘレスポントス海峡（現在のダーダネルス海峡）沿岸の都市。

民衆を味方につけようとし、民衆の意向に従って国制を変動させてしまう。まさにそうしたことが、黒海沿岸のヘラクレイアでも発生した。さらには、寡頭制の支配者を、より少数化しようとたくらむ人々が存在する場合にも、同じことが起こる。というのも、少数化に反対し、支配への対等な参与を求める［富裕層の］人々は、助けを得るため民衆を味方につけざるをえなくなるからである。

個人の放蕩に起因する場合

また、ある個人が放蕩して財産を使い果たしたときにも、寡頭制の変動が起こる。なぜなら、この種の人々は体制の一新を求め、自分自身が独裁者になることを目指すか、あるいは、他の誰かを独裁者に擁立するからである。シュラクサイでヒッパリノスがディオニュシオスを独裁者に擁立したのは、まさにその例である。[11]そして、アンフィポリスでクレオティモスという名の人物が、カルキスからアンフィポリスへ入植者を連れてきて、入植者が到着すると富裕者に対する反乱を起こさせたのもそうである。さらに、アテナイの将軍カレスと政治的な取り引き[12]を行った人物がアイギナ[13]におり、その人物は財産を使い果たしたゆえにアイギナの国制を変動させようとしたので

1306a

あった。

このように、財産を使い果たした者が直接的に国制を変動させようとする場合もあるが、公金を横領する場合もある。さらに、公金の横領に起因する内乱にも二種類があり、横領した者が自分を守るために内乱を起こす場合と、横領した者と戦う人々が内乱を起こす場合である。まさにそうしたことが、黒海沿岸のアポロニアで起こった。[14]とはいえ、寡頭制が人々の心を一つにまとめていれば、内部から簡単に崩壊することはない。その証拠となるのがファルサロスの国制である。[15]すなわち、ファルサロスの支配層は少数者でありながら、多くの人々を支配する最高の権限を保持しているが、それは支配者同士が互いに適切な仕方で接し合っているからである。

11　実際にディオニュシオスが独裁者となって解体したのは、寡頭制ではなく民主制だったため、不適切な例になっている。

12　カレスの支援を得て独裁者になるための取り引きだったと推測される。

13　第四巻第四章注17参照。

14　第四巻第四章注5参照。

15　第二巻第三章注11参照。

別の寡頭制を作ろうとする場合

それに対し、寡頭制の中に別の寡頭制を作り出そうとする者が存在する場合には、それも寡頭制の崩壊の原因となる。つまり、政府の公職者が全体として少数であるにもかかわらず、その少数の人々の全員に最も重要な公職の地位が与えられているわけではない、という場合である。まさにそうしたことが、かつてエリス[16]で起こった。というのも、エリスでは少数者によって国制が支配されていたが、とりわけ長老会の構成員は極めて少数に限られ、九十人の終身制となっていた上に、その選出方法がラケダイモンの長老会と同様に門閥制の性格を持っていた[17]からである。

国家の防衛問題から起こる場合

寡頭制の変動は、戦争のときにも起これば、平和のときにも起こる。

まず、戦争のときに変動が起こる原因は、寡頭制の支配層が民衆を信頼していないゆえに、傭兵を使わざるをえないことにある。なぜ傭兵が問題になるかというと、もしも傭兵の指揮権をただ一人に与えれば、その者はしばしば独裁者に変貌するからである。コリントス[18]の将軍ティモファネスは、まさにその例である。他方、傭兵の指揮権を複数の者に与えれば、その人々が自分たちのために門閥制を作ってしまう。かといって、そうした事態の発生を恐れ、やむをえず民衆を兵士として使うならば、多数者の民衆に国制の分担を許す結果になってしまうのである。

一方、平和のときに変動が起こる原因は、寡頭制の支配者同士が互いに不信感を持ち、二つの陣営に決裂することにある。この不信感ゆえに、傭兵を雇い、どちらの陣営に対しても中立な指揮官に国家の防衛を任せるのであるが、時として、その指揮官が最高の権限を握り、両陣営を支配してしまうのである。まさにそれは、アレウアス一族[19]がラリサを支配していた時代、対立するシモス[20]の一派をめぐって引き起こした事態である。アビュドスの党派間で起こった対立も同様であり、その中の一つはイフィ

16　ペロポネソス半島北西部の地域名であるが、紀元前四七一年に同名の都市も建設された。
17　第四巻第五章一二九二b五―一〇における門閥制の説明に従えば、長老会の構成員は世襲制だったと考えられる。
18　第二巻第六章注14参照。
19　アレウアス王を祖に仰ぐテッサリア地方（第二巻第九章注1参照）の一族。
20　テッサリア地方の出身でありながら、マケドニア王のテッサリア支配を助けた人物。

アデス[21]の党派であった。

支配層の党派抗争などから起こる場合

　また、寡頭制の支配層の内部で誰かが誰かを排除しようとし、党派間の抗争で結婚や裁判を妨げるときにも内乱が起こる。このうち結婚が内乱の原因となることについては先に述べた通り[22]であるが、エレトリア[23]にもその例があり、支配層の中にいたディアゴラスは、自分の結婚に際して不正なことをされたために、騎兵たちが担う寡頭制を打倒したのであった。

　一方、裁判に関しては、判決が原因となって内乱を招いた例がヘラクレイアとテバ
1306b
イ[24]にある。すなわち、ヘラクレイアではエウリュティオンという人物が、テバイではアルキアスという人物が、それぞれ姦通罪で罰を受けたのであるが、その判決は一面では正当だったものの、一面では党派抗争の結果だったのである。というのも、それらの犯罪者と党派的に対立する人々は強い敵対心を持ち、判決後、首枷をはめて広場にさらすほどだったからである。[25]

　さらには、あまりにも専制的になっていることが原因で打倒される寡頭制も多い。

つまり、不満を抱く人々が国制の支配層の内部に存在し、そうした「別の政治路線を目指す」人々によって打倒されるのであるが、クニドスやキオスの寡頭制はその例である。[26]

偶然の出来事に随伴して起こる場合

また、偶然の出来事に随伴して変動が起こる場合もあり、そのことは、いわゆる「共和制」であれ、寡頭制であれ、ともかく審議員や裁判員などの公職者が財産の査定額に基づいて決められる国制に当てはまる。なぜかといえば、多くの場合、寡頭制

21　アビュドスの軍人。
22　本巻第四章一三〇三b三七―一三〇四a一七で述べられている。
23　第四巻第三章注1参照。
24　第二巻第九章注15参照。
25　通常は窃盗犯などに科される屈辱的な懲罰が、この場合は比較的身分の高い人物たちに科されたということ。
26　第一巻第十一章注9参照。

では少数の富裕者だけが、共和制では中間層が公職に参与できるよう、最初は当座の状況に合わせて基準の査定額が定められるのであるが、平和の持続や他の幸運に起因して国家が繁栄すると、同じ財産でも評価額は数倍に高まるため、その結果として、誰もがあらゆる公職に参与できるようになるからである。こうした状況の変化は、少しずつ段階的に進むゆえに気づかれない場合もあれば、急速に進む場合もある。

かくして、以上述べたような原因によって寡頭制は変動したり、内乱を招いたりするのである。しかし総じていえば、民主制にせよ、寡頭制にせよ、必ずしも正反対の性質の国制へと変わるわけではなく、時として、同じ種類の国制にとどまりながら変質する。例えば、法律に基づく民主制や寡頭制から、権力を握る人々が思い通りに支配する民主制や寡頭制へと変質したり、その反対方向へと変質したりするのである。

第七章　貴族制と共和制の変動の原因

貴族制で内乱が避けられない場合

さて、貴族制で内乱が起こる原因は、先ほど、寡頭制でも変動の原因になると述べたように、少数者だけが名誉ある公職に参与することにある。つまり、その意味では貴族制も一種の寡頭制なのであり、公職者が少数になる理由こそ同じではないけれども、[1]両方の国制ともに少数者支配制であることには変わりないのである。何より、公職者が少数であることを根拠にして、貴族制も寡頭制だと考えられているという事実がある。

貴族制で内乱が避けられないときというのは、とりわけ［徳の価値が揺らぐ］次のような場合である。

第一に、大衆が高慢になり、自分たちも徳に関して支配者たちと同等だと思うようになる場合である。例えば、ラケダイモンの「乙女の子どもたち（パルテニアイ）[2]」

と呼ばれる人々がそうであり、完全に同等な市民として扱われた者たちの子孫だったために、自分たちも同等だと思っていたのである。この人々は、［対等な扱いを求めて］陰謀をたくらんでいるのを見破られ、入植者としてタラスへ送られたのであった。第二に、徳の点で優れ、［支配層の中で］誰にも劣らない大人物が、自分より高い地位に就いている者から不名誉な扱いを受けた場合である。ラケダイモンのリュサンドロスが［ペロポネソス戦争で功績を上げたにもかかわらず］王たちから受けた不名誉な扱いが、その例である。

第三に、ある人物が男らしく勇敢であるにもかかわらず、名誉ある公職に参与できない場合である。ラケダイモンのキナドン[3]がその例であり、アゲシラオス王の時代に
公職に参与できなかったため、スパルタ人に対する攻撃を計画したのであった。 b30

1　貴族制では少数の有徳者が公職に就き、寡頭制では少数の富裕者が公職に就く。

2　詳細は不明だが、戦時の人口不足を解消するため、出産が奨励された際に生まれた非嫡出の子どもたちを指すと考えられる。スパルタ（ラケダイモン）の人口増加策については、第二巻第九章一二七〇b一―四で触れられている。

3　紀元前三九八年に反乱を企て、処刑された人物。

第四に、一方では極度に困窮した貧民が存在し、他方では富裕者が存在する場合で、
とりわけこの事態に起因する内乱は戦争のときに起こる。[4]実際、こうした事態がメッ
セニア戦争中のラケダイモン[5]で起こったことは、「善き秩序（エウノミアー）」と呼ば
れるテュルタイオス[6]の詩からも明らかである。その詩によれば、戦争で困窮した人々 1307a
は土地を再分配するよう要求したのであった。

第五に、既に大きな力を持つ人物が、いっそう大きな力を持つ者になる能力を持っ
ていて、単独支配を狙う場合である。ラケダイモンでは、ペルシャ戦争の際に軍隊を
指揮したパウサニアスがそうであるし、カルタゴのアンノン[7]もその例である。

混合の不適切さに起因する場合

しかし、共和制と貴族制が崩壊する最大の原因は、国制そのものが正しい状態から
逸脱していることである。すなわち、共和制の場合、崩壊の始まりとなるのは、民主
制と寡頭制が適切に混合されていない状態である。それに対し、貴族制の場合、崩壊
の始まりとなるのは、民主制と寡頭制に加えて「徳」という要素が適切に混合されて
いない状態であり、とりわけ二つの国制（すなわち、民主制と寡頭制）の混合が適切 a10

ではない状態である。なぜこれが問題なのかといえば、さまざまな種類の共和制にせよ、「貴族制」と呼ばれるさまざまな国制にせよ、民主制と寡頭制を混合することに努めているからにほかならない。

つまり、ともに混合を目指しつつも混合の仕方が違うゆえに、「共和制」の名で呼ばれる国制は貴族制と異なるわけであり、混合の仕方の違いから、より安定性の小さい貴族制と、より安定性の大きい共和制との違いも生じているのである。この違いは、寡頭制に傾いている場合に「貴族制」と呼ばれ、大衆による民主制に傾いている場合に「共和制」と呼ばれることにも起因しており、こうした事情から、共和制は貴族制

4　単純に貧富の差の問題であれば、むしろ寡頭制に該当するが、戦時には富の価値が増し、徳の価値が相対的に低下するため、徳を原理とする貴族制が不安定になるという意味であろう。

5　第二巻第九章一二七〇a一—一三には、ラケダイモン人がメッセニア人（同巻同章注3参照）と戦ったことへの言及がある。

6　紀元前七世紀にスパルタで活躍した詩人。

7　紀元前四世紀に将軍を務めた人物。

より安定性が大きいことになるのである。かたや共和制の安定性が大きい理由は、大衆は多数者であるゆえに力で優る上、対等な配分が得られれば満足する傾向を強く持つことにある。かたや貴族制の安定性が小さい理由は、富裕層に属する人々は国制において優越した扱いを受けると傲慢になり、もっと多くのものを求めようとすることにある。[8]

総じて、相反する側のどちらに国制が傾くにせよ、傾いた側で有利になった人々は自分たちの勢力を増大させるため、その方向へ国制が変化することになる。例えば、共和制が従来よりもいっそう民衆の側に傾いて民主制になったり、貴族制が従来よりもいっそう富裕者の側に傾いて寡頭制になったりする。あるいは、従来とは反対の側に傾いて、貴族制が民主制になることもある。それは、貴族制下で困窮度を増した貧民たちが、不正な目に遭ったといって反対方向へ国制を向かわせるからである。また、従来とは反対の側に傾いて、共和制が寡頭制になることもある。それは、「人々を非対等だと考える寡頭制では」市民それぞれの価値に対応する意味での対等な配分が行われ、市民は自分にふさわしいものを得るため、この状態だけが安定するからである。[9]

いま述べた「貴族制から民主制に変わる」反対方向への変動がトゥリオイで起こった。

a20

それは、公職に就くための条件である財産の査定額を高額から低額に変えたことによって、より多くの人々が公職に就けるようにはなったものの、名士たちが法律に背いて土地の全体を所有していたからである。つまり、国制が寡頭制に傾いていたために、名士たちは、より多くのものを得ることができたのである。一方、民衆は戦争の中で身体を鍛えられており、警備隊よりも力が強くなっていた。それゆえ、ついには、土地を多く所有していた者たちが民衆に負け、みな土地を手放したのである。

寡頭制的な性質による場合

さらに、貴族制の性格を持つ国制は、すべて寡頭制的であるゆえに、より多くのものを名士たちが得ようとする傾向がある。例えば、ラケダイモンでも財産は少数者の

8　有徳者だけが支配する真の貴族制（最優秀者支配制）ならばこうならず、安定した国制になるはずだという含意がある。

9　「傾く」、「反対の側」、「安定」といった語彙は天秤を想像させる。この文にある「価値に対応する意味での対等な配分」が実現されているとき、天秤は左右のバランスがとれ、国制は安定すると考えられる。

手中に集まっている。加えて、名士たちには、何でも望む通りに実行することが許されるため、結婚する場合でも、望み通りの相手と結婚できる。こうした事情があったからこそ、ロクリス人[10]の国家は、シュラクサイの独裁者ディオニュシオスとロクリス人の娘との結婚が原因で滅びてしまった[11]のであるが、もしも民主制の国家だったならば、このようにはならなかっただろう。あるいは、同じ貴族制でも、さまざまな国制がうまく混合された貴族制だったならば、このようにはならなかっただろう。

小さな事柄に起因する場合

また、貴族制に変動が起こっていても、とりわけ気づかれないのは、少しずつ崩壊する場合である。このことは、先にも、あらゆる国制に当てはまるという意味で普遍的に述べた通りであるが、[12]小さな事柄でさえ変動の原因となるのである。なぜかといえば、国制に関わる何らかの事柄で譲歩すると、その後では少し大きな他の事柄さえも容易に変えるようになり、ついには秩序全体を変えてしまうことになるからである。

こうしたことが、トゥリオイの国制の場合にも起こった。すなわち、トゥリオイには当初、将軍職に再任されるには五年の間隔を置かなければならないと定めた法律があった。ところが、若い世代の中に軍事の能力を身につけた者たちが現れると、警備隊の集団から高く評価されたため、その若者たちは国事に携わる人々を見下し、簡単に支配できるだろうと考えるようになった。そして若者たちは、ほかならぬ民衆も喜んで自分たちを公職者に選ぶだろうと見て、まず、五年の間隔を置くと定めた法律を廃止し、同一人物が連続して将軍職に就けるよう改革を企てた。一方、公職者の中でこうした制度を取り扱う「審議会議員」と呼ばれる人々は、最初こそ盛んに若者たちに反対していたものの、この法律を変えても国制の他の部分はそのまま保存されるだろうと考えて納得し、同意してしまった。しかし、その後になって、審議会議員たちは国制の他の部分が変えられるのを阻止しようとしたが、もはや何もできることはなく、国制の秩序全体が、改革を企てた者たちの支配する門閥制へと変動したのである。

b10

10　ロクリスについては第二巻第七章注3参照。

11　紀元前三九八年、ディオニュシオス一世はロクリスの名門の娘ドリスと結婚し、その息子であるディオニュシオス二世もロクリスの独裁者となった。

12　本巻第三章一三〇三a二〇—二五で述べられている。

正反対の国制からの影響による場合

あらゆる国制は、ある場合は内部の原因によって、ある場合は外部の原因によって崩壊するのであるが、いずれの場合にせよ、正反対の性格を持つ国制が近くに存在するか、遠く離れていても力が強いときである。まさにそうしたことが、アテナイ人とラケダイモン人が対立した［ペロポネソス戦争の］時代に起こった。すなわち、かたやアテナイ人は、いたるところで寡頭制を倒し、かたやラコニア人（ラケダイモン人）は、いたるところで民主制を倒したのである。

かくして、どのようなことから国制の変動や内乱が起こるかということについては、そのほとんどが述べられた。 b20

第八章　国制を存続させるための方策〈前半〉

安定性の高い国制の場合

以上に続く課題となるのは、国制を存続させる方策について、諸国制に共通するものと国制ごとに個別的なものに分けて述べることである。そこで、まず明らかなのは、さまざまな国制が消滅する原因を私たちが把握していれば、さまざまな国制が存続する要因についても把握していることになるという点である。なぜなら、ある原因から起こった結果と正反対の結果を生じさせるには、その原因と正反対の状態にすればよいわけであり、これから主題とする存続は、まさに消滅と正反対だからである。

b30

それゆえ、適切に混合された［最も安定性の高い］国制においては、［法律違反が国制を消滅させるのと正反対に考えて］人々が法律に違反しないよう、何よりも法律違反を監視しなければならないのであるが、とりわけ小さな法律違反に対して警戒策を施す必要がある。[1]というのも、小さすぎて気づかないうちに、法律違反は人々のところに忍び込んでくるからである。それはちょうど、小さな額の出費を頻繁に繰り返していると、破産を招くことに似ている。なぜこうなってしまうのかといえば、まとまった額の出費ではないために、破産を招くとは気づかないからにほかならない。つまり、出費が小さいために知性が誤った推論へと導かれ、ソフィストの使う「それぞれが小さいならば、全体も小さい」という議論（全体と部分の詭弁）に従うかのように、「それぞれの出費が小さいならば、出費の全体も小さい」と考えてしまうわけである。しかし、この「それぞれが小さいならば、全体も小さい」という議論は、ある意味ではその通りであるが、ある意味ではそうではない。そうではないという理由は、それぞれが小さいものをすべて集めた全体（総計）としては、小さくないからである。他方、その通りであるという理由は、小さいものばかりから構成されているゆえに、全体に（一様に）どの構成要素もすべて小さいからである。かくして、よく混合された

1　「適切に混合された国制」は、実質的には貴族制か共和制の理想的な状態を指す。この場合、前章で述べられた「混合の不適切さに起因する」変動は起こらないが、別の原因による変動がありうると指摘する議論。

国制の消滅の始まりとなる、こうした小さな法律違反に対しては、[2]一つの警戒策を施
さなければならない。 b40
その次に、［懐柔策で国制が安定している場合でも］大衆対策として知恵をめぐらし
た懐柔策の有効性を信じてはならない。なぜなら、懐柔策が欺瞞であることは事実に 1308a
よって証明されるからである（私たちのいう「国制上の懐柔策」がどのようなものか
ということについては、先に述べた）[3]。

安定性の低い国制の場合

また、［安定性の高い］貴族制だけではなく寡頭制でも長続きしている場合があるけ
れども、その要因は、国制そのものの安定性ではないという事実にも目を向けなけれ
ばならない[4]。長続きの要因は、公職に就いている者たちが、公職者ではないという意
味で国制の外部にいる人々に対しても、政府の内部にいる人々に対しても、適切に接
していることである。すなわち、公職に参与していない外部の人々に対して不正な扱
いをせず、その人々の中で指導的な立場にいる者を国制の中に導き入れている。つま
り、このようにすることで、名誉を好む人々に対しては、名誉を汚すような不正な扱

いを避け、大衆に対しては、利益を損なわせるような不正な扱いを避けているのである。

他方、公職に参与している内部の者たちの間では、［寡頭制でありながら］互いに民主制の仕方で接している。つまり、平等に接し合っている。これこそ、民主制の支持者が大衆の間に実現を求めているものなのであるが、この平等が、［寡頭制の場合でも］公職に参与する資格の点で同質の人々の間に実現されると、正義にかなうばかりではなく、国制を存続させる上で善い結果も生む。それゆえ、同質の者が多数いる場合には、［多数者の平等を尊重する］民主制的な法律の多くが有効なのである。例えば、公職の任期を六カ月に限って、同質な人々のすべてが公職に参与できるようにする法 a10

2　ロスは tautēn pros（この一つの警戒策を）と修正しているが、写本通りに pros tautēn と読む。
3　第四巻第十三章では、国制を安定化させる方策として懐柔策が列挙されている。しかし、ここでは過信が戒められている。
4　本巻第六章では寡頭制の変動の二大原因が挙げられており、それらの原因と正反対の状態が、以下では国制を存続させる要因に挙げられる。

律などがそうである。

なぜこうした法律が有効なのかといえば、［寡頭制の支配層となる］同質な人々は、もはや平等な民衆のようになり（それゆえ、この人々の中にも煽動する民衆指導者がしばしば現れることは、先に述べた通りである）、その帰結として、寡頭制ないし貴族制が門閥制に陥ることは少なくなるからである。つまり、いま問題にしている寡頭制だけではなく民主制でも、独裁者が出現する原因は公職の任期が長いことにあるため、短くすれば長い場合とは違い、悪事を働くのが容易ではなくなるわけである。というのも、どちらの国制にせよ、独裁者の地位を狙うのは、民主制では民衆指導者、寡頭制では門閥に属する人物といった力の大きな人物であるか、あるいは、重要な公職に長期間にわたって就いている人物だからである。

国家の運営者が行うべき事柄

また、国制の破壊者が遠く離れていることだけではなく、近くにいることも、時として国制が存続する要因になる。なぜなら、人々は破壊者に恐怖を感じ、いっそうしっかりと国制を保持しようとするからである。それゆえ、ちょうど夜間の警戒のように人々が国制を監視する状態を作り、守りを緩めないようにするため、国制に配慮する者たちはあえて恐怖を作り出し、たとえ恐怖の対象が遠く離れていても、近くに存在するように感じさせなければならないのである。

そして、名士たちが競争心を持ち、抗争することに対しては、法律の力を使ってでも防ぐよう努めなければならない。そして、競い合いの外部にいる者たちまでもが巻き込まれる前に防がなければならない。というのも、悪事の発生を始まりの段階で知ること、これは誰にでもできることではなく、国家の運営者の務めだからである。

さらに、公職に就くための条件とされる財産の査定額が原因で、寡頭制や共和制に変動が起こる場合があるが、これは、貨幣の流通量の増大で人々が豊かになったにもかかわらず、条件の査定額が据え置かれているときである。このような状態になったときには、共同体の中の全財産を共通の規準で査定し、その総額を過去と比較して考え直すことが有効である。財産の査定が毎年行われている国家ならば、一年に一度、比較してみればよいし、大きな国家ならば、三年もしくは五年に一度、見直せばよい。

5　本巻第六章一三〇五b二四―二七で、少数者の中にも煽動家が現れると述べられている。

a30　a40

そして、もしも総額が、国制に参与するための条件を定めた以前の時点と比べて何倍にも増えていたり、何分の一かに減っていたりしたならば、法律で条件の査定額を引き上げるか、あるいは引き下げればよいのである。つまり、以前より増えていた場合は増加率に応じて引き上げ、減っていた場合は条件の査定額を下げて緩めればよいということである。なぜこうするべきなのかといえば、こうした措置を寡頭制や共和制において取らなかった場合、次のような結果になるからである。すなわち、かたや総額が減っていたときには、公職に就ける者が少数になるため、共和制から寡頭制が、寡頭制から門閥制が生じる結果になり、かたや総額が増えていたときには、公職に就ける者が多数になるため、共和制から民主制が、寡頭制から共和制あるいは民主制が生じる結果になるのである。

個人や階層に対する警戒

民主制、寡頭制、単独者支配制のいずれでも、そして、どんな国制でも共通して望まれる方策は、誰であれ、ある一人の個人を過度に巨大な存在にしてしまい、［国家や他の市民との］均衡を失う事態が起こらないようにすることである。つまり、誰かに名誉［ある公職］を与えるときには、大きな名誉を短期間与えるよりも、むしろ小さな名誉を長期間与えるよう努めるべきなのである。なぜなら、大きな名誉は人間を堕落させるものであり、そうした幸運の中でも堕落せずに持ちこたえることは、誰にでもできることではないからである。あるいは、大きな名誉を与えることが避けられないのなら、せめて行うべきことは、一度にまとめて与えた名誉を、今度は一度にまとめて取り去るのではなく、段階的に取り去ることである。

そして、何よりも努めるべきなのは、誰であれ、盟友の力や財力を使って、著しく優越した地位を得る個人が一人も国家の中に出現しないよう法律で調節することであり、その出現を防げなかった場合には、著しく優越した者を国外へ追放することである。

また、個人の私生活が原因となって国制の一新を企てる場合もあるから、生活の仕 b20
方を監督する何らかの公職を設ける必要がある。すなわち、民主制の中で民主制に適さない生活を送ったり、寡頭制の中で寡頭制に適さない生活を送ったりするというようなことが他の国制でもそれぞれ同様にあるため、国制に適さないゆえに生きがいのない生活を送る者を監督するのである。

さらに、いま述べたのと同じ理由により、国家の一部の階層だけが繁栄することにも警戒しなければならない。その予防策となるのは、対置関係にある階層（ここでいう「対置関係」とは、大衆に対する有徳者、富裕者に対する貧困者のような関係のことである）に対して常に公職を与え、国家の実際的な運営をゆだねることである。加えて、貧困者の階層と富裕者の階層を融合させるか、あるいは中間層を増大させるよう努めることも予防策となる。なぜなら、このようにすれば、人々の非対等性を原因とする抗争が解消されるからである。

公職者の公金横領を防止

だが、あらゆる国制において最も重要なのは、公職者が利益をむさぼるなどということのないように、法律によっても、他の国内統制[6]によっても措置しておくことである。とりわけ寡頭制においては、この問題に関して監視が必要である。なぜなら、大衆は公職から締め出されてもさほど怒らず、むしろ私的に使える余暇が与えられることを喜びさえするのであるが、たとえそうだとしても、公職者が公金を横領していると考えたときには、さすがに事情が異なるからである。すなわち大衆は、自分が名誉

b30

ある公職に参与できないことと、利益に与れないことの両方に苦しめられるため、激しく怒るのである。

しかし見方を変えれば、公職者が利益をむさぼらない制度を確立できた場合、その制度こそ、民主制と貴族制が同時に存在できる唯一の方法にもなる。というのも、そうした制度下であれば、名士たちも大衆も、それぞれが望むものを手に入れられるだろうからである。すなわち、かたや大衆にとっては、誰もが公職に就くことを「許される」という意味での民主制が手に入り、かたや名士たちにとっては、実際に自分たちが公職の地位に「就いている」という意味での貴族制が手に入るのである。こうした共存体制は、公職者による利益追求など不可能な状態に限って実現するだろう。なぜなら、利益とは無縁の公職になった場合、何の利益も得られないのなら、むしろ私的なことに専心したいという理由で、貧困者は公職に就こうとしなくなる一方、富裕者は公金で自分の利益を増やす必要など何もないという理由で、公職に就くことが可

6　原語は oikonomiā で、たいていは「家政」を指すが、ここでは「国内の綱紀粛正」のような意味合いを持つと考えられる。

1309a　b40

能になるだろうからである。その結果、貧困者は自分の仕事に打ち込んで富裕者になり、名士たちは凡庸な者に支配されなくてすむことにもなるわけである。

それゆえ、公金の横領を防止するために、公職者が交替する際の公的財産の引き継ぎは、全市民の立ち会いのもとで行うようにした上、公的財産目録の写しは、兄弟団、市民団、部族の組織ごとに保管しなければならない。一方、公職者が利益をむさぼることなく職務を果たすよう、評判のよい公職者に対しては名誉を与える法律作りが必要である。

民主制と寡頭制の個別的な方策

また、民主制における個別的な方策として、富裕者が富裕であり続けられるよう保証しなければならない。それは、富裕者が既に所有している財産を再分配しないというだけではなく、新たに得ている収入も再分配しないということである（いくつかの国家では、収入の再分配が気づかれないうちに行われている）。そして、演劇の合唱舞踊隊への資金援助や、祭壇まで火を運ぶ速さを競う松明《たいまつ》競争への助成などの公共奉仕に関しても、散財になるだけで役には立たないのだから、たとえ富裕者がその種の公共奉仕を望んでも、やめさせる方がよいのである。

他方、寡頭制における個別的な方策として、貧困者に対する配慮を手厚くしなければならない。すなわち、手当が支給される公職を貧困者に割り当てること、富裕者が貧困者に対して傲慢な振る舞いをしたときには、富裕者同士の間で行ったときよりも重い罰を科すこと、遺産相続の際は他人への贈与を認めず、親族間に限るとともに、同一人物が複数の遺産を相続できないようにすることが方策となる。このようにすれば、財産がいっそう平準化するだろうし、貧困者の中で富裕化する者の数も増えるだろう。

加えて、民主制でも寡頭制でも有効なのは、国制に参与することの少ない人々、つまり、民主制では富裕者、寡頭制では貧困者に対して、他の者と対等に、あるいは優先的に公職を配分することである。ただし、国制上の最高の権限を持つ公職だけは別であり、そのような最高位の公職は、現行の国制の支配層に属する人々だけに配分するか、支配層の人々が多数を占めるように配分しなければならない。

第九章　国制を存続させるための方策〈後半〉

最高位の公職者の条件

いま述べた最高位の公職に就こうとする者は、三つの条件を備えていなければなら
ない。第一に、現行の国制に対する好意、第二に、公職のさまざまな仕事を遂行する
最高の能力、第三に、それぞれの国制において、当の国制に対応する徳と正義である
（「当の国制に対応する」と限定したのは、「正しい」ということが、あらゆる国制に
とって同一なわけではない以上、必然的に正義にも多様性があるからである）。
しかし、ここで難問が生じる。すなわち、三つの条件のすべてが同一人物に備わっ
a40 ているわけではないとき、どのようにして最高位の公職者の選出を行うべきかという
1309b 問題である。例えば、二人の候補者がいて、一方は軍事の能力を持つが、悪徳の者で、
国制に対して好意的ではない候補者、他方は［能力は凡庸なものの］正義を弁えた者
で、国制に対して好意的な候補者の場合、どのように選出を行うべきだろうか。

このとき、二つの事柄に目を向けるべきだと思われる。一つは、候補者が持つ特徴のうち、万人が備えていることとの比較的多い特徴は何かということである。もう一つは、候補者が持つ特徴のうち、万人が備えていることとの比較的少ない特徴は何かということである。この二点を踏まえると、かたや将軍職に就く者を選出する場合ならば、軍事的な指揮の経験を持つ者は比較的少ないのに対し、有徳な者は比較的多いという理由により、有徳性よりも経験［に基づいた軍事の能力］に目を向けるべきである。かたや公金管理官ないし財務官を選出する場合ならば、大衆が備えている徳よりは多くの徳が要求されるものの、知識［に基づいた能力］に関しては、万人が共通に持つ常識の程度でよいという理由により、将軍職の場合とは正反対の選出になる。

だが、いま挙げた三つの条件に関しては、「能力を持っていることと、国制に対する好意を持っていることとの他に、徳が必要とされるのはなぜか」と問う人がいるかもしれない。つまり、徳以外の二つだけでも善い結果を生むのに十分だと考えての問いである。この問いに対しては、「それら二つを備えていても、徳がないために抑制を欠いた行為に走ることがありうる」と答えればよいのではないだろうか。つまり、ある行為者が、実行に必要な知識［に基づいた能力］を持っており、自己愛（自分自身への好意）を動機として私的な行為を行ったとき、抑制を欠いたゆえに、かえって自分自身のためにはならない結果を招くの[1]と同様のことが、公的な事柄を実行する者たちにも起こりうると答えればよいのではないだろうか。

中庸によって極端を避ける

ここまで述べてきた事柄について単純にいえば、国制に善い結果を生むと私たちの主張する事項[2]が法律で規定されている限り、それらはすべて国制を存続させる方策になる。そして、それらの事項にとって最大の原則となるのは、繰り返し述べたように、国制の存続を望む者が、望まない者よりも総勢として力で優る状態になるよう、注意を怠らないことなのである。[3]しかし、この原則のもとにあるすべての事項と並んで、なお忘れてはならないのが「中庸」であり、極端を避けるという原則こそ、現在の逸
b20 脱した国制（民主制と寡頭制）で忘れられているものにほかならない。なぜこのことを指摘するのかといえば、民主制の特徴を持つと考えられている制度の多くが民主制を破壊し、寡頭制の特徴を持つと考えられている制度の多くが寡頭制を破壊しているからである。それにもかかわらず、この特徴こそが当の国制の唯一の長所だと思い込

む人々は、極端なところにまで国制を引きずっていってしまうのであるが、それは一種の無知に起因している。

そのことを彫像の例で説明すれば、彫像の鼻は、最も美しい、まっすぐに鼻筋の通った形から逸脱して鉤鼻や獅子鼻になっていても、なお見た目に美しく快い形であり続ける。とはいえ、彫刻家がいっそう極端な方向へ押し進めると、まず鼻という部分としての、ほどよい［中庸の］性質が失われ、最後には［大きいか小さいか、高いか低いかのように］対立する性質の超過や不足のせいで、もはや鼻には見えなくなってしまうのであるが、これは彫像の他の部分でも同様である。したがって、［富裕と貧

b30

1　『ニコマコス倫理学』第七巻で考察されている「抑制のなさ」に基づいた説明。食べ過ぎてはいけないという知識を持っていながら、節制の徳を欠くために食欲を抑制できず、消化できないほど過食になるといった例が考えられる。

2　とくに前章で述べられた事項。

3　国制の存続を望む人々が優勢でなければならないと明言されているのは第四巻第十二章一二九六b一四―一六であるが、前章の議論もこの原則に依拠している。ここで再び言及されたのは、本章冒頭の「現行の国制に対する好意」と関連するからであろう。

4 困のように対立する性質に関わる」国制の場合にも同じことが起こるにもかかわらず、人々はそのことについて無知なのである。実際、寡頭制にせよ民主制にせよ、鼻の例と同様に、最善の形を持つ制度からは逸脱していても、なお制度として十分なものでありうるが、いっそう極端な方向へ各国制を押し進めると、まず国制が劣化し、最後には国制でさえなくなってしまうだろう。

それゆえ、立法者と国家の運営者は、民主制的な制度の中でどのようなものが民主制を存続させ、どのようなものが民主制を消滅させるかということについて無知であってはならないし、寡頭制的な制度と寡頭制に関しても同様である。民主制と寡頭制のいずれであれ、富裕者と大衆がいなければ成立することも存続することも不可能なのであり、富裕者と大衆の財産を平準化してしまうと別の国制になるのは必然であるから、極端な法律を使って財産の差をなくし、階層を消滅させれば、国制を消滅させることになるのである。

しかしながら、民主制でも寡頭制でも人々は過ちを犯す。まず、民主制の場合は、大衆が法律を上回る権限を持つようになったとき、民衆指導者の出現によって過ちを犯すことになる。というのも、民衆指導者は富裕者と戦う結果、国家を大衆と富裕層

1310a b40

に二分してしまうのが常だからである。だが、［民主制を存続させるためには］正反対のことこそ必要なのであり、民衆指導者は常に富裕者を擁護するための主張を行っているのと思われるようでなければならないのである。他方、寡頭制の場合は、寡頭制の支持者が民衆を擁護するための主張を行っていると思われるようでなければならない。それゆえ、寡頭制の支持者がいま行っている誓約とは正反対のことを誓うのでなければならない。どういうことかというと、いま寡頭制のいくつかの国家では、「私は民衆に対して悪意を抱く者となり、私に可能な限りの悪事を謀る」という宣誓が行われているのだが、むしろ誓いでは「私は民衆に対して不正な行為をしない」と表明し、現状の宣誓内容とは正反対の考えを抱いて行動しているように見せなければならないのである。

4　類似した説明は本巻第三章一三〇二b三三―一三〇三a二にも見られ、国制と生き物の姿との類比は本書の特徴である。

国制に適した教育が最重要

さて、国制を存続させるために述べてきた全事項の中で最も重要なのは、今日では誰もが軽視しているけれども、国制に適した教育が行われることである。なぜなら、最高度に役立つ法律が制定され、国家の運営を担う全員が法律に賛成していても、その人々が国制の中で習慣づけられ、教育された状態にあるのでなければ、つまり、民主制的な法律なら民主制に合うように、寡頭制的な法律なら寡頭制に合うように教育された状態にあるのでなければ、法律は無益になるからである。すなわち、習慣づけや教育を欠くと、個人の場合でも抑制のない行為に走ることがある以上、国家の場合でも「法律に背いた」抑制のない状態に陥ることがあるわけである。[5] とはいえ、「国制に合った教育を受けた状態にある」とは、寡頭制の支配者を喜ばせるような行為を行うとか、民主制を望む人々を喜ばせるような行為を行うとかということではない。[6] そうではなく、教育を受けた人々の行為によって、寡頭制の支配が実際に可能になったり、民主制の相互的な支配が実際に可能になったりするということなのである。[7]

しかし現実はどうかといえば、寡頭制の場合、支配者の息子たちは贅沢に暮らしているのに対し、貧困者の息子たちは身体の訓練を受け、苦しい労働を行う状態に既に置かれているため、むしろ体制の一新を望んでいるし、変革を起こす力も持っている。

他方、最も民主制的だと考えられている民主制の国家では、国制のためになるのとは正反対の制度が出来上がってしまっている。その原因は、「自由」というものを不適切にとらえたことにある。なぜこの点を問題にするのかといえば、民主制は「多数者の主権」と「自由」という二つの特徴によって規定されると、一般に考えられているからである。つまり民主制においては、平等こそが正義だと考えられており、その平等とは、何でも多数者の意見通りに決定することを指すのであるが、個人に関しては、何でも自分の望み通りに行うことが自由かつ平等だと考えられている[8]のである。したがって、この種の民主制では個人が望み通りに生きることになるため、エウリピデスの詩句にあるように、「気まぐれに、欲しいものを追い求めて[9]」生きるわけであ

5　『ニコマコス倫理学』第七巻第十章一一五二a一九―二一にも同様の記述がある。
6　前段落で引用された現状の宣誓に含まれる行為が典型である。
7　原文は多様な解釈を許す構文になっているが、「教育を受けた人々の行為」を中心に置いて訳した。
8　ロスは kai ison（かつ平等）を削除しているが、写本通りに読む。

る。だが、これは低劣な生き方である。なぜなら、国制に適した生き方をするとは、隷属的に支配されること[10]ではなく、自分が活かされること[11]だと考えるべきだからである。

かくして、国制が変動したり消滅したりする原因と、国制を維持して存続させる方策を端的に述べれば、以上挙げた数だけあるわけである。

9　エウリピデス「断片」八九一（N）。

10　望み通りに生きることは自由な生き方に見えるが、欲望の肯定を支配原理とする極端な民主制への隷属になり、真の自由に反するということ。

11　前章一三〇八b二一―二二の「国制に適さないゆえに生きがいのない生活を送る」と実質的に対立するため、「生きがいのある生活を送る」ことを意味すると考えられる。第一巻第五章注6参照。

第十章　単独者支配制の変動の原因

王制と独裁制の対照性

残されているのは、単独者支配制についても考察することであり、どのような原因によって消滅するのか、また、本来の性質として、どのような方策を用いれば存続するのかということが考察の課題となる。とはいえ、王制や独裁制といった単独者支配制に起こることも、他のさまざまな国制について述べてきた事柄と、ほぼ同じである。なぜなら、かたや王制は「有徳者による支配の点で」貴族制と同じ系列の国制であり、かたや独裁制は最も極端な寡頭制（少数者が富豪）と最も極端な民主制（多数者が極貧）の結合した状態[1]だからである。それゆえにこそ、二つの悪が結合した独裁制は、被支配者にとって最も有害な国制にもなるのであり、民主制と寡頭制の両方に由来する逸脱もあれば、欠陥もある国制なのである。

また、二種類の単独者支配制は、そもそも発生の起源からして正反対である。すな

1310b　a40

わち、かたや王制は、民衆に対抗して有徳者を助けるために発生したのであり、徳ないし徳に基づいた実践の点で優越する人格者か、その種の優越性を持つ家系から王が擁立される。かたや独裁者は、民衆が名士たちから不正な行為をされないよう、名士たちに対抗して民衆もしくは大衆の中から擁立される。このことは現実に起こった出来事から明らかであり、だいたい独裁者の大多数は、いわば民衆指導者からの転身者であり、名士たちを非難することで民衆から信頼を得た者たちなのである。

このような過程を経て独裁制が出現したのは、既に国家が大きくなってからであるが、それ以前の時代には、先祖伝来の王制の慣習から逸脱し、より専制的な性格の強い支配を求める王たちの中から独裁者が出現する場合もあった。あるいは、最高の権限を持つ公職者に選出された者の中から独裁者が出現する場合もあった。その理由は、古い時代の民主制では、行政官や神聖な行事への使節[2]の任期が長期間に設定されてい

1　第四巻第十一章一二九六a三―四では、行き過ぎた民主制ないし寡頭制から独裁制が出現すると説明されているが、ここでは独裁者と被支配者の構成に目が向けられている。

2　原語は theōriā で、神託や競技会のために国家から派遣された大使の職を指す。

たことにある。さらには、最高位の公職として、ただ一人の権力者を選出するしくみを持った寡頭制から独裁者が出現する場合もあった。

いずれの場合も、ある者が独裁者の地位を望みさえすれば、目的を達成するのは容易であった。なぜなら、王の支配権にせよ、名誉ある公職の権限にせよ、あらかじめ強い力が備わっていたからである。例えば、アルゴスのフェイドン[3]や他の独裁者たちは、先に存在していた王制をもとにして独裁制を作り上げた。また、イオニア地方の独裁者たちとファラリス[4]は、名誉ある公職の地位を得た後に独裁者に転じた。さらに、レオンティノイのパナイティオス[5]、コリントスのキュプセロス[6]、アテナイのペイシストラトス、シュラクサイのディオニュシオス、その他の人々は、民衆指導者からの転身という同じ仕方で独裁者になった。

一方、こうした独裁制とは正反対の過程を経て発生する王制は、先ほど述べたように、貴族制と同じ系列に位置づけられる。すなわち、ある種の価値に基づいて成立する国制という点で同じなのであり、個人の徳、善い家系、善い実践、以上の三つに［政治や軍事の］能力も加わった資質のいずれかに基づいているにせよ、価値に基づいているわけである。実際、王という名誉ある地位を得た者たちはみな、善い実践を行っ

b30

て実際に国家や民族に恩恵をもたらしたか、あるいは、恩恵をもたらす能力を持つ者だったのである。それはちょうど、アテナイ王コドロス[7]が戦争の際に人々の奴隷化を防いだり、ペルシャ王キュロス[8]が人々を解放して自由をもたらしたりしたような実践であり、あるいは、ラケダイモン王、マケドニア王、モロッシア王[9]のように、植民地に国家を建設したり、領土を獲得したりしたのもその例である。

また、対照性はさらにあり、かたや王は、財産の所有者が不正な目に遭わないよう、そして民衆が他人から傲慢な振る舞いをされないよう、人々の守護者となることを望

3　紀元前七世紀のアルゴス王で、王制を独裁制に変えた。
4　紀元前六世紀にシチリア島西部のアクラガスで独裁者となった人物。
5　紀元前七世紀にシチリア島東部のレオンティノイで独裁者となった人物。
6　紀元前七世紀にコリントスの独裁者となった人物。
7　アテナイの伝説の王で、ドーリス人によって攻撃された際に自分の命をなげうち、国家を救ったという伝承がある。
8　紀元前六世紀、ペルシャ帝国を建設したキュロス二世。ペルシャについては第二巻第七章注11参照。
9　ギリシャ北西部のエペイロス地方の一部。

1311a　b40

み、かたや独裁者は、既に繰り返し述べたように、私的な利益のためでなければ、公共的な事柄にはまったく目を向けない。目を向ける先にあるのは、独裁者の場合には快であり、王の場合には美である。だからこそ、もっと多く得ようとするものも異なり、独裁者の場合は財貨、王の場合はむしろ名誉である。そして、護衛に当たる者も異なり、王の場合は市民、独裁者の場合は外国人の傭兵である。

独裁制の悪

さて、独裁制が民主制と寡頭制の両方に由来する悪を持つことは明らかである。まず、寡頭制に由来する悪とは、目的を富に設定すること（なぜこうするのかといえば、支配者が護衛の者を維持しつつ、自分の贅沢な生活も維持するための唯一の方法が富であることは必然だからである）、そして、大衆をまったく信頼しないこと（それゆえ、武器を取り上げる政策も行う）である。さらには、大衆に対して悪らつなことを行い、都市部から追い出して離れ離れに居住させる仕打ちも、寡頭制と独裁制の両方に共通する悪である。

一方、民主制に由来する悪とは、名士たちを対抗勢力と見たり、支配の妨害者と見たりして戦いを仕掛け、ひそかに、あるいは目に見える仕方で滅ぼすか、追放することである。なぜこのようなことをするのかといえば、名士たちの中に、自らが支配することを望んだり、隷従を嫌ったりする人々がいて、陰謀をたくらむ場合もあるからである。このようなことから、ペリアンドロスはトラシュブロスに対し、「飛び抜けた穂は刈り取れ」と忠告したのであり[10]、これは要するに、市民の中で抜きん出た者は常に除去しなければならないという意味なのである。

したがって、おおよそのことを先ほど述べたように[11]、さまざまな国制にしても、いま主題にしている単独者支配制にしても、変動の発端は同じ事柄だと考えなければならない。すなわち、不正、恐怖、軽蔑が原因となって、被支配者の多くが単独者支配制を攻撃するのであるが、不正の中では支配者の傲慢さがとりわけ原因になるということである。それに対し、支配者が被支配者の私有財産を没収したとき、その不正が変動の原因となることは時々あるにすぎないのである。 a20

10　第三巻第十三章一二八四a二六―三三に、より詳しい記述がある。
11　本章の冒頭で述べられている。

そして、変動の発端も同じなら、変動の目的も同じである。つまり、独裁制や王制の場合でも、まさに他のさまざまな国制の場合と同じである。すなわち、独裁制や王制の単独支配者には巨大な富や名誉が備わっており、それらこそ、誰もが狙う目的になるのである。とはいえ、独裁制や王制が攻撃されるときには、支配者の身体そのものが狙われる場合もあれば、支配権が狙われる場合もあり、いま述べた傲慢さが攻撃の原因になったときは、身体が狙われるのである。傲慢さには多くの種類があるけれども、そのいずれも怒りを引き起こす原因となるのであり、怒った人々の大多数は、だいたい復讐のために［支配者の身体を］攻撃するのであって、自分が相手より優越［して支配権を奪取］するために攻撃に及ぶのではない。

傲慢さが原因となった事件

例えば、独裁者ペイシストラトスの一族に対する攻撃が起こったのは、この一族がハルモディオスの妹の顔に泥を塗るような傲慢な振る舞いをするとともに、ハルモディオス自身をも侮辱したからである。すなわち、この傲慢な振る舞いをされたことが原因となり、ハルモディオスは妹のためにペイシストラトスの一族を攻撃し、アリ

ストゲイトンも愛人のハルモディオスのために攻撃に同調したのであった[12]。また、ア
ンブラキアの独裁者ペリアンドロスに対して謀略がめぐらされた事件も例になる。事 a40
件の原因は、独裁者が寵愛する少年と一緒に酒を飲んだとき、「もう私の種で子ども
が出来たか」と少年に尋ねたことであった。

さらに、マケドニア王フィリッポス[13]が愛人のパウサニアスから攻撃された事件もあ 1311b
り、この原因は、アッタロス[14]の一派がパウサニアスに対して傲慢な振る舞いをしたに
もかかわらず、フィリッポスが放置していたことである。加えて、マケドニアの小ア

12　ヘロドトス『歴史』第五巻第五十五―五十六章、トゥキュディデス『戦史』第六巻第五十四―五十九章によれば、ペイシストラトスには三人の息子がおり、その中のヒッパルコスがハルモディオスという美青年に恋愛感情を持ったものの、拒絶されたことが抗争の発端。抗争の過程でヒッパルコス、ハルモディオス、アリストゲイトンが殺害された（紀元前五一四年）。しかし、『アテナイ人の国制』第十八章におけるアリストテレスの記述では、ペイシストラトスの息子のうちテッタロスが抗争の原因を作ったとされている。

13　アレクサンドロス大王の父親であるフィリッポス二世。紀元前三五九年に王位に就いたが、前三三六年、ここで述べられているパウサニアスによって殺害された。

14　フィリッポス二世が支配した時代のマケドニアの将軍。

ミュンタス[15]がデルダス[16]によって攻撃された事件もある。この原因は、小アミュンタスが［デルダスの肉体を弄《もてあそ》ぶことによって］自分の［肉体的な］若さを自慢したことであった。また、キュプロス王エウアゴラス[17]が宦官から攻撃された事件もある。すなわち、エウアゴラスの息子が宦官の妻を奪い取ったために、傲慢な振る舞いで侮辱されたと思った宦官がエウアゴラスを殺害したのである。

　しかしまた、独裁制や王制の単独支配者自身が誰かの肉体を性的に辱めて、その行いが招いた攻撃も数多い。例えば、マケドニア王アルケラオス[18]が愛人のクラタイアスによって攻撃された事件もそうである。この原因は、クラタイアスがアルケラオスとの肉体的な交わりを常に耐え難く思っていたことであった。それゆえ、攻撃を行う口実としては、実際にクラタイアスが使った口実よりも些細な内容で十分だっただろう。すなわち、アルケラオスが二人の娘のうちのいずれかをクラタイアスに与えるという約束になっていたにもかかわらず、それを果たさなかったことを、クラタイアスは実際の口実にしたのであるが、もっと些細なことでもよかっただろう。なぜアルケラオスが約束を果たさなかったのかといえば、同じマケドニアのリュンコス地方の王シラス[19]とアラバイオス[20]を敵に回した戦争で敵軍が優位に立ったため、年上の娘をマケドニ

b10

アのエリメイア地方の王に与え、年下の娘を自分の息子のアミュンタスに与えることにしたからである。あえてアミュンタスに与えたのは、このようにしておけば、アルケラオスが妻クレオパトラとの間にもうけた他の息子とアミュンタスとの間で［王位継承や遺産相続の問題で］仲違いが最も起こりにくくなると考えてのことであった。このような経緯があったにせよ、クラタイアスがアルケラオスと訣別する発端となったのは、やはり性的関係を耐え難く思っていたことである。

さらに、ラリサのヘラノクラテスも[21]、同じ理由でアルケラオスに対する攻撃に加

15　マケドニア王アルケラオスの息子であるアミュンタス二世。
16　アミュンタス二世の愛人と推察されるが、詳細は不明。
17　紀元前四一一年に王位に就いたが、前三七四年、息子のプニュタゴラスとともに殺害された。
18　紀元前四一三年─前三九九年に王位にあったアルケラオス二世。
19　後続して名が挙げられるアラバイオスの息子、あるいは父親と推察されるが、詳細は不明。
20　トゥキュディデス『戦史』第四巻第七十九章では、紀元前五世紀の軍事衝突に関わった王として言及されているが、同名の孫が存在するため、どちらを指すかは不明。
21　アルケラオスの愛人と推察されるが、詳細は不明。

わった。どのような経緯かといえば、アルケラオスはヘラノクラテスの若さを味わって享楽しながら、ヘラノクラテスをラリサに帰郷させるという約束を果たさなかったことが事の発端である。そのためヘラノクラテスは、アルケラオスが恋愛感情の欲求から肉体的な交わりを求めたわけではなく、傲慢にも自分の肉体を弄んだにすぎないと考えたのであった。

b20

また、アイノス[22]市民のピュトン[23]とヘラクレイデス[24]がトラキア王コテュス[25]を殺害したのは、［よくあるように］父親に代わって復讐を果たすためであったけれども、それと違ってアダマス[26]がコテュスから離反したのは、子どもの頃にコテュスによって去勢されたことに原因があり、侮辱されたと思ったからである。

そして、肉体に対する傲慢な振る舞いという点では同じだが、殴打の暴行に怒りを覚えた人々も数多い。すなわち、支配者による暴行を傲慢な振る舞いだと思った人々は、相手が公職者であれ王族の門閥であれ、その殺害に及んだり、襲撃したりしたのである。例えば、ミュティレネでは、門閥のペンティロスの一族[27]がうろつき回り、棒で人々を叩いたので、メガクレス[28]は友人たちとともにこの一族を攻撃し、何人かを殺害したのであった。その後、今度はスメルデス[29]がペンティロス本人を殺害したが、その理由は、ペンティロスから殴打を受けた上、一緒に寝ていた妻のかたわらから引きずり出されたことにあった。

また、前述したアルケラオスに対する攻撃では、デカムニコス[30]がその首謀者となり、真っ先に襲撃者たちに行動をけしかけた。なぜ攻撃の首謀者になるほど怒ったのかといえば、アルケラオスがデカムニコスを詩人のエウリピデスに引き渡し、［悪口をい

22　バルカン半島南東部のトラキア地方の都市。

23　この人物については詳細不明。

24　この人物については詳細不明。

25　紀元前四世紀に即位したが、前三五八年頃に暗殺された。

26　この人物については詳細不明。

27　紀元前七世紀に寡頭制支配を行った門閥。

28　紀元前二世紀ないし前三世紀のロンゴス作『ダフニスとクロエ』の物語には、ミュティレネの富豪としてメガクレスという人物が登場するが、関連は不明。

29　この人物については詳細不明。

30　紀元前三九九年のアルケラオス二世に対する襲撃を主導した人物と推察されるが、詳細は不明。

われた」詩人の手で鞭打ちの罰を下すようしくんだのが原因であった。エウリピデスにしてみれば、自分の口臭についてデカムニコスが何か語ったことに腹を立てていたのである。そして、他の多くの支配者たちも同じような理由で人々の怒りを買い、殺害されたり、陰謀をたくらまれたりしたのであった。

恐怖が原因となった事件

そして、支配者に対する攻撃が、人々の恐怖に起因する場合も同様である。すなわち、単独者支配制においても、他のさまざまな国制と同じように、恐怖は変動の原因の一つになるのであった。[31]

例えば、アルタパネス[32]がペルシャ王クセルクセス[33]を殺害したのは、王の命令なしに王子のダレイオス[34]を絞殺した件でとがめられることに恐怖を感じていたからである。すなわち、絞殺を実行したのはクセルクセスの飲食中だったため、命令なしに行ったとしても、酒に酔った王は命令したかどうかなど覚えていないから許されるだろうと考えてのことだったのである。

軽蔑が原因となった事件

さらに、支配者に対する軽蔑が原因となって攻撃が起こる場合もある。例えば、アッシリア王サルダナパロス[35]が殺害されたのは、女たちと一緒に羊毛を梳いているところを目撃され、軽蔑されたことが原因であった。これは、伝説として語られている内容が真実である場合の話だが、仮にサルダナパロスの件は事実に反するとしても、他の者が同じ行為をしたなら軽蔑されるということ、これは少なくとも真実だろう。また、ディオン[36]がシチリア島の独裁者ディオニュシオス二世を攻撃した[37]のも、軽蔑

1312a

31　本巻第二章一三〇二b二、本章一三一一a二三―二六で既に述べられている。
32　ペルシャでクセルクセス一世の親衛隊長を務めた人物。
33　紀元前四八六年―前四六五年に王位にあったクセルクセス一世。
34　クセルクセス一世には三人の息子がおり、その長子。絞殺された理由は明らかではないが、王位を狙うアルタパネスが王子と王の両方を殺害したという説もある。
35　紀元前七世紀頃に君臨したとされる伝説の王。常に女装していたという伝承もあるほか、『ニコマコス倫理学』第一巻第五章一〇九五b一九―二二では、享楽的な生活を送る人物の典型に挙げられている。

に起因していた。すなわち、いつも酔っ払っている独裁者を見ていたし、市民たちが独裁者を軽蔑していることも見て取っていたのである。さらに、支配者と親しい人々の中からも、見下すという意味での軽蔑が原因となって攻撃を企てる者が出てくる。その理由は、信頼関係があるゆえに、攻撃を企てても気づかれないだろうと考え、支配者を見下すことにある。

そして、自分には国家の支配権を握る力があると考えて支配者を攻撃する者も、ある意味では軽蔑の念に起因している。なぜなら、自分には力があるのだから、その力を使えば支配権を握るために犯す危険など小さなものだというように、支配者の力を見下すという意味での軽蔑の念があればこそ、容易に攻撃を仕掛けるからである。それはちょうど、将軍職にある者が単独支配者に攻撃を仕掛けるときと似ている。例えば、ペルシャ王キュロスがメディア王アステュアゲス[38]を攻撃したのは、アステュアゲスの暮らしぶりを軽蔑していたことと、その力を見下していたことが原因であった。それというのも、アステュアゲスはすっかり力を失っていながら、自分自身は贅沢に暮らしていたからである。また、トラキア地方[39]の出身のセウテス[40]が将軍だったとき、トラキア地方のオドリュサイ族の王アマドコス[41]を攻撃した例もある。

しかし、支配者に対する軽蔑の他に［不正な方法での］自分の利益の追求も加わるというように、複数の原因が重なって攻撃に及ぶ人々もおり、総督のアリオバルザネス[42]に対するミトリダテス[43]の攻撃はその例である。このように利益の追求も含んだ動機で攻撃を企てることが最も多いのは、生来、大胆な性格を持ち、単独支配者のもとで軍事の公職に就いている人々である。なぜなら、大胆さ[44]とは力を伴った勇気のことで

36　ディオニュシオス二世の叔父。プラトンの弟子で、アテナイに長く住んだため、アリストテレス自身もよく知っていたと考えられる。
37　紀元前三五七年にディオンが兵を率い、シチリア島に遠征したことを指す。
38　紀元前六世紀に王位にあったが、孫であるキュロス二世の率いるペルシャ軍から攻撃され、領土を奪われた。
39　第二巻第十二章注25参照。
40　セウテス二世としてトラキア南東部のオドリュサイ族の王となった人物。紀元前四〇五年頃―前三九一年頃に王位にあった。
41　セウテス二世と共同で王を務めた時期もあるアマドコス一世。
42　紀元前四世紀に黒海沿岸地方を治めるため、ペルシャから派遣された総督。
43　アリオバルザネスの息子。

あるから、力と勇気の両方を発揮すれば容易に相手に勝てると考えて、攻撃を実行するからである。

名誉への愛を動機とする攻撃

それに対し、名誉への純粋な愛を動機として攻撃を企てる人々の場合は、攻撃の原因が、先に述べた原因（不正、恐怖、軽蔑）とは別の種類のものになる。すなわち、別の種類だというのは、独裁者が持つ巨大な利益と巨大な名誉に目をつけて攻撃を仕掛ける人々とは異なり、名誉への愛ゆえに攻撃を企てる人々はいずれも、それらのものを目当てにして危険な道を選ぶわけではないという意味である。つまり、巨大な利益と巨大な名誉を狙う人々については、いま述べた通りであるが、名誉を純粋に愛する人々は、単独者支配を手に入れることを望むわけではなく、自分の名声を望むのである。それはちょうど、攻撃とは別の、何か常俗を超えた行為を行うことによって自分の名が他の人々に知れわたり、名士になることを望むようなものなのである。とはいえ、こうした純粋な動機に駆られて攻撃を企てる人々は、数としては極めて少ない。なぜなら、この種の行動が成功しなかった場合には、自分の命が助かる保証など一切考えられないことを前提に置かなければならないからである。確かに、前述したディオンの信念こそ、人々が見習って従うべきものではあるが、同じ信念が容易に多くの人々の心のうちに生じることはない。ディオンは、ディオニュシオスを倒そうとして、少数の兵士たちとともに出陣したとき、自分の心境をこう語った。「前進できるのがどこまでであろうとも、ともかく、そこまでこの行動に関与するだけで私自身には十分である。たとえ、［ディオニュシオスがいるシチリア島に］上陸してすぐ命が果てるとしても、その死は私自身にとっては［名誉に値する］立派なものだ」。

独裁制崩壊の外部と内部の要因

独裁制が崩壊するときの一つの形は、独裁制以外のどの国制でも起こるように、外部からの破壊であり、独裁制と対立する何らかの国制が力で優っている場合である。

44　『弁論術』第二巻第五章では、自分と利益をともにする人々が多いとき、人は大胆に振舞うと説明されているので、ここでも「大胆さ」と「利益」の関連が強調されているのであろう。

1312b なぜなら、政策の選択が対立する以上、相手を破壊したいという望みを持つようになるのは明らかであり、望むことを行う力を備えていれば、誰でもそれを実行するからである。

ここでいう国制の対立には二種類があり、その一つは、民主制が独裁制と対立するような場合である。すなわち、民主制も究極の段階に進むと独裁制になってしまうため[45]、「陶工に対しては陶工が」[46]対立するとヘシオドスが語るようになるわけである。もう一つは、王制、貴族制がともに独裁制と対立する場合である。これは、もともと国制の性格が正反対であることに基づいており、王制を持っていたラケダイモン人や、貴族制の国家を立派に運営していた時代のシュラクサイ人[47]が多くの独裁制国家を倒したのは、こうした理由からである。

そして、独裁制が崩壊するときのもう一つの形は、独裁制そのものの内部からの崩
b10 壊であり、支配に参与している者同士が抗争する場合である。この例もシュラクサイにあり、ゲロンの一族によるかつての独裁制の崩壊がそうであるし、今日でいえばディオニュシオスの一族[48]による独裁制の崩壊が該当する。このうちゲロンの事例では、ヒエロン[49]の兄弟のトラシュブロス[50]が自ら支配権を握るため、ゲロンの息子をそそのか

して快楽に耽らせた。このとき、ゲロンの一族は結束したものの、独裁制を全面的に解体するのではなく、トラシュブロスの打倒だけを目指したため、ゲロンの側に味方していた人々は、いまこそ独裁制打倒の好機ととらえてゲロンの一族全員を駆逐したのであった。一方、ディオニュシオスの事例では、その親戚であったディオンが兵を率い、民衆の支持も得てディオニュシオスを追放したものの、ディオン自身は後に殺害された。

人々を独裁者への攻撃に向かわせる最大の要因は二つあり、憎悪と軽蔑である。二

45 第四巻第四章一二九二a四—一一参照。
46 ヘシオドス『仕事と日々』二五。同業者は競合関係にあるという意味。
47 次の段落で言及されるゲロンの独裁制が崩壊して以降、紀元前四六六年から前四一三年まで、シュラクサイは貴族制の国家であった。
48 ディオニュシオス一世と二世を指すと考えられる。第一巻第十一章注12、本巻第七章注11参照。
49 ゲロンの弟で、紀元前四七八年—前四六六年頃にシュラクサイの独裁者となった。
50 同名のミレトスの独裁者とは別人で、おそらくヒエロンの弟。

つの要因のうち、憎悪は独裁者に向けられるものとして常に存在するのに対し、独裁者が軽蔑されたときには、体制の崩壊につながることが多い。その証拠に、自分自身で支配権を手に入れた独裁者の多くはそれを守り抜くが、誰かから独裁者の地位を継承した者はみな、いわば瞬く間に支配権を失っている。なぜこうなるのかといえば、権力を譲り受けた者は享楽的に生きるために軽蔑されやすく、非難者たちに攻撃の好機を数多く与えることになるからである。

加えて、独裁者に対する怒りも、一種の憎悪と見なされなければならない。というのも、ある意味では、憎悪による攻撃と同じ行動を引き起こす原因になるからである。しかも、憎悪より怒りの方が、実行に直結することも多い。なぜなら、怒りの感情は理性的な思考を用いないゆえに、より過激な攻撃を動機づけるからである。とりわけ、攻撃者が傲慢なときには激情に駆られるため、こうしたことが原因となって、ペイシストラトスの一族による独裁制にせよ、他の者たちによる多くの独裁制にせよ、打倒されたのである。それに比べ、憎悪の方がまだしも理性的である。というのも、怒りには苦痛が伴うので、理性的に思考するのが容易ではない状態であるのに対し、敵意という意味での憎悪は苦痛を伴わない[51]からである。

以上の要点をいえば、独裁制の崩壊の原因を数え上げるときには、純然たる究極の寡頭制と極端な民主制が崩壊する原因について私たちが述べた事柄のすべてを、やはり挙げるべきだということである。なぜなら、純然たる究極の寡頭制にせよ、極端な民主制にせよ、実態としては、一人の独裁者が複数の者に分かれて少数の支配者たちになったり、多数の支配者たちになったりした状態の独裁制だからである。

王制崩壊の要因

さて、他の国制とは異なり、王制の場合には外部から破壊されることが最も少ない。それゆえ、長期間存続することにもなるが、崩壊するときは、多くの場合、王制そのものの内部から崩壊が起こる。崩壊の仕方は二種類あって、その一つは、王制に参与する者たちが内乱を起こす場合であり、もう一つは、より独裁者に近い方法で王が支

51　『弁論術』第二巻第四章によれば、怒りは、自分が受けた仕打ちに対する復讐の感情であるゆえに苦痛を伴うのに対し、憎悪は、自分の経験とは関わりがなく、対象となる人物の不正などに向けられる敵意ゆえに苦痛を伴わない。

1313a

配しようとし、法律に反してまでも多大な王権を要求する場合である。

とはいえ、もはや今日では王制が生じることはなく、むしろ発生するとすれば、単独者の支配ではあっても独裁制である。なぜかといえば、もともと王制は、人々が自ら進んで支配に従うことと、ただ一人の人物が重大な事柄の決定権を持つことで成立するのに対し、今日では同じような性質の人々が多数いるだけで、単独者支配の重大さと尊厳に見合うほど傑出した人物はいないのが現実だからである。したがって、傑出した人物はいないゆえに、人々が進んで単独者支配制にとどまろうとすることはないし、もしも誰かが欺きや強制力によって支配しようとすれば、それはもはや王制ではなく独裁制になると思われる。

とくに、一族の世襲による王制の場合、崩壊の原因として挙げなければならないのは、これまで述べた事柄に加え、軽蔑されやすい王が多くなること、そして、独裁者のような権力ではなく王の名誉を持つはずの者であるにもかかわらず、傲慢に振る舞うことである。実際、そのような場合には王制の崩壊が容易に起こった。なぜなら、人々が望まなければ、王はただちに王でなくなるからである。その点、人々が望まなくても、独裁者は独裁者であり続けるのとは異なる。

かくして、王制や独裁制といった単独者支配制が消滅する原因は、以上挙げた事柄か、あるいは、それらに類似する他の事柄ということになる。

第十一章　単独者支配制を存続させるための方策

王制の場合

単独者支配制を存続させる方策の議論に移ると、まず端的にいえば、崩壊の原因となる事柄と正反対の状態にすればよいのは明らかである。

しかし、単独者支配制のそれぞれについて個別的に述べれば、王制の場合には、より穏健な支配に向かうことが存続策となる。すなわち、王の権限が及ぶ範囲を小さくすればするほど、支配の全体としては、より長期にわたって存続すること、これは必然なのである。なぜなら、そうすることで王は専制的支配者から遠ざかるとともに、人格的な対等性において人々に近づくため、被支配者から妬まれることも少なくなるからである。

例えば、モロッシア人の王制にしても、こうした方策により長期間にわたって存続できた。また、ラケダイモン人の王制が長続きしたのも、最初から二つの王家が並立して支配権が二つに分割されていたことに加え、王位に就いたテオポンポス[1]がさらに他の方法も用い、とくに［王権を制限できる］監督官の公職を設けて支配を穏健にしたことによる。つまり、テオポンポスは王の力を縮小することによって、王制の存続期間を増大させたわけだから、ある意味では、王権を小さくしたのではなく大きくしたのである。まさにそのことこそ、テオポンポスが妻の問いに答えて語ったといわれる事柄にほかならない。すなわち、「父親から受け継いだときよりも王権を小さくして、息子たちに手渡すことをまったく恥ずかしいとは思わないのか」と妻が尋ねたとき、テオポンポスは「まったく思わない。私は息子たちに、もっと長続きするものを手渡すのだから」と答えたというのである。

独裁制の場合①——独裁を強化する

一方、独裁制の場合には、存続させるための方法が二つあるけれども、それらは［独裁を強化する方法と王制に近づける方法なので］正反対の性格を持つ。

1　紀元前七二〇年―前六七五年頃に王位にあった。

その一つは、古くから受け継がれてきたもので、たいていの独裁制国家はその［独
裁を強化する］方法で支配を行っている。人々が語るところによれば、この方法に属
する多くの政策は、コリントスの独裁者ペリアンドロスが確立したものだということ
だが、実際にはペルシャ人の支配方法からも、類似した多くの政策を取り出すことが
できる。それらに加えて、先ほど述べたように、[2]飛び抜けた者を刈り取り、意識の高 a40
い者を排除することも、この方法に属する政策であり、できるだけ長く独裁制を存続
させることにつながるのである。
　また、共同食事、政治的集会、教育や、この類の［人々が連帯するような］他の活
動を許さず、高い意識と信頼という二つのものを常に生み出す活動の一切を警戒する 1313b
ことも政策になる。さらに、学問を行う学校や、学校とは別の種類の学問的な集まり
が行われることを許容せず、できるだけ全市民が知らない者同士になるよう万事を行
うことが政策になる。なぜなら、人々が知り合うと、互いに対する信頼を増すからで
ある。
　そして、都市部の住民については、何をしているかが常に見える状態に置き、［ペ
ルシャの場合でいえば］宮殿の門のあたりで時を過ごさせることである。そうすれば、

何をしているかが見逃されることは最も少なくなるだろうし、住民は奴隷のように見張られた状態に置かれることで、いつも小さなことばかり意識する[3]のが習慣になるだろう。他にも、ペルシャ人のところやギリシャ人以外の民族のところには、こうした種類の独裁制的な政策がある。つまり、それらの政策はすべて、同じ効果を持つのである。 b10

さらに、被支配者の誰かが実際に語ったり、行ったりしたことは、何でも見逃さないよう努め、通報者を作らなければならない。例えば、シュラクサイで「密告屋」と呼ばれる女性たちがそれに当たるし、シュラクサイの独裁者ヒエロンが、何かの会合や集まりのあるところに送り込んでいた盗聴者もそうである。こうした通報者を作れば、人々は密告を恐れ、自由に発言することが少なくなるし、それでも自由に発言する者がいれば、独裁者にとっては見逃すことが少なくなるわけである。

加えて、親しい者同士、民衆と名士、富裕者同士を互いにいがみ合わせ、衝突する

2　前章一三一一a一五―二二で述べられている。

3　原語は phronein で、前段落の「高い意識（phronēma）」と対比されている。

よう仕向けることも政策になる。

また、被支配者を貧困状態に置くのも独裁制的な政策であり、その狙いは、被支配者が護衛を養えないようにすることと[4]、日々の仕事に追われて陰謀をたくらむ暇など持てないようにすることである。この政策の典型的な例が、エジプトにおけるピラミッドの建設作業、コリントスの独裁者キュプセロスの一族による奉納物[5]の制作作業、アテナイの独裁者ペイシストラトスの一族によるゼウス・オリュンピオス神殿[6]の建設作業、サモスで行われた事業の中でも独裁者ポリュクラテス[7]による大事業である。これらの政策はすべて、被支配者から暇を奪うとともに貧困状態に置くという、同じ効果を持つのである。

加えて、税金の徴収も、同じ種類の政策である。例えばシュラクサイでは、ディオニュシオスが独裁を行った時代、税金を五年間支払うと個人の全財産が失われる結果になった[8]。そして、独裁者は好んで戦争を作り出す者でもあり、その狙いは、被支配者を暇のない状態に置くとともに、絶えず指導者を必要とする状態に置くことである。

そして、王制の場合には、王と親しい人々によって支えられて存続するのに対し、独裁制の場合には、何よりも親しい人々を信頼しない点に特徴がある。それは、独裁者の打倒を望むという点ではみな同じだけれども、とりわけ親しい人々こそが、打倒する力を実際に持つからなのである。

さらに、究極の段階に進んだ民主制において起こることは、すべて独裁制の特徴にもなる。例えば、家庭では女性が支配者になるよう仕向ける政策がそうであり、その目的は、夫に関する事柄を密告させることにある。同じ目的で、奴隷に対する拘束を緩めるという政策も採用されるのであるが、なぜこうするのかといえば、奴隷たちや女性たちが独裁者に対して陰謀をたくらむことはないし、むしろ幸せな日々を送れる

4　ロスは hē te と修正し、「支配者が護衛を養えるようにする」と解釈しているが、写本通りに mēte と読む。
5　オリュンピアの神殿に奉納された黄金のゼウス像がよく知られている。
6　アテナイで紀元前六世紀に建設が始まり、後二世紀にローマ皇帝ハドリアヌスによって完成された神殿。
7　ヘロドトス『歴史』第三巻第六十章によれば、紀元前六世紀に独裁を行い、地下水路、防波堤、巨大な神殿を建設した。
8　ディオニュシオス一世の政策で、戦費の調達のために重税が課された。

のなら、独裁制に対してにせよ、究極的な民主制に対してにせよ、必ずや好意を抱くからである。それは、民主制を望む民衆でさえも、究極的には「多数者による独裁のような意味で」単独支配者になることを望んでいるからにほかならない。だからこそ、独裁制と究極的な民主制の両方で、追従者が重宝されることにもなる。すなわち、民主制では民衆指導者がそれに当たる。なぜなら、実際のところ、民衆指導者は民衆の追従者だからである。他方、独裁制では、自分を卑下するようにして独裁者を取り巻く人々がそうであり、まさにこれこそ、追従の仕事なのである。

　こうしたことから、独裁制は「独裁者が悪人であることも含めて」悪人を好む国制である。というのも、独裁者は追従されることを喜ぶわけだが、もしも悪人ではなく、意識の高い自由人であったならば、誰ひとり、こんなことを喜ばないだろうからである。むしろ、有徳者は相手を友として愛するのであり、少なくとも追従はしない。また、「釘は釘で」押し出されるという諺[10]があるように、悪人は悪事に役立つことも、独裁制が悪人を好む理由である。

　加えて、相手が威厳のある人間であったり、自由に振る舞う人間であったりすることを喜ばないのも、独裁者の特徴である。なぜなら、独裁者は自分だけがそうした人

1314a　b40

間になるに値すると考えるからであり、もしも自分以外の者が威厳で対抗したり、自由に振る舞ったりすれば、独裁者としての優越と専制的支配の力を骨抜きにされるからである。それゆえ独裁者は、そうした対抗者を、あたかも自分の支配の破壊者のようにとらえて憎む。また、食事をともにするにせよ、日々の生活をともにするにせよ、自国の市民より外国人を相手に選ぶのも独裁者の特徴である。これは、市民が独裁者に敵意を持っているのに対し、外国人なら逆らわないと考えてのことである。

以上挙げた政策と、それらに類似する政策は独裁制的であるゆえに、独裁を強化することによって支配を存続させる方法であるが、悪徳の限りを尽くしている。これらのすべては、いわば三種類にまとめられる政策である。というのも、独裁者の狙う事柄が三つあるからである。第一は、被支配者が小さなことばかり意識するように仕向けることである。つまり、小心者にしておけば、誰に対しても陰謀をたくらむことは

9　第四巻第四章一二九二a四―一一、前章一三一二b五―六、三四―三八では、究極の段階に進んだ民主制は独裁制であると述べられている。

10　同じ種類に属する別のものに取って代わられることを意味する諺であるが、アリストテレスは行為者と行為の同種性を示すために引用している。「蛇の道は蛇」のような含意。

ないわけである。第二は、被支配者が互いに信頼し合わないようにすることである。なぜなら独裁制は、被支配者のうちの一定の部分が信頼し合うようになって、はじめて打倒されるものだからである。独裁者が有徳者を敵視するのも、結局は同じ理由に基づいており、自分の支配の破壊者ととらえるからである。それは、有徳者自身が独裁者による専制的支配を受け容れないばかりではなく、有徳者同士の間でも、有徳者とそれ以外の人々との間でも信頼があるゆえに、互いに告発するなどという関係にはないからにほかならない。第三は、被支配者が行動するための能力を持たないようにすることである。そのようにしておけば、自分の能力の及ばないことは誰も試みないわけだから、仮に独裁者が力を失っていたとしても、独裁者の打倒を試みる者はいなくなるのである。

かくして、独裁者の目論むところは、以上挙げた目標、つまり、実際上は三つある目標に帰着することになる。すなわち、「独裁制的な政策」と見なされるもののすべては、被支配者が互いに信頼し合わないようにすること、被支配者が行動するための能力を持たないようにすること、被支配者が小さなことばかり意識するように仕向けること、という三つの目標を前提に置いた政策のいずれかに帰すことができるだろう。

独裁制の場合②──王制に近づける

　さて、独裁制を存続させる二つの方法のうち第一の方法は、ここまで述べてきたような内容のものであるが、第二の方法は、政策上の配慮において第一の方法とはほぼ正反対である。この第二の方法がどのような配慮を行うかは、王制の崩壊を手がかりにすれば把握できる。なぜなら、王制が崩壊するときの一つの形として、より独裁制的な支配に近づけたことが原因になる場合があるように、逆に独裁制を存続させようとするときには、より王制的な支配に近づけることが独裁者の方策になるからである。ただし、王制に近づけるとはいえ、ただ一つ、独裁者としての権力だけは守り抜き、支配に従うことを望む人々だけではなく、望まない人々をも支配できるようにしておかなければならない。というのも、権力を放棄すれば、独裁も放棄することになるからである。

　この独裁的権力を守り抜くことは、いわば根本的な前提として堅持しなければならないが、それ以外の事柄に関しては、独裁者ではなく王の役割を立派に演じ、実際に王の役割を果たすか、あるいは、果たしていると人々から思われるかのいずれかでなければならない。

まず、公金など公共の財産について、「よく考えている」と人々から思われるようにしなければならない。そのためには、大衆の怒りを買うような、贈り物に類するものへの支出は慎むべきである。つまり、苦労して働いている大衆から財貨を厳しく取り立てておきながら、遊女、外国からの客人、自分に奉仕する職人には贈り物をいくらでも与えるといった行為は禁物である。また、既に独裁者の何人かが行ってきたように、どれくらい財貨を取り立てて、何に支出したかという収支を説明することも、公金について「よく考えている」と思われるための方策になる。そのようにして公金の収支を管理すれば、国内財政の管理役を果たしていると受け止められ、独裁者などではないと人々から思われることだろう。しかし、単なる国内財政の管理役だと思われるようになったとしても、実質的に国家の最高の権限を握っている限りは、いつか自分が財産を奪われ、困窮するのではないかと恐れる必要はない。それどころか、国外に遠征する独裁者にとっては、公金を全部集めて国内に置いてゆくよりも、収支を説明するだけで済ませる方が善い結果を生むことにもなる。なぜなら、そのようにした場合、独裁者の留守中に国家を守る者たちが権力に対して攻撃を仕掛けることは少なくなるだろうからである（独裁者が国外に遠征するときには、市民たちよりも、国

1314b

家を守る者たちの方がかえって恐ろしい存在になる。というのも、市民たちは［護衛として］独裁者の遠征に同行する[11]のに対し、国家を守る者たちは国内に残っているからである）。

次に、税金にせよ、公共奉仕という形での課金にせよ、国内財政のために徴収されるものとして人々の目に映っていなければならず、いつか戦争が起こったときに使うべき備えにも見えなければならない。総じて、徴収金は公共の財産として独裁者が守り、管理しているように外見を装う必要があり、私物化しているように見えてはならない。

また、人々の目に映る事柄という意味でいえば、独裁者は冷酷な人物に見えるのではなく、威厳のある人物に見えなければならない。さらには、対面する者たちに恐怖を抱かせるのではなく、畏敬の念を抱かせるような人物でなければならない。とはいえ、軽蔑されやすい性格の独裁者にとっては、いずれも容易にできることではないか

11　王の役割を演じる独裁者に対しては、市民が護衛を務めるということ。前章一三一一a七―八参照。

ら、他の徳に対する顧慮はさておくとしても、軍事的能力の徳だけは顧慮し、軍事の分野で自分自身の名声を築くようにするべきである。さらにまた、決して傲慢な人物に映らないようにしなければならないが、これは独裁者自身だけの問題ではなく、独裁者を取り巻く他の人々も心がけるべき事柄である。しかも、被支配者の誰に対しても傲慢に振る舞ってはならないのであり、相手が若い男性であっても、若い女性であっても変わらない。加えて、独裁者の一族の女性たちも、他の女性たちに対して同様に接するべきである。なぜかといえば、女性たちの傲慢な振る舞いが原因となって滅びた独裁制も数多いからである。

さらに、飲食など肉体的な享楽については、今日の独裁者の何人かが行っているのとは正反対のことを実行しなければならない。というのも、何人かの独裁者は、夜が明けるとすぐに享楽的な行為を始め、何日もそれを続けるばかりか、どんなに自分たちが幸せな思いをし、至福の時を過ごしているかを他の者にわからせて驚かせようと、そうした行為を見せつけたがるからである。しかし、何よりも享楽的な行為こそ、ほどほどにするべきなのであって、それができないのなら、少なくとも他の者に見せつけるのは避けるべきである。なぜなら、敵から見下されやすく、攻撃されやすいのは素面《しらふ》の者ではなく、酒に酔っている者であり、目覚めている者ではなく、眠っている者だからである。

そして、独裁制を存続させる第一の方法（独裁の強化）として先ほど述べた事柄のほぼすべてに関して、それらと正反対のことを実行しなければならない。すなわち、独裁者などではなく、人々から委任を受けた者であるかのように国家を構築し、美しく整えなければならないのである。

また、神々に関する事項に対しても、常に人並み以上の真剣さで取り組んでいるように見えなければならない。なぜかといえば、支配者が神々に対して畏怖の念を持ち、神々のことを心にかけていると被支配者たちが信じたならば、そうした敬虔な支配者から不法な行為を受けて苦しめられるという恐れは小さくなる上、被支配者たちの側でも、神々さえ味方につけている支配者だと考えるため、陰謀をたくらむ可能性が小さくなるからである。とはいえ、敬虔であるとはいっても、そのように神々に頼る態度が愚かに見えてはならない。

さらに、何らかの点で優れた人物が現れたときには、名誉を与えなければならない。その名誉は、もしも独裁制下ではなく、市民たち自身が統治する国制下だったならばありえなかっただろうと思われるほど大きなものでなければならないし、そのように大きな名誉は、独裁者自身の手で授与する必要がある。他方、懲罰の場合は、独裁者以外の公職者か法廷を通じて与えるべきである。

しかし、「名誉を与えるといっても」一人の人物に重要な権限を与え、巨大な存在にしないことこそ、あらゆる単独者支配制にとって共通の防御策である。あるいは、必要ならば、一人ではなく複数の者に重要な権限を与えればよい。そうすれば、互いを監視し合うようになる。たとえもし、誰か一人を重用せざるをえないときであっても、大胆な性格の持ち主だけは避けなければならない。なぜなら、大胆な者というのは、何をするにしても猛烈すぎる行動者になってしまうからである。反対に、ある者から権力を取り上げた方がよいと思われるときには、段階的に取り上げるようにするべきであり、その者が持つ権限の一切をまとめて奪い去ってはならない。

加えて、独裁者はあらゆる傲慢な振る舞いを慎まなければならないが、何よりも慎むべき二つの行為は、肉体に対する侮辱的な行為と、若者に対する性的な凌辱である。こうした行為は、名誉を愛する人々に対して行わないよう、とくに気をつける必要がある。というのも、金銭を愛する人々にとって、自分の持つ金銭の価値が軽く見られることは耐え難いように、名誉を愛する人々や優れた人々にとっては、自分の名誉を汚されることが耐え難いからである。だからこそ、名誉を愛する人々に対しては二つの行為を慎むべきなのである。あるいは、肉体に対する侮辱に当たりそうな場合には、相手を軽く見ているゆえにそうしているのではなく、父親が子どもに対して懲罰を与えているときのように見えなければならない。また、若者との性的な交わりにしても、それが権力に任せてのことではなく、恋愛感情に基づいているように見えなければならない。総じて、相手が不名誉だと考える行為をしてしまったならば、それよりも大きな名誉を与えて代償を支払うべきなのである。［もしも代償を支払わないでいると］独裁者の身体を滅ぼそうとして攻撃する者が出てくるが、その中で最も恐ろしく、最も警戒を要するのは、独裁者を滅ぼせるのなら、自分が安全に生き続けられることなど望まないという人々である。それゆえ、独裁者が最大限に気をつけるべきなのは、被支配者たちの中で、自分自身か、自分が面倒を見ている者たちが、独裁者から傲慢な振る舞いをされたと考えている人々なのである。なぜなら、ヘラクレイトス[12]も語っ

12　紀元前六世紀後半―前五世紀前半の哲学者。

たように、激情に駆られて攻撃を仕掛ける人々は、自分自身の危険を顧みないからである。まさに、「激情と戦うのは難しい。激情は望むものを手に入れるために、命で代償を支払おうとするから」[13]というヘラクレイトスの言葉通りである。

また、国家は貧困者と富裕者という二つの部分によって構成されているのだから、その両方ともが、独裁者の支配のおかげで自分たちの安全を保っており、一方の部分が他方の部分から不正な行為をされることもないと考える状態になければならない。しかし、どちらの部分であれ、一方の力が上回るようになったならば、その者たちを支配陣営に最大限に取り込むべきである。というのも、力で上回る部分が権力の側に味方する限り、奴隷の解放［によって独裁者を支える市民を作り出すこと］も、市民から武器を取り上げる政策も、独裁者にとって行う必要がなくなるからである。実際、貧困者か富裕者の一方の部分が、独裁者の力に加勢すれば、攻撃を仕掛けてくる者たちに対して力で優るのには十分である。

しかし、この種の方策について一つ一つ述べることは余計な作業である。なぜなら、独裁者の目指すべき目標は明らかだからである。すなわち、独裁者ではなく国内財政の
1315b
管理役ないし王として、被支配者の目に映らなければならず、公共財産を私物化す

る者ではなく、人々から委任を受けた者であるかのように見えなければならないのである。そして、度を超さずに、ほどほどの暮らし方を維持するよう努めた上で、名士たちと懇意になり、大衆の機嫌も取るべきである。以上のようにすれば、必ずや独裁者の支配はもっと立派なものになり、いっそう羨望の的になるだろう。というのも、より優れた人々を支配下に置くことができ、被支配者をあえて卑俗化する必要もないからである。また、被支配者から憎まれ続けたり、恐れられ続けたりすることもない。それればかりか、支配が長続きするようになるとともに、独裁者自身の性格が徳に向かって改善されるか、半ば改善される。すなわち、独裁者が悪人になることはなく、半ば悪い人間[14]であるにとどまるのである。

13　ヘラクレイトス「断片」二二B八五（DK）。この段落の先行する箇所で、独裁者が「大きな名誉を与えて代償を支払う」と表現された部分と対句をなすように引用されている。

14　『ニコマコス倫理学』第七巻第十章によれば、抑制がないために正しくない行為をしてしまう場合、本質的な悪人ではないので「半ば悪い人間」と呼ばれる。本巻第九章注1参照。

第十二章　独裁制が長く存続した事例——国制の変動論の総括

最長期は百年

しかしながら、寡頭制と独裁制は、あらゆる国制の中で最も短命である。実際、最も長期にわたって続いた独裁制はシキュオン[1]で成立したもので、独裁者オルタゴラス[2]と、その子どもたちの支配により、百年続いた。長く続いた理由は、被支配者の扱い方が穏健だったことと、独裁者たち自身が多くの事項において法律の規定に服従したことである。加えて、オルタゴラスの孫であるクレイステネス[3]が軍事の能力に優れていたために、民衆から軽蔑されやすい人物ではなかったことや、独裁者たちが多くの点で配慮を施し、民衆の機嫌を取ったことも理由に挙げられる。それゆえ、とくにクレイステネスの場合でいえば、自分を競技の勝利者と判定しなかった審判にさえも冠を授け、顕彰したと伝えられている。ある人々の話によると、シキュオンの広場に建
b20 立された彫像は、その判定を下した審判の像だという。さらには、アテナイの独裁者

ペイシストラトスも、かつてアレイオス・パゴスの法廷に出廷するよう命じられたとき、それに従ったといわれている。[4]

二番目に長いのは、コリントスにおけるキュプセロスの一族による独裁制である。これは七十三年六カ月にわたって続いた。すなわち、キュプセロスが三十年、その息子ペリアンドロスが四十年と半年、ゴルゴスの息子プサンミティコス[5]が三年、独裁を行ったのである。この独裁制が長く続いた理由も、シキュオンの場合と同じである。[6]つまり、キュプセロスは人々の機嫌を取る民衆指導者であり続け、支配に当たってい

1　ペロポネソス半島北東部の都市国家。

2　紀元前七世紀前半に独裁を始めた人物。

3　紀元前六〇〇年頃―前五七〇年頃に独裁を行い、シキュオンの最盛期を築いた人物。アテナイの民主制を確立したクレイステネスは、その孫に当たる。

4　『アテナイ人の国制』第十六章第八節によれば、殺人の容疑で訴えられたペイシストラトスは弁明のために出廷したが、訴えた人物は独裁者を恐れて出廷しなかった。

5　キュプセロスの非嫡出子。紀元前七世紀にアンブラキアを建設し、その独裁者となった。

6　「プサンメティコス」と書かれた写本も存在するが、ロスの校訂に従って表記した。

た期間、ずっと護衛をつけなかった。一方、ペリアンドロスは民衆指導者ではなく独裁者そのものだったが、軍事の能力が優れていた。

三番目に長いのは、アテナイにおけるペイシストラトスの一族による独裁制である。 b30
しかし、この場合は連続した期間ではない。というのも、ペイシストラトスが独裁者の地位にあった間、[7]二度にわたって追放されたからである。その結果、三十三年のうち、実際に独裁を行ったのは十七年ということになり、その息子たちが独裁した十八年を加えると、全体は三十五年になるわけである。

これら以外で挙げられるのは、シュラクサイにおけるヒエロンと、その兄ゲロンによる独裁制である。これは、長年にわたって存続したというほどではなく、一族の独裁期間を全部合わせても、二十年に達するには二年足りない長さである。すなわち、ゲロンは七年にわたって独裁を行ったが、八年目に生涯を終えた。ヒエロンは十年にわたって支配したものの、その兄弟であるトラシュブロスは独裁者の地位に就いて十一カ月目に追放されたのであった。歴史上の事実として、独裁制の多くは、いずれも極めて短命に終わったのである。

ソクラテスの変動論は不適切

b40 以上、さまざまな国制に関して、とりわけ単独者支配制に関して、崩壊の原因を述
べた上で、今度は存続させるための方策も示してきたが、ほぼすべてを語り尽くした。[8]
1316a 確かに、プラトンの『国家』の中でもソクラテスが国家のさまざまな変動について論
じているけれども、その論じ方は適切ではない。なぜなら、第一に挙げられる最善の
国制（最優秀者支配制）の変動について、この国制だからこそ起こる特有の問題とし
ては論じていないからである。ソクラテスの主張によれば、およそ存在するものの中
には、何ひとつとして同じ状態を保ち続けるものはなく、一定の周期で変動するのだ

7　ペイシストラトスは、ソロンの改革後の混乱期であった紀元前五六一年頃に独裁者となり、前五二七年に逝去するまでその地位にあった。

8　この一文で第五巻が完結したと見る研究者は、以降の文章について、別の小論が不適切に接続されたものだと主張する。あるいは、以降の文章こそがアリストテレスの真筆で、第十二章のうち、この一文までは真筆ではないと主張する研究者もいる。しかし、国制の変動、とくに単独者支配制の変動について総括しようとする論述の意図に照らせば、いずれの主張も受け容れる必要はないと思われる。

から、国制の変動も、そのことに原因がある。そもそも、なぜ一定の周期で変動するのかといえば、その［ピュタゴラス的な］原理は「四対三の比率となる最小の整数の組［すなわち、四と三］が五と［掛け算の中で］組み合わされると二種類の調和をもたらす」[9]ことにあり、図形に関わるこの数が三乗された［上で再度掛け合わされた］ときには、生まれつき劣悪な性質を持ち、教育の力では改善できないほど悪い人間を、ある時期に自然が生み出すとソクラテスは考えるのである。[10]

なるほど、ソクラテスの主張そのものは、おそらく間違っていない。[11]なぜなら、教育を受けても善い人間になることの不可能な者が、ある程度、存在しうるからである。しかし、なぜそのことが、ソクラテスの説く最善の国制にとって特有の変動になるのだろうか。つまり、その他のあらゆる国制や、この世界に生成する万物においてよりも、最善の国制においてその変動が起こると主張するのは何ゆえなのだろうか。また、ソクラテスの語るところによれば、少なくとも変動は時間の経過を通じて起こる以上、[12]時間こそが万物の変動の原因なのだが、[13]それならば、生成の始まりが同時ではなかったもの同士でさえも、時間が経過すると同時に変動するのだろうか。例えば、周期的な運動や変化の方向が転換する日の前日に生成したものも、もっと以前に生成してい[14]

a10

た他のものと同時に、転換の影響を受けて変動するのだろうか。

これらのことに加えて、ソクラテスは「名誉支配制」に触れているが、最優秀者支[15]

9　プラトン『国家』第八巻五四六Cの一部の引用で、整数が調和を作るというピュタゴラス派の思想の影響が見られる。

10　三と四と五の積を指すが、これら三つの整数が直角三角形の三辺の長さになると「ピュタゴラスの定理」に関わることから、「図形に関わる数」と呼ばれていると考えられる。

11　プラトン『国家』第八巻五四六C—Dの説明を要約しているが、これはプラトンの全著作の中で最も難解な箇所といわれる。おおよその内容は、三×四×五＝六〇に、六〇の三乗を掛けると一二九六〇〇〇〇となり、この数は三六〇〇の二乗でもあれば、四八〇〇と二七〇〇の積でもあることから、宇宙が持つ二種類の周期はこれらに対応し、周期的に善い人間と悪い人間が生まれるというものである。

12　ロスは dia ge ton khronon（少なくとも時間が原因となって）と修正しているが、写本通りに dia ge tou khronou と読む。

13　このようにソクラテスが語っている箇所はないが、プラトン『国家』第八巻五四六Aに「全時間にわたっては存続しない」という表現があるため、それをアリストテレスは独自に解釈したと考えられる。

14　天体の運動でいえば、夏至や冬至の日が該当する。

配制から、ラコニア的な国制である名誉支配制[16]へと変動するのは、どのような原因によるのだろうか。なぜこう問うのかといえば、どんな国制が変動するときでも、最優秀者支配制と名誉支配制のように近い関係にある国制へと移行するより、正反対の性格の国制へと移行することの方が多いからである。同じ議論は、これら以外の国制の変動にも当てはまる。実際のところ、ソクラテス自身も、ラコニア的な名誉支配制から寡頭制へ、寡頭制から民主制へ、民主制から独裁制へと変動すると語っている。とはいえ、ソクラテスが語っているのとは逆の方向への変動もあり、例えば、民主制から寡頭制へ移行することもあるし、むしろこの移行の方が、民主制から単独者支配制（独裁制）への変動よりもいっそう多く起こるのである。

さらにソクラテスは、［最後に挙げた］独裁制にもやがて変動が起こるのかどうかを述べていないし、もし起こるとすれば、どのような原因により、どのような国制へと変動するのかということも語っていない。その理由は、それらの事柄について論じるのが容易ではなかったことにあるだろう。要するに、どうなるのかが不確定なわけであり、ソクラテスの考え方からすると、最初に挙げた最善の国制へと寡頭制が変動すれば、一連の変動は連続的かつ円環的になるはずだが、実際にそうなるかどうかが定かではないのである。

しかし実際には、シキュオンにおける独裁制で支配者がミュロンからクレイステネス[17]に変化したように、独裁制から独裁制への変動も起こる。また、独裁制から寡頭制への変動もあり、カルキスにおけるアンティレオン[18]の独裁制がその例である。そして、独裁制から民主制へと変動する場合もあり、例えば、シュラクサイにおけるゲロンの一族の独裁制がそうである。さらに、ラケダイモンにおけるカリロス[19]の独裁制や、カ

15　プラトン『国家』第八巻五四五Cでソクラテスは、「どのような仕方で名誉支配制が最優秀者支配制から生じてくるかを語るように努めよう」と述べているが、実際に語るのは、ピュタゴラス的な原理による周期的変動論である。

16　プラトン『国家』第八巻五四五A—Bでソクラテスは、「ラコニア的な国制に対応する人間は、勝利を愛し、名誉を愛する人間である」と説き、その国制の名称として「名誉支配制」ないし「名誉統治制」を提案している。

17　クレイステネスの祖父。

18　この人物については詳細不明。

19　第二巻第十章注2参照。同章一二七一b二五では「王」と呼ばれていることから、王から独裁者に変貌したと推測される。

ルタゴにおける独裁制のように、[20]独裁制から貴族制へと変動する場合もある。あるいは、寡頭制から独裁制へと変動する場合もある。例えば、シチリア島の中で古い時代に成立した寡頭制の大半がだいたいそうであり、レオンティノイの地では寡頭制からパナイティオスによる独裁制へ、ゲラの地では寡頭制からクレアンドロス[21]による独裁制へと移行した。また、シチリア島に近いレギオン[22]の地では寡頭制からアナクシラオス[23]による独裁制へと移行した例があり、他の多くの国家にも同様の変動があったのである。

加えて、ソクラテスの説明で奇妙なのは、公職者たちが金銭を愛する人々であり、金儲けに走るゆえに寡頭制への変動が起こると考えていることである。[24]つまり、財産を所有している者と所有していない者が対等に国家の運営に参与するのは正しくないという、飛び抜けた資産家たちの思いが原因となって寡頭制への変動が起こるとは考えない点が奇妙なのである。そのような問題があるほか、多くの寡頭制の国家では公職者の金儲けを許していないのが実状であり、金儲けを禁じる法律も存在するので、ソクラテスの語る通りではない。むしろ、民主制的な国制を持つカルタゴ[25]においてこそ人々は金儲けに走っており、いまだにその国制は「寡頭制へと」変動していないと

1316b　a40

いうのが現実である。

もう一つ、ソクラテスの説明で奇妙なのは、寡頭制の国家について、富裕者の国家でもあれば貧困者の国家でもあるという意味で二つの国家だと主張している点である[26]。なぜ、その「二つの国家」であるという性状は、ラコニア的な名誉支配制や他のあらゆる国制よりも寡頭制に帰せられるのだろうか。国家の全員が対等な財産を所有して

20 第二巻第十一章一二七二b二九—三三におけるカルタゴの説明では「独裁制が出現したこともない」と記されていることから、本章のこの部分の削除を提案する校訂者もいるが、写本通りに訳出した。

21 紀元前五〇五年にシチリア島南部のゲラで独裁者となったが、七年後に暗殺された人物。

22 第二巻第十二章注23参照。

23 紀元前四九四年—前四七六年に独裁を行った人物。

24 プラトン『国家』第八巻五五〇D—五五一Bでソクラテスは、名誉支配制から寡頭制へと変動する原因について、ほぼこのように語っている。

25 カルタゴの国制を主題とする第二巻第十一章では、ある面では共和制ではなく民主制に傾いていると説明されている。

26 プラトン『国家』第八巻五五一Dでソクラテスは、このように語っている。

いるわけではないこと、あるいは、全員が同じように徳を備えて善い人間になっているわけではないこと、こうした性状は寡頭制以外の国制にも当てはまるはずである。また、寡頭制の中で誰ひとりとして以前より貧しくならなくても、とにかく貧困者の割合が増して大多数になれば寡頭制から民主制へと変動することには変わりがないし、逆に民主制の中で富裕者の力が大衆より強くなった上に、大衆は国家の運営に無関心な状態、富裕者は執心する状態というようになれば民主制から寡頭制へと変動するため、「二つの国家」という性状は固定的ではない。

その上、寡頭制から民主制への変動には多くの原因があるにもかかわらず、ソクラテスは一つの原因しか語っていない。すなわち、人々が浪費生活の末、高利で借金をして貧乏になることが原因だと指摘し[27]、あたかも最初は全員ないし大多数が裕福だったかのように語るのだが、それは虚偽である。確かに、国家の指導者たちのうち一定の部分が自分の財産を失えば、国制を刷新することはあるにしても、他の人々が財産を失ったところで大それた措置は取られない。また、刷新する場合でも、それによって民主制以外の国制へと変動するより民主制へと変動することの方が多いという事実もない。

さらに、国制の変動の原因は他にもあり、人々が名誉ある公職に参与できないときや不正なことをされたとき、あるいは支配者から傲慢な振る舞いをされたときに被支配者は内乱を起こし、国制を変動させるのである。つまり、財産を浪費することなどなくても、ソクラテスの指摘する過度の自由が根本の原因となって、人々は何でも自分の望むことを実行しうるゆえに内乱を起こし、国制を変動させるのである。[28]
そして、寡頭制や民主制には多くの種類があるにもかかわらず、どちらも一種類しかないかのように扱い、その変動について語ったのがソクラテスなのである。[29]

27 プラトン『国家』第八巻五五五C—五五七Aでソクラテスは、このように語っている。
28 プラトン『国家』第八巻五六二B—五六四Dでソクラテスは、民主制から独裁制へと変動する原因について、ほぼこのように語っている。
29 アリストテレスが指摘するソクラテスの誤りは、第一に国制の変動の方向、第二に変動の原因に関するものであるが、そうした誤りの根底には国制の多様な種類への無理解があるということ。

第六巻　民主制と寡頭制の課題

第一章　民主制の種類の探究への序論

制度の組み合わせ方の考察

私たちがここまで行ってきたのは、国制の中の審議を担う部分、すなわち最高の権限を持つ部分に加え、公職と法廷に関して、それらの制度の種類がいくつあり、それぞれがどのようなしくみを持つかということについての考察であった。そして、どのような制度がどのような国制に適するかを示した上で、さらには諸国制の崩壊と存続についても、国家がどのような状態のときに、どのような事柄が原因として作用するかということを述べてきた。[1]

しかし、民主制ひとつを取ってみても、実状としては多くの種類が存在し、その他の国制も同様である。それゆえ、制度の種類や国制と制度の関係などについて、何か論じ残した点があれば考察を加えると同時に、それぞれの国制の特性に応じた有効な制度作りの方法を提示することも、決して悪い試みではない。

さらにまた、審議を担う部分、公職、法廷の組み合わせ方について、あらゆる方法を考察してみるべきである。というのも、あらゆる組み合わせ方を試してみれば、異なる国制同士の間に重なり合う部分が生じ、その結果、寡頭制の性格を持つ貴族制や、より民主制に近づいた共和制といったものが生み出されるからである。つまり、こうした組み合わせ方について最初から考察するべきだったにもかかわらず[2]、考察対象に据えてこなかったのが現状なので、その点をいま述べているのである。考察対象の例としては、審議を担う部分と公職者の選出方法は寡頭制的な制度にする一方、法廷に関する制度は貴族制的にするという組み合わせ方もあるだろうし、法廷に関する制度と審議を担う部分は寡頭制的ながら、公職者の選出方法は貴族制的にするという組み合わせ方もあるだろう。あるいは他の組み合わせ方もあり、ともかく、審議を担う部

1　第四巻第十四―十六章と第五巻全体の内容を指す。

2　第四巻第四章一二九〇b二三―三九において、動物と同じく国家も、部分の組み合わせの数だけ種類があると述べられていたので、当然その考察を行うべきだったということ。なお、「混合」ではなく「組み合わせ」という言葉が使われている理由については「解説」参照。

分、公職、法廷のすべてを、特定の一つの国制だけに適するように構築しなければよいのであるが、そのような考察をこれまで欠いていたということである。[3]

それゆえ、こうした考察に移るが、どのような民主制がどのような国家に適合するかということ、同様に、どのような寡頭制がどのような人間集団に適合するかということや、それら以外の国制の中で、どのような国制がどのような人々に善い結果をもたらすかということについては先に述べた。[4]しかしなお、さまざまな国家にとって、どのような国制が最善であるかを示すだけでは十分ではない。さらにまた、最善の国制であれ、その他の国制であれ、どのようにして構築するべきかということも明確にしなければならないから、その要点を手短に論じることにしよう。そこで、最初に述べたいのは民主制についてである。なぜ民主制を最初に取り上げるのかといえば、それと対置される国制の構築についても同時に明瞭にできるからであり、その国制こそ、ある人々が「寡頭制」と呼ぶものにほかならない。

種類を生む二つの原因

この探究を行うためには、民主制的な特徴、つまり、民主制ならば必ず付随すると

a10

考えられる要素をすべて把握しなければならない。なぜなら、それらの要素を組み合わせれば民主制のさまざまな種類が生じ、一つではなく、多くの異なる民主制が存在するという結果になるからである。実は、このように民主制が多くの種類に分かれる原因は二つある。

第一の原因は、先に述べた通り、民衆にはさまざまな種類の人間が存在することである。すなわち、民衆といっても、農民から成る場合、職人から成る場合、賃金労働者から成る場合があり、さらに、最初の農民だけの状態に二番目の職人が加わったり、農民と職人だけの状態に今度は三番目の賃金労働者が加わったりすると、民主制の性質がより善くなったり、より悪くなったりするという意味で変化するばかりではなく、もはや以前と同じ種類の民主制ではなくなるという意味でも変化するのである。

3　前巻までは、主に民主制と寡頭制の混合によって、貴族制ないし共和制を構築することだけが目指されていた。

4　第四巻第十二章で述べられている。

5　第四巻第四章一二九一b一七―二八、同巻第十二章一二九六b二六―三一で述べられている。

a20

第二の原因は、いま私たちが述べている事柄である。すなわち、民主制ならば必ず付随するゆえに、この国制に固有の特徴と考えられる複数の要素は、組み合わされ方によって異なる民主制を生み出すのである。つまり、特徴的な要素が少なめの民主制もあれば、特徴的な要素が多めの民主制もあり、あるいは特徴的な要素を全部持つ民主制も存在するわけである。こうした特徴的な要素の一つ一つを認識しておけば、どんな種類の民主制であれ、望むものを構築するのに役立つだけではなく、既にある民主制の改善にも役立つ。なぜこう述べるかというと、一般に何らかの国制を打ち立てる人々は、前提に置いた国家像に見合う固有の要素をすべて取り込もうとするのだが、それを実行する時点で既に誤っているからである。このことは、先に国制の崩壊と存続について考察した際、述べた通りである。[6]

しかし目下のところは、民衆の種類や特徴的な要素よりも、民主制の基本的前提と[7]民主制の性格、つまりは民主制が目指すものについて先に述べよう。

6　第五巻第九章一三〇九b二〇―一三一〇a二で述べられている。

7　原語はaksiōmaで、アリストテレスの論理学では「公理」を意味する。次章の冒頭で用いられる「前提（hypothesis）」に比べ、より基本的かつ普遍的な性格を持つため、ここでは民主制の不動の原理を強調するために用いられている。

第二章　民主制的な自由、正義、平等

自由の二つの側面

さて、民主制という国制が前提に立てるのは「自由」である。実際、「この国制においてのみ自由を享受できる」と語るのが人々の常である。つまり、あらゆる民主制は自由を目指すと、人々は主張するわけである。

そして、目指される自由の一つの側面は、被支配と支配を「自由民の間で」交替制にすることである。なぜなら、民主制的な意味での正義とは、一人の個人には一つのものを、人数が多ければ多くのものを配分するというように、数に応じて「公職などの」平等な配分を行うことであり、個人の価値が大きければ大きなものを配分するというように、価値に応じて平等な配分を行うことではないからである。これが民主制の正義である以上、多数者が最高の権限を握るのは必然である。そして、何であれ多数者の意見が決定権を持つこと、これこそ民主制の目的であり、正義であるのが必然

1317b　a40

なのである。つまり、人々の主張によれば、民主制では［自由という点で同質な］市民の一人一人が平等な［決定権の］配分を得なければならないのだから、多数者の意見で決定するという方法が正義にかなうわけである。その結果、民主制では富裕者より貧困者の決定権が優ることになる。というのも、貧困者が多数者であり、その多数者の意見こそが決定権を握るからである。かくして、こうした多数者の支配が、民主制における自由を示す一つの証拠であり、民主制の支持者はみな、このことを民主制の本質的特徴と見なすのである。

さらに、民主制における自由のもう一つの側面は、個人が望むように生きることである。つまり、人々の主張によれば、望むように生きられないのが隷従者の特徴なのだから、望むように生きることこそ自由のなせる業《わざ》なのである。かくして、こうした生き方が、民主制における自由を示す第二の本質的特徴ということになる。そして、この自由な生き方に起因して、できれば誰からも支配を受けずに生きたいという望みが生じ、それが無理なら、せめて交替制で平等に支配したり、支配されたりするようにしたいという望みが生じたのである。それゆえ、このような仕方で、民主制における自由の第二の側面は、第一の側面として挙げた平等に関わる自由に貢献しているのである。

民主制に適した制度

以上の内容を基礎的な前提として、民主制の支配がこうした性質を持つことを踏まえれば、以下に列挙する事項こそ民主制に適した制度になる。

まず、公職者に関しては、全市民が選出主体となり、全市民の中から選ぶ。また、一人の市民にとっては［他の］全市民が支配者となり、一人の市民は交替制で支配者となることによって、全市民を支配する。[1] そして、すべての公職者、あるいは、経験や技術を必要としない公職者は籤引きで決める。さらに、公職に就く条件として、財産の査定額をまったく定めないか、あるいは、最少額に設定する。また、どの職種に関しても同一人物が公職に二回就くことを認めないか、もしくは、わずかな回数に限って再任を認めるか、あるいは、軍事以外の分野のわずかな公職に限定して認める。そして、公職の任期は短くし、これをすべての公職に適用するか、あるいは、短くすることの可能な職種にはすべて適用する。

次に、裁判に関しては、全市民が裁判員を務めるか、もしくは、[2] 全市民の中から選出された人々が裁判員を務め、扱う事案は、全事案とするか、あるいは、大部分を占める最も重大かつ主要な事案とする。例えば、公職の執務審査、国制に影響を与える事柄、個人間の取り引きがそうした事案である。また、民会に関しては、万事について、あるいは、重要な事柄について最高の権限を持つようにし、公職の方は、どの職種にも何ら権限を与えないか、もしくは、できるだけ少ない事柄に限って権限を与える。とはいえ、［このように公職の権限は制限されるものの］公職の中でも「審議会」は、最も民主制的な制度である。この制度は、民会に出席した際の手当を、全市民に対して十分に支給しないところで採用されている。なぜ手当が十分ではないところに限られるのかといえば、民会の手当が十分な場合、民衆は何でも自分たちで判断して決めるようにするため、公職の一つである審議会から決定権を奪い去ってしまうからである。この点は、先立つ探究の中で既に述べた通りである。[3]

b30

1　主人と奴隷のように支配関係が非対称ではなく、全市民が対称に支配者にも被支配者にもなるということ。

2　ロスは kai（そして）と修正しているが、写本通りに ei と読む。

3　第四巻第十五章一二九九b三八―一三〇〇a四で述べられている。

その次に、日当に関しては、できれば民会、裁判、公職のすべてに支給するのがよいけれども、それが不可能なら、公職と裁判と審議会、さらには民会のうち主要な会議に支給するのがよい。あるいは、公職に支給する場合、公職者同士が共同食事を行う必要があるときに限定する方法もある。また、寡頭制は、生まれの善さ、富、教育という要素が本質的特徴になることから、民主制の本質的特徴は正反対に、生まれが卑しいこと、貧困、低俗という要素になると考えられる。[4] なお、いかなる公職も終身制にはしないが、古い時代の改革から取り残されたために終身制が存続している場合は、その公職の権能を剥奪した上で、選出制ではなく籤引きで新たに任命する。

全市民の平等

かくして、以上が、さまざまな種類の民主制に共通する制度である。しかし、これこそが民主制の最たるものであり、これこそが民衆の最たるものだと考えられるようなあり方は、以上の諸制度によって生じるのではなく、「民主制的な正義」として意見の一致を見ている原則から生じる。すなわち、数に応じて配分するという意味での平等を、［民衆の］誰もが享受するという原則である。この意味での平等に従えば、貧困者が富裕者より支配権を多く持つこともなければ、多数者である貧困者だけが最高の権限を握ることもない。貧困者と富裕者の全市民が数に応じた平等を享受し、一個の人間として同じ権限を持つのである。[5] つまり、このような状態になってこそ、民主制という国制には平等と自由があると、人は考えるだろう。

4　この一文は前後の内容と関連しないことから、削除を提案する校訂者もいるが、写本通りに訳出した。

5　数に応じた平等には、一個の人間として貧困者も富裕者も対等である面と、その結果として、多数者である貧困者が支配権を握る面とがある。多くの種類の民主制は後者だけを目指すが、前者を実現した場合に最も優れた民主制（第四巻第四章一二九一b三〇―三九で挙げられた第一の種類）になるとアリストテレスは考えている。

第三章　民主制的な平等はどのようにして確立されるか

最も正義を実現する制度とは

いま述べた事柄に後続する問題となるのは、どのようにすれば人々は平等な状態になるかということである。果たして、［公職などに就くための条件となる］財産の査定額を、富裕者の場合と貧困者の場合で分ければ平等な状態になるだろうか。例えば、五百人の富裕者に要求する財産の査定額の総和が、千人の貧困者に要求する財産の査定額の総和と等しくなるように設定した上で、千人の貧困者と五百人の富裕者に対等な力を与えれば、平等な状態になるだろうか。あるいは、この方法に基づいて平等を確立するのではなく、いま述べたように財産の査定額を分けた上で、五百人の富裕者と千人の貧困者のそれぞれから等しい数の人々を選び出し、その人々に［公職者などの］選出の権限と、裁判員を務める権限を与えるべきだろうか。

いま二案を挙げたけれども、それでは、民主制的な正義の観点から見た場合、このように財産の査定額を調整する国制は、最も正義を実現することになるのだろうか。それとも、先に見たように、誰が多数者であるかということに基づいて作られる国制が、最も正義を実現することになるのだろうか。なぜこう問うかといえば、かたや民主制の支持者は、何であれ人数における多数者の意見になれば、それが正義にかなった決定だと主張し、かたや寡頭制の支持者は、何であれ財産における多数者（財産を占有する割合での多数者）の意見こそが、正義にかなった決定だと主張するからである。つまり、寡頭制の支持者たちによれば、人数ではなく、財産の多さにおいて優る人々の意見に基づいているかどうかで判断されなければならないのである。

しかし、民主制の支持者と寡頭制の支持者の両方の主張に、不平等と不正が含まれている。なぜなら、まず寡頭制の支持者に従えば、より多くの財産を持つ少数者の意見が正義にかなうため、結局は［不平等の極みである］独裁制に行きつくからである。すなわち、ある一人の人物が、他の誰よりも多くの財産を所有している場合、寡頭制的な正義の観点から見ると、その一人による支配が正義にかなうのである。他方、民主制の支持者に従えば、人数の多い人々の意見が正義にかなうため、少数しかいない富裕者から財産を没収するという不正を犯すことになる。この点は先にも述べた[1]。

財産で優る側に決定権

では、どのような平等なら、民主制の支持者と寡頭制の支持者の両者が同意するだろうか。この問題は、両者が規定する「正義」に基づいて考察されなければならない。実際、何であれ市民の多数者の意見が決定権を持つべきなのであり、それこそが正義だと両者は述べている。そこで、この通りであると認めることにするが、全面的に認められるわけではない。というのも、むしろ国家は実状として、富裕者と貧困者という二つの部分から構成されているのだから、富裕者と貧困者で意見が一致している場合か、あるいは、富裕者の中の多数派と貧困者の中の多数派で意見が一致している場合に決定権を持つと考えなければならないからである。

とはいえ、富裕者の意見と貧困者の意見が対立する場合は、財産を占有する割合での多数者、すなわち、財産の査定額の総和で優る側の人々に決定権が与えられなければならない。例えば、ここに十人の富裕者と二十人の貧困者がいるとしよう。最初、このうち六人の富裕者と十五人の貧困者の間で意見の対立が起こったが、その後、残っていた四人の富裕者が貧困者の意見に加勢し、残っていた五人の貧困者が富裕者の意見に加勢した[2]［ため、貧困者の意見の賛同者が十九人、富裕者の意見の賛同者が十一人となった」。この場合、どちらの側であれ、財産の査定額の総和で上回った方に決定権がある。たまたま両陣営の総和が等しくなったときには、現在の民会や法廷で投票が同数に割れた場合と共通する問題と考えるべきであるから、籤引きで決するか、それに類する他の方法で決するべきである。

しかし、平等と正義というものは、その真理を発見することにどれほど大きな困難を伴うとしても、それでもなお、より多くの事物を力ずくで自分のものにしようとする者たちを説得することに比べれば、真理に達することの方が容易である。なぜなら、平等と正義を求めるのは、常に弱者なのであって、力で優る者たちはまったく顧慮しないからである。

1318b　a40

1　第三巻第十章一二八一a一四―一七で述べられている。

2　意見の対立が、富裕者と貧困者を混合した二つのグループの間で起こったとき、どのように決定するべきかを問う例。貧困者側の勢力は最初の二十人から十九人に減る形になるが、富裕者四人と貧困者五人の入れ替わりにより、財産の査定額の総和は最初より増える可能性があることに、アリストテレスは着目させたいのだろう。「解説」参照。

第四章　民主制の四種類の序列

最善の民衆は農民

先行する議論の中で既に述べたように、[1] 民主制には四つの種類があり、序列において第一の［農民が中心となる］ものが最善の民主制である。そして、この最善の民主制は、四種類全体の中で最古の制度でもある。つまり、この民主制が「序列において第一」であるとは、民主制を担う民衆を［典型的な順に列挙して］分類した場合、第一に挙げられる民衆（農民）に対応する民主制がこれだという意味である。実際、民衆の中で最善なのは農民であるから、それに対応する民主制は最善になる。したがって、大衆が農耕ないし牧畜で生計を立てているところでは、この種類の民主制を作ることも可能なわけである。

農民がいるところで第一の種類の民主制が作られる理由は、農民には大きな財産がないために労働に追われて余裕がなく、民会を頻繁には開催できない［ゆえに、何で

b10

も民会で決める極端な民主制にはならない」こと、また、生活に必要なものを持っていないゆえに労働に没頭して日々を過ごし、他人のものを欲しがったりはしないことにある。とくに、公職に就くことで得られるものが多くないところでは、国家の運営や支配に当たるよりも、労働に打ち込むことの方が人々には快いのである。なぜ快いかといえば、大衆というのは、名誉よりも利益を欲しがるものだからである。その証拠に、労働を妨げられず、何も奪われないという条件さえ満たせば、大衆は古い時代の独裁制に耐えていたし、現在の寡頭制にも耐えている。というのも、耐えて労働に打ち込めば、たちまち大衆の中から富裕になる者が現れる一方、そうならなくても、困窮することはないからである。

また、何らかの程度、大衆が名誉を好む性格を持つとしても、公職者を選出する権限と、公職者に対する執務審査の権限を与えられれば、名誉への渇望は満たされる。

1　第四巻第六章一二九二b二五―一二九三a一〇で述べられている。

2　第四巻第六章一二九二b二七―二九によれば、法律を政治の拠り所とし、必要なときだけ民会を開催する制度である。

3　ロスは mē（いない）を削除しているが、写本通りに読む。

なぜこう述べるかというと、いくつかの民主制の国家では、公職者を選出する権限す
ら持たなくても大衆は満足しているからである。例えばマンティネイア[4]では、全市民
の中から選ばれた数人が交替制で公職者を選出する制度になっているけれども、それ
とは別に、誰もが民会で審議する権限を持つため、大衆にとってはそれで十分なので
ある。それゆえ、このような制度がかつてマンティネイアにあったように、これも民
主制の一つの形態であると考えられなければならない。

こうしたことから、農民が中心となる前述の民主制にとって有効なしくみで、制度
として慣例にもなっているのは次のようなものである。すなわち、公職者の選出、公
b30 職者に対する執務審査、裁判員の仕事には全市民が当たる一方で、最も重要な何人か
の公職者を選出する場合には、選出の対象者に財産の査定額の条件も設ける制度であ
る。この場合、重要な公職であればあるほど財産の査定額の条件も高額に設定するか、
あるいは、財産の査定額は考慮せず、能力だけに基づいて選出する。このしくみで国
家を運営すれば、必ずや優れた統治になる。なぜなら、こうすることで常に公職は最
善の人々によって担われるため、民衆の望む通りになり、民衆が優れた人々に嫉妬す
ることもないからである。

しかも、こうした制度は、優れた人々や名士たちにとっても、必ずや満足のゆくものである。というのも、優れた人々は自分より劣った他の人々から支配されずに済む上、公職者に対する執務審査の権限を他の人々が握っていることにより、優れた人々は正義にかなった支配を行うだろうからである。実際、執務審査を受けるという意味での制約下に置かれ、公職者が何でも自分の思い通りに行うことが許されない状態は、善い結果を生む。なぜなら、何でも行いたいように行うことが許されてしまうと、それぞれの人間のうちにある悪を抑えきれなくなるからである。

したがって、以上述べた制度にすれば、国制において最も有益なことが必ずやもたらされる。すなわち、かたや優れた人々は過ちを犯さないように支配を行い、かたや大衆は権限を何も失わない。

かくして、農民が中心となる民主制が最善であることは明らかであり、その理由も明らかである。すなわち、民衆である農民が特定の性質を持つことから、最善の民主制となるわけである。では、どうすれば民衆を農耕に向かわせ、農民で構成される民

4　第五巻第四章注14参照。

主制を確立できるかといえば、古い時代に多くの国家で定められていた法律のいくつかが、いずれも役[5]に立つ。すなわち、一定の基準を超えた大きさの土地の所有を全面的に禁止する法律か、あるいは、都市部や中心部から一定の範囲にある場所に限って禁止する法律である。また、少なくとも古い時代には、多くの国家において、最初に市民に割り当てた土地の売却を禁止する法律が定められていた。「オクシュロス[6]の法律」と呼ばれるものにも同じような効力があり、個人の所有地の一部を担保に入れて金を貸すことを禁止していた。しかし、現在の状況からすると、さらにアヒュティス人[7]の法律の力も借りて、民衆の状態を改善する必要がある。実際、その法律は、いま私たちが論じている問題に関して有用である。なぜなら、アヒュティスの人口は大きく、個人が所有する土地は小さいにもかかわらず、誰もが農耕に従事しているからである。このように農民で構成される民主制になっているのは、公職に就く条件として所有財産を査定する際、財産の全体を対象とするのではなく、区分された財産の一部だけを査定するため、貧困者でさえも基準額を超えられるからである。[8]

a10

次に善い民衆は牧人

民衆の種類として農民の次に善いのは牧人であり、すなわち、牧畜によって生計を立てている人々である。というのも、牧畜は多くの点で農耕に似ているからであるが、加えて、牧人の場合は戦時の軍事活動にも向いている。つまり、牧人は牧畜の作業によってとりわけ鍛えられた状態にあるため、身体は役に立つし、野営活動の能力も持つのである。

しかし、農民と牧人を除いた大衆、すなわち、最善ではない種類のさまざまな民主制を構成する大衆のほぼすべては、農民と牧人に比べて著しく低劣である。その原因は、生き方が低劣なことにあり、職人、市場の商人、賃金労働者のいずれの大衆にしても、手がけている仕事には人間としての徳性が伴わないのである。その上、徳がないにもかかわらず、こうした職種の人々はみな、市場や市街を歩き回るため、いわば

5　ロスは pantōs（まったく）と修正しているが、写本通りに pantes と読む。
6　エリス（第五巻第六章注16参照）の伝説の王。
7　アヒュティスは、ギリシャ北部のカルキディケ地方の都市。
8　この査定制度の詳細は不明。

容易に民会に出席してしまう。それに対し、農耕に従事する人々は国中あちこちの地 a30
方に散らばっているので、集合することもなければ、他の職種の民衆と同じほどには、
こうした集会を必要としてもいない。しかし、都市部から遠く離れた位置に地方が広
がっている国家では、かえって優れた民主制や共和制を作るのが容易になる。なぜな
ら、大衆は田畑のある地方に離れて住まざるをえないので、たとえ都市部の市場を歩
き回る一群の人々がいるとしても、民主制における民会の場合には、地方に散らばる
大衆を抜きにして開催するべきではない［ゆえに、何でも民会で決める極端な民主制に
はならない］からである。

以上、第一に挙げられる最善の民主制について、どのようにして確立するべきかと
いうことを述べた。それによって、第二、第三と挙げられる他の種類の民主制を確立
する方法も明らかとなった。すなわち、最善の民主制から逸脱してゆくたびに、より a40
低劣な民衆を加えつつ、さらに下位に置かれた民衆は除外するという方法[9]を常に採用
するべきなのである。 1319b

究極の民主制の場合

そして、この方法を究極まで進めると、あらゆる種類の民衆が民主制に参与することになる。そのため、あらゆる国家がこの究極の民主制に耐えられるわけではないし、[10]法律や慣習によって善くまとめられた国家でなければ存続するのも容易ではない（この究極の民主制にせよ、他の国制にせよ、どのような要因で崩壊するかということについては、ほとんどの事柄を既に述べた[11]）。この究極の民主制を構築した上で、さらに民衆の力を強くするために、指導者はできるだけ市民を増やそうとし、嫡出子だけではなく非嫡出子も市民と認めるほか、どちらか一方の親、つまり父親か母親のいずれかが市民であれば、子どもを市民と認めるのが慣例である。というのも、一方の親しか市民ではない場合や、非嫡出子の場合など、この種の問題を抱えた子どものすべてが市民と認められる点にこそ、むしろ究極の民主制に固有の特徴があるからである。

9　民衆として農民の他に牧人を加えたとき、牧人より低劣な職人などを除外したような方法。

10　第四巻第六章一二九二b四一－一二九三a一〇で説明されているように、民会の出席者すべてに手当を支給できる豊かな国家だけが維持できる。

11　第五巻全体で述べられている。

それゆえ、民衆指導者たちは、このような仕方で究極の民主制を確立するのが常だけれども、市民を増やすときには、大衆の人数が、名士たちと中間の人々の総数を上回った時点で止めなければならず、この限度を踏み越えてはならない。なぜなら、限度を踏み越えてしまうと、大衆が国制の秩序を悪化させるゆえに名士たちの怒りをいっそうかき立て、この民主制を耐え難いものにするからである。キュレネ[12]では、まさにこうしたことが内乱の原因となった。すなわち、［大衆の］劣悪さが小さいうちは目につかないが、大きくなれば目に入るようになるわけである。

さらに、究極の民主制を確立するのに役立つ方策は他にもある。クレイステネス[13]がアテナイの民主制を強大にしようとして用いた方策や、キュレネで民主制を打ち立てた人々が用いた方策がそれである。すなわち、部族と兄弟団を新たに作って数を増やすとともに、多くの個人が行っていた祭礼を少数の公共的な祭礼に統合する方策である。また、できる限り全市民が互いに関係を持って混ざり合い、旧来の人間関係から解き放たれるように、何でも知恵をめぐらして行うことも方策となる。

b20

加えて、独裁制で用いられる［懐柔策の］方策でさえも、そのすべてが究極の民主制を確立する方策になると考えられる。どのようなものを念頭に置いているかといえば、例えば、奴隷に自由行動を許すこと（一定の程度までなら、究極の民主制にとって善い結果を生むだろう）、女性と子どもに自由行動を許すこと、そして、個人が望むように生きるのを容認することである。実際、このように規制のない国制ならば、多くの支持者を得るだろう。それというのも、節制を保って生きるより、無秩序に生きる方が、多くの人々にとって快いからにほかならない。

b30

12　アフリカ北岸の都市国家で、「アフリカのアテナイ」という異名を持っていた。ここで言及されているのは、紀元前四〇一年に内乱が起こり、五百人の富裕者が死刑となった出来事と思われる。

13　第三巻第二章注7参照。

第五章　民主制を存続させるための方策

どのような法律が必要か

　しかし、こうした種類の国制についていえば、その国制に関わる立法者にせよ、その国制の構築を望む人々にせよ、国制を打ち立てることそのものは最大の仕事ではないし、唯一の仕事でもない。むしろ、その国制を存続させることが最大の仕事である。なぜこう述べるかといえば、どのような方法で国家を運営しても難なく存続させられるのは、一日か二日か三日の間だからである。それゆえ、さまざまな国制を存続させたり、崩壊させたりする要素は何かということを考察した先の内容[1]に基づき、国制の
b40 安定性を確立するよう努める必要がある。そのためには、国制を崩壊させる要素に警戒しながら、不文法にせよ成文法にせよ、国制を維持する要素を最大限に取り込んだ
1320a 法律を制定しなければならない。そして、民主制に適した法律や寡頭制に適した法律とは、最も民主制的に支配される国家を作る法律や、最も寡頭制的に支配される国家

を作る法律ではなく、最も長い期間にわたって民主制や寡頭制を存続させる法律のことだと考えなければならない。

それにもかかわらず、現在の民衆指導者たちは民衆の歓心を買おうとし、しばしば法廷を利用して［富裕者の］財産を没収している。[2] それゆえ、国制のことを気づかう者ならば、こうした策動に対抗するべきであり、法廷で有罪判決を受けた個人から没収される財産は、民衆のものにしてはならないし、公共のものにしてもならず、神聖な目的で使われるよう法律で定める必要がある。実際、そのように措置しても罪人に罰金が科されることには変わりないから、不正を行う者たちの側は以前と同じく用心して実行するだろうが、裁判員を務める民衆の側は、被告に対して有罪の投票を行うことが以前より少なくなるだろう。なぜなら、被告を有罪にしても、民衆は何も手に入れる見込みがないからである。

1　第五巻の内容。

2　第五巻第五章一三〇五a三―七によれば、民衆指導者は富裕者を誹謗し、その財産を公有化しようとする。

また、公共の利益に関わってくる訴訟は、常に最少に抑えるべきである。そのためには、むやみに告訴する人々に対して重い罰金を科すことによって、阻止しなければならない。というのも、そのような人々が告訴の対象とするのは民主制の支持者ではなく、名士たちであるのが常だからである。しかし、こうならないよう、できれば全市民が国制に対して好意を持つべきであり、もしもそれが不可能なら、少なくとも、最高の権限を握る人々に対して敵意を抱かないようにするべきである。

国家の収入との関係

さらに、究極の民主制の国家では、民衆の数が多くなっている上に、民衆が手当なしで民会に出席するのは困難だという事情がある。それゆえ、国家の収入が欠けている場合には、名士たちが反感を抱く事態となる。なぜなら、手当の財源は、課税、個人の財産の没収、劣悪な法廷で科される罰金に依存せざるをえないからである。こうした事態に起因して倒れた民主制は既に数多い。したがって、国家の収入が欠けているところでは、民会の開催回数を少なくし、法廷は富裕者を含む多くの裁判員で構成しつつも、開催日数を少なくする必要がある。というのも、このような制度にすれば、たとえ裁判員の手当が富裕者には支給されず、貧困者だけが受け取ることになったとしても、富裕者にとっては［手当の財源のための］出費が増える恐れはなくなり、裁判そのものも、富裕者の裁判員が出席することによって判断の質が著しく改善される結果になるからである。つまり、富裕者は私的な生活から何日も離れて裁判員を務めることは望まないが、短い時間なら構わないと考えているため、このような制度が善い結果を生むのである。

一方、国家の収入が確保できるところでは、現在の民衆指導者が行っているような行為を避けなければならない。すなわち、国家の収入があるからといって剰余金を分配しているのだけれども、民衆は一度受け取ると、同額を再び要求するようになってしまう。実際、貧困者に対するそのような援助は、諺にいう「穴のあいた甕」に水を注ぐことになるのである。むしろ、真の意味で民主制を目指す人々は、大衆が極度の貧困に陥らないよう目配りするべきである。なぜなら、極度の貧困に陥ることこそ、民主制が悪化する原因だからである。それゆえ、国家の収入を確保できる豊かさが長続きするよう、しくみを工夫しなければならない。豊かさが長続きすることは富裕者にとっても善いことだから、まず国家の収入から生まれた剰余金を集めた上で、それ

をもとに、まとまった資金を貧困者に分配するべきである。できることなら、貧困者
が小さな土地を手に入れられるほどの、まとまった金額を分配できれば最善であるが、
それが不可能ならば、商売か農耕を始める資金になるくらいの金額でもよい。そして、
1320b もしも貧困者の全員に対して一度に分配できない場合には、部族ごとに、あるいは何
らかの市民の単位に基づいて、順に分配を進めるべきである。その間、必要不可欠な
集会に貧困者が出席したときには、その手当を富裕者が納税の形で供出すればよいわ
けだが、その分、富裕者は無駄な公共奉仕からは解放される必要がある。[3]

　このような仕方で国家を運営したのがカルタゴ人であり、その国制は民衆から好意
を得ている。それというのも、カルタゴの従属国に民衆の一部を絶えず送り出し、そ
の人々を裕福にしているからである。そして、もしもカルタゴの名士たちに思いやり
と志があれば、分担して貧困者たちを引き受け、資金を与えてそれぞれの仕事に向か
わせることも可能である。また、タラス人[4]の方策も、見習うのが適切である。タラス
b10 人は、貧困者も使えるよう、使用の面では財産を共有化することによって、大衆から
好意を得るしくみを作り出している。加えて、タラス人は公職全体を二つに分け、一
方は選出制で、他方は籤引きで任命する制度にした。籤引きの方は、民衆が公職に参

与できるようにすることを目的とし、選出制の方は、選ばれた公職者によってより善く国家が運営されることを目的としている。同じ目的を達成するには、同一の公職に関し、籤引きで任命する者と選出制で任命する者に分ける方法もある。

以上、民主制をどのようにして確立するべきかということを述べた。

3　第五巻第八章一三〇九a一四―二〇にも似た記述がある。

4　タラスについては第四巻第四章注15参照。

第六章　寡頭制はどのようにして確立されるべきか

民主制と正反対の要素

寡頭制はどのようにして確立されるべきかということについても、これまで民主制に関して述べてきた事柄から、ほぼ明らかになっている。というのも、一つ一つの種類の寡頭制を確立しようとするとき、例えば、極端な寡頭制については極端な民主制から類比的に考えるというようにして、ちょうど対立関係にある民主制の制度から推察するべきだからである。

まず、制度や要素が最も適切に混合された寡頭制、すなわち、第一に挙げられる寡頭制で、「共和制」と呼ばれる国制に近いものにおいては、公職などに就く条件となる財産の査定額を、［第一に挙げられる民主制では財産の査定額の条件を適度に定め、それを満たせば誰でも公職に就けるのと同様に］貧困者用の低額と富裕者用の高額に分けて定めなければならない。こうすれば、低額の条件を満たす者は国家にとって必要不可欠な公職に参与し、高額の条件を満たす者はもっと重要な権限を持つ公職に参与することになる。かくして一定の財産を持つ者は国制への参与を許されるとはいえ、その人数には限度があるから、低額の条件を満たして加わった民衆の数も合わせたとき、公職に参与する人々の数が、参与しない人々の数をようやく上回る程度にするべきである。しかも、公職に参与する人々は、常に、より善い民衆の中から採用されるようにしなければならない。

この第一の寡頭制に続いて挙げられる第二の寡頭制の場合も、同じような方法で国制を確立するべきであるが、財産の査定額の条件は少し厳しくなる。

そして、さまざまな種類の寡頭制の中でも、究極の民主制と対置されるのが最も門閥制的な寡頭制であり、これは最も独裁制的な性格を持つ。この寡頭制は最悪であるだけに、他の種類の寡頭制よりも多大な警戒を必要とする。それはちょうど、健康を保つのに適した状態の身体や、船員が航海するのに適切な状態の船ならば、多くの誤った行動をとっても、それが原因で破滅を招くことはないが、身体が病気に冒されている場合や、接合部の緩んだ船に低能な船員が乗っている場合には、少しでも誤った行動をとると身体や船が耐え切れないのと似ている。同様に国制の場合も、最悪の状態のときには最大の警戒を必要とするわけである。

善い秩序に基づく存続

さて、種類を問わず、民主制について総体的にいえば、市民の数が多いことが民主制の存続につながる。なぜなら、数に基づく民主制的な正義は、価値に基づく正義に対置されるものだからである。しかし寡頭制は、民主制とは正反対に、「価値を正義の原理とする」善い秩序に基づいて、国制の存続という目的を達成しなければならないことは明らかである。

1321a

第七章　寡頭制を存続させるための方策

戦力の観点から

大衆は四つの主要な部分に分けられる。すなわち、農民、職人、市場の商人、賃金労働者である。また、戦争に役立つ集団も四つあり、騎兵、重装歩兵、軽装歩兵、水兵である。それゆえ、馬術の実践に向いた国土を持つところでは、もともとの自然条件が、強力な寡頭制を確立するのに適している。というのも、そうした国土に住む人々は、騎兵の力に依存して国家の安全と存続を保っているわけだが、馬の飼育というものは、大きな財産の所有者だけに可能だからである。一方、国土が重装歩兵の軍事行動に向いているところでは、第一の寡頭制に続いて挙げられる第二の寡頭制が適している。なぜなら重装歩兵は［高価な武具を必要とするため］、貧困者よりもむしろ富裕者の役割になるからである。

それに対し、軽装歩兵と水兵は民衆に向いているため、まったくもって民主制に適した戦力である。それゆえ、こうした軽装歩兵と水兵の数が多いところでは、内乱になったとき、しばしば争いにおいて寡頭制の支持者［である騎兵と重装歩兵］の形勢が不利になるという現実がある。この問題への対策は、戦術に優れた将軍たちから学ばなければならない。その対策とは、寡頭制を支える騎兵と重装歩兵の戦力に適度な数の軽装歩兵の戦力を組み合わせることである。

だが、内乱になったとき民衆が富裕者に勝てるのも、この軽装歩兵の戦力によるという事実がある。というのも、重い武具を装備しない軽装であればこそ、騎兵と重装歩兵を相手に自在に戦えるからである。

したがって、寡頭制の支持者たちが民衆の中から軽装歩兵を確保し、いま述べたように騎兵や重装歩兵と組み合わせた戦力を構築するならば、自分たち自身に敵対する恐れのある軽装歩兵の戦力も構築することになる。とはいえ、年齢には区分があり、年長者と若年者に分かれるのだから、この問題を解決するには次のようにするべきである。すなわち、寡頭制の支持者は、自分の息子がまだ若いうちは軽装か装備のない歩兵としての任務を学ばせ、子どもの年齢を脱したときには、息子自身が軍事活動に練達した兵士［である騎兵や重装歩兵］になるようにさせればよいのである。

公職の観点から

また、寡頭制では大衆が政府に加わることを認めなければならないが、加わるための条件と方法は、次のいずれかになる。第一は、先に述べたように[1]、財産の査定額の条件を満たした者にだけ認める方法である。第二は、テバイで実施されているように[2]、卑俗な仕事を離れてから一定の期間を経た者にだけ認める方法である。第三は、マッサリアで実施されているように[3]、既に政府の内部にいる人物でも、外部にいる人物でも、ともかく政府に加わるに値すると判断された人物に限る方法である。

さらに、政府内の人々で占められるべき最高位の公職にある者に対しても、公共奉仕を行う義務が付加されなければならない。何のためかといえば、そうすることによって、最高位の公職に就くことを民衆が自ら進んで避けるように仕向けるためである。また、最高位の公職者たちは、その地位に就くために公共奉仕という大きな代償を支払っているのだと民衆が考え、公職者たちに対して思いやりを持つようにさせることも目的としている。

加えて、最高位の公職者たちが就任するときには、犠牲の供物を捧げる儀式を盛大に行ったり、何か公共の建造物を作ったりするのがふさわしい。その目的は、こうした祝祭に民衆が参加し、奉納物や建造物で飾られた都市を眺めて、［寡頭制という］国制が存続しているのを喜びの目で見させることにある。また、こうした祝祭を催せば、名士たちにとっても、この日のための出費を記念するものが残ることになるだろう。

それにもかかわらず、現在の寡頭制の支持者たちは、こうしたことを行わず、むしろ正反対のことを行っている。すなわち、寡頭制の支持者たちは、名誉に劣らず利得を求めているのである。まさにそれゆえに、こうした寡頭制を「小さな民主制」と呼ぶ[4]のは、その性質をうまくいい当てている。

かくして、さまざまな民主制と寡頭制をどのように確立するべきかということについては、以上の仕方で規定したものとしよう。

1321b　a40

1　前章一三二〇b二五―二六で述べられている。
2　第二巻第九章注15参照。
3　第五巻第六章注3参照。
4　こうした呼び方が実際に用いられていたかどうかは不明だが、利得を求める点が「民主制」で、寡頭制の支配者が少数であることから「小さな」と形容されるのだろう。

第八章　国家の性質に適した公職の種類

分類する意義

いま述べた事柄に随伴するのは、さまざまな公職の適切な分類である。先にも述べたように、[1]公職がいくつあり、それぞれがどのような職務で、何に関して権限を持っているのかということを示すのが課題となる。なぜこうしたことが課題になるのかといえば、一方では、必要不可欠な公職なしには国家の成立が不可能だからであり、他方では、善い秩序すなわち公序良俗を維持するための公職なしには立派な統治が不可能だからである。さらに別の観点から見れば、公職の数は、小さな国家では少なくなり、大きな国家では多くなるのが必然であって、この点は先にも述べたことがあった。[2]それゆえ、どのような公職とどのような公職ならば統合するのに適するか、そして、どのような公職ならば独立させておくのがふさわしいかという問題も忘れてはならない。

b10

最も必要不可欠な公職

さて、日常生活に必要不可欠な事柄を監督するという意味で必要不可欠な公職の第一は、広場（アゴラ）を監督する役職である。実際、広場には、［市場における売買などの］契約に関する事柄や公序良俗に関する事柄を監督する公職が必要である。なぜなら、人々が互いに必要とするものを使えるよう、品物を売ったり買ったりすることは、ほぼすべての国家にとって必要不可欠なことだからである。また、品物の売買こそは、自足を達成するための最も手近な方法なのであって、人々が一つの国制のもとに集まるのも自足のためだと考えられるのである。

この広場監督に続いて挙げられる公職で、似た種類のものは、市街にある公共の財産や私有財産に関して公序良俗が保たれるよう監督する役職である。すなわち、壊れそうな建物や道路の保全と修繕にせよ、私有地の境界をめぐって人々が争い合わないようにする措置にせよ、いずれも監督の仕事になるが、これら以外にも同じような種

1　第四巻第十五章一二九九a三—五で述べられている。
2　第四巻第十五章一二九九a三四—b一〇で述べられている。

b20

類の管轄の対象が存在する。この公職を多くの人々は「市街監督」と呼んでいるけれども、監督する部門を数え上げれば多岐にわたる。そして、人口の大きな国家では、例えば、城壁建造官、水源管理官、港湾警備官というように、異なる部門には異なる公職を設けている。

他にも、これと似たようなもので、必要不可欠な公職がある。すなわち、扱う事柄は市街監督の場合と同じだが、国土の周辺部、つまり市街の外部を管轄する点が異なり、この公職は「農地管理官」と呼ばれることもあれば、「森林管理官」と呼ばれることもある。

以上が、必要不可欠な事柄を監督する三つの公職であるが、さらに別の種類の必要不可欠な公職がある。それは、国家の収入である公金を集めて保管し、一つ一つの運営部門に配分する役職で、「収入官」や「財務官」と呼ばれている。これとは別に、同じ公私的な契約や裁判所の判決が記録された文書の管理を任務とする公職があり、同じ公職のもとで告訴状の受理や訴訟開始の手続きも行われなければならない。それゆえ、業務が多岐にわたるため、この公職を、異なる複数の公職に分けている国家もいくつかあるが、一つの公職にすべての事項の権限を持たせている国家もある。この公職は

b40 「神聖記録官」、「管理官」、「記録官」などの名で呼ばれるが、他にもこれらと似た呼称がある。

　この公職の後に続くのは、最も必要不可欠でありながら、最も困難な職務ともなる公職であり、裁判で有罪判決を受けた者に対する刑罰の執行、債務不履行により公示
1322a された者の刑罰の執行、身体を拘束された囚人の監視が任務となる。まず、この職務が困難だというのは、多くの恨みを買うからにほかならない。それゆえ、この公職に就いても大きな利益を得られない国家では、人々は職にとどまらないか、あるいは、職にとどまったとしても法律通りに刑罰を執行しようとはしないのである。一方、この職務が必要不可欠だというのは、正しい裁きを求めて訴訟を起こしたとしても、刑罰の執行という最終目的に達することができなければ無益だからである。したがって、裁きを求めて訴訟を起こせない国家では人々の共同生活が不可能になる以上、刑罰の執行が行われない国家でも同様に共同生活は不可能になるのである。

　だからこそ、この公職を一人だけの役職とはせずに、種類の異なる法廷のそれぞれ
a10 が刑罰の執行者を別々に選任するしくみにした方がよい。同様に、公示された債務不履行者に関しても、［罰金などの］刑罰の執行に当たっては、複数の公職者が分担する

よう努めた方がよい。さらには、他の公職者の場合でも、より優れた制度にするのなら、一人が担当する刑罰の執行をいくつかだけに限ることである。とりわけ公職者が交替した場合は、前任者の裁決した刑罰を新任者が執行する方がよい。また、現職者だけで任務に当たる場合は、例えば、市街監督の裁決した刑罰を広場監督が執行し、広場監督の裁決した刑罰を市街監督が執行するというように、裁決者と執行者を別々に分けた方がよい。なぜこうした方がよいかといえば、執行者に対する受刑者の恨みが小さくなればなるほど、それだけ執行の目的は達成されやすくなるからである。それゆえ、もしもいま述べたようにはせず、同一の公職者が裁決と執行の両方を行うならば二倍の恨みを買うことになってしまうし、もしも同一の公職者がすべての事案に関して裁決と執行を行うならば、万人の敵になってしまうのである。

　こうしたことから、実際のところ多くの国家では、囚人を監視する公職と刑罰を執行する公職を分けている。例えば、アテナイで「十一人」と呼ばれる公職がそうである[3]。それゆえ囚人の監視に関しても、刑罰の執行とは独立した公職の役目とする方がよいし、いま述べた刑罰の裁決者と執行者の分離と同様、賢明な方策を求めた方がよい。なぜなら、先に挙げた公職に劣らず、この公職も国家にとって必要不可欠であり

a20

ながら、かたや有徳者は何よりもこの公職を避けるものであるし、かたや悪徳者は監視の権限を与えるのに安全ではない人々だからである。実際、悪徳者に必要とされるのは、他人を監視できる能力などではなく、むしろ監視される状態に置かれることなのである。このような理由により、囚人の監視は一人の公職者だけが担う制度にするべきではないし、同一の人物が連続してこの職務に当たるべきでもない。そうではなく、囚人の監視には複数の異なる人々が当たるべきであり、見習い兵や警備兵の制度を持つ国家では、見習い兵や警備兵を務める若年者と[4]、複数の公職者が交替で担当するべきである。

3　『アテナイ人の国制』第五十二章では、「十一人」の任務に囚人の監視と死刑の執行が含まれると記されているため、この一文は後世の何者かによる挿入とも考えられ、削除される場合もある。

4　『アテナイ人の国制』第四十二章によれば、男子が十八歳になったときから二年間、軍事訓練や国境警備を行ったのが「見習い兵」で、後続する「警備兵」も類似の制度と推測される。

必要不可欠かつ高位の公職

以上の公職が、最も必要不可欠で、最初に挙げるべき役職である。この後に挙げら a30
れるのは、必要不可欠だという点では変わらないけれども、格からいえば、もっと高位に置かれる重要な公職である。というのも、多くの経験を必要とし、大きな信頼を得なければならない公職だからである。例えば、国家の防衛に関わる公職や、戦争の際に必要な事項を担当する公職の一切がそうした性質を持つだろう。また、平和な時にも戦争の時にも必要な公職としては、都市の門や城壁の警備に対する監督があり、同様に、個々の市民の調査や市民団の編成に対する監督もある。

こうした必要不可欠で高位の公職のすべてに関し、多くの公職者で担当する国家もあれば、少ない公職者で担当する国家もある。例えば、小さな国家では一人の公職者がすべてを担当しており、そのような公職は「将軍」あるいは「軍事司令官」と呼ば
れる。さらに、騎兵、軽装歩兵、弓兵、水兵がいる場合には、これらの兵士のそれぞ 1322b
れを指揮する公職が設けられることもあり、「海軍司令官」、「騎兵司令官」、「歩兵司令官」と呼ばれる。そして、それらの下位には、部隊ごとに「三段櫂船長」、「歩兵部隊長」、「部族騎兵長」と呼ばれる複数の公職が置かれており、さらに小さな部隊に分

かれる場合もすべて同様である。このように指揮系統は分かれてゆくが、それらの全[5]体は公職の一つの種類を形成しており、軍事を管轄する公職になっている。かくして、軍事に関する公職については、以上の通りである。

しかし、すべての公職ではないにしても、いくつかの公職は多額の公金を扱うわけだから、そこから会計書を受け取って会計監査を専門に行う公職が別に必要であり、その公職それ自体は他に何も扱ってはならない。こうした公職は、「監査官」、「会計官」、「検査官」、「調査官」と、さまざまな名で呼ばれる。

これらのすべての他に、万事に関して最高の権限を持つ公職がある。すなわち、同一の公職が、しばしば議案の提出と最終的な決議の両方に権限を持つのである。あるいは[6]、民衆に決定権のある国家ならば、その公職が、大衆の会議の主宰者となって同様のことを行う。なぜこうした公職があるのかといえば、国制上の権限を持つ人々と

5　ロスは toutou（その）と修正しているが、写本通りに toutōn と読む。

6　この箇所にはいくつかの読み方があり、ロスは hē を採用して関係代名詞節でつなげているが、ē と読む。

は別に、その人々を会議に召集する役目の公職が必要だからである。この公職は会議の前に予め議案を審議するため、「寡頭制を持つ」あるところでは「予備審議会」と呼ばれているが、大衆が権限を持つ「民主制の」ところでは「審議会」と呼ばれることの方が多い。

かくして、国家の運営に関わる公職は、だいたいこれだけの数ある。だが、さらに別の種類として、神事を管轄する公職がある。例えば、祭司の職の他に、神殿など神聖な建物が現存する場合の保全と、崩れかけている場合の修繕を監督する役職があり、さらに、神々のために定められた他の事項を監督する役職がある。こうした神事の監督は、小さな国家の場合のように一人だけの公職者が担当するところもあれば、多くの公職者が担当するところもある。多くの公職者が担当する国家では、祭司の職とは別に、供犠監督官、神殿警備官、神聖な財産を専門に扱う財務官といった公職が設けられている。こうした職務に続くものとしては、犠牲の供物を捧げる儀式を公共的に行う場合に限り、その種の儀式のすべてを担当する専門の公職がある。このように供犠が公共的に行われる場合は、法律上、祭司の仕事とされていないが、公共の祭壇で営まれるために名誉ある仕事となる。この公職は、「支配者（アルコン）」、「王（バシ

レウス）」、「主宰者（プリュタニス）」と、さまざまな名で呼ばれる。[7] b30

ここまで述べてきた事柄について管轄するのが、必要不可欠な公職である。それを要約していえば、神事、軍事、国家の収入と支出、また、広場、市街、港、地方の監督、さらに、裁判所、契約の記録、刑罰の執行、囚人の監視、会計書の受理と監査、公職者の執務審査、そして最後に、公共の事柄に関する審議である。

公序良俗を保つための公職

いま挙げた必要不可欠な公職とは別に、生活上の余裕と繁栄にいっそう恵まれ、なお公序良俗にも配慮する国家だけに特有の公職がある。それらは、女性監督官（女性を対象とする監督官）、護法官、幼児監督官、体育監督官である。加えて、体育競技 1323a
の監督やディオニュシア祭[8]における演劇の競演の監督があるが、他にも観客が集まる

7　『アテナイ人の国制』第三章、第四十三章によれば、アルコン、バシレウス、プリュタニスは公職の種類の呼称として用いられ、必ずしも本来の語義を保たなかった。アテナイ以外ではさらに別の意味で用いられたことを、この一文は示している。

ような行事があれば、その監督も含まれる。これらの中には、明らかに民主制には適さない公職があり、例えば、女性監督官と幼児監督官がそうである。なぜなら、民主制における貧困者は奴隷を所有していないため、妻や子どもを召使いのように使わざるをえないからである。

また、最高の権限を持つ公職に就く人々の選出を監督する公職は三つあり、護法官、予備審議会、審議会である。このうち、護法官は貴族制に向いているが、予備審議会は寡頭制に、審議会は民主制に適している。

以上、ほぼすべての公職について概略を述べた。

8　酒神ディオニュソスを讃える祭典。アテナイでは三、四月に一週間ほど催され、悲劇や喜劇などのコンテストが行われた。

第七巻　理想的な最善の国制

第一章　序論──個人の生き方から国家の生き方へ

最初の主題は「最善の生」

最善の国制について適切な方法で探究を行おうとする者は、人間の最も望ましい生き方とはどのようなものであるかを最初に規定しなければならない。このことを不明なままにしておけば、最善の国制も不明になるのは必然である。なぜなら、何か不条理な事態が起こるのでもない限り、自分たちの置かれた条件下において、最善の仕方で国家を運営する人々こそが最善の幸福な生き方をすること、これが理の当然だからである。したがって、まずもって合意を得ておかなければならないのは、いわば万人にとって最も望ましい生き方とはどのようなものかということについてである。その上で、次の課題となるのは、最も望ましい生き方というものが、公共的な［国家共同体の］観点から見た場合と、個人的な観点から見た場合とで同じになるのか、それとも異なるのかということである。

a20

そこで、「最善の生」が最初の主題となるが、それについては既に外部者向けの講話の中でも十分に多くのことを述べたと信じるので、その内容を目下の議論でも用いなければならない。というのも、実際のところ、そこで提示した一つの分割法には誰も異議を唱えないだろうからである。その分割法とは、外的な善、身体の善、魂の善[1]という三つの領域に善を区分するもので、至福の中で生きる人々（最善の生を送る人々）にはこれらの善のすべてが備わっていなければならないのである。なぜなら、魂の善に属する勇気、節制、正義、思慮といった徳を一片も持たず[2]、臆病のゆえに飛んでくる蠅《はえ》さえも怖がり、放縦のゆえに欲望のまま無際限に飲食し、不正のゆえに四分の一オボロス[3]を奪おうとして親友を殺害し、同様に思考能力の点でも、無思慮のゆえに子どもや狂った者のように過ちを犯す人間を、［たとえ外的な善と身体の善に恵ま

1　「外的な善」とは富、名誉、権力、友人など、「身体の善」とは健康、体力、美しい容姿など、「魂の善」とはさまざまな徳を指す。このような善の三分法は『ニコマコス倫理学』第一巻第八章一〇九八b一二―一六で説明されている。

2　これら四つは古代ギリシャの「四元徳」とも呼ばれ、アリストテレスの倫理学では、前三者が「性格的な徳（倫理的な徳）」、後二者が「知性的な徳」に分類される。

れていたとしても」至福な人だとは誰もいわないだろうからである。

善の程度と優越をめぐる問題

しかし、ここまで述べてきたことは誰でも同意できるような事柄であろうが、どれくらいの程度にそれぞれの善を持てばよいか、また、より優越する善をどこまで求めればよいかという点に関しては人々の意見が分かれる。というのも、徳（魂の善）に関しては、どんな程度であれ持ってさえいれば十分だと人々は考えるのに対し、外的な善に属する富、財貨、権力、名誉や、それらに類するもののすべてに関しては、あればあるほどよいと考えて際限なく優越を求めるからである。

けれども、そうした人々に対して私たちは次のことを述べよう。すなわち、以下に
a40 示す事実に目を向ければ、あるべき善の程度や優越について確信を得るのは容易だということである。その事実とは、外的な善を用いることによって徳を獲得して保持できるのではなく、逆に、徳を用いることによって外的な善を獲得して保持できるということである。そして、人間にとって幸福に生きるということが、喜びを感じて生き
1323b ることのうちにあるにせよ、徳に基づいて生きることのうちにあるにせよ、あるいは、

それら両方のうちにあるにせよ、外的な善を必要以上に多く所有しながら性格と知性の点では他人に劣る人々より、他人に優るほど性格と知性の点で徳を身につけながら、外的な善の獲得はほどほどにしている人々の方が幸福に生きるということも事実なのである。

しかしまた、いま述べたことは事実を見て確信できるばかりか、論理的に考察してみても容易に理解できる。というのも、第一に、外的な善には、必要とされる一定の限度があるからである。それはちょうど、何らかの道具や器官をはじめ、特定の目的に役立つものの一切に、必要とされる能力の限度があるのと同じである。[4] それらは、

3　各種の日当について記した『アテナイ人の国制』第六十二章第二項によれば、裁判員は三オボロス、評議員は五オボロスだったという。こうした日当の二十分の一から十二分の一程度のわずかな金銭を奪おうとして親友を殺害する悪人の例を挙げたものであろう。第二巻第七章注12も参照。

4　例えば、斧という道具でダイヤモンドを破砕できる必要はなく、木材や石材を割れれば十分である。同様に、心臓という器官は全身に血液を送れるだけの拍出力を持てばよいので、必要とされる能力には一定の限度があるといえる。

能力が過度に優れば、かえって所有者に害を与えるか、もしくは何の役にも立たないかのいずれかになるのが必然である。それに対し魂の善（徳）のそれぞれは、優れば優るほどいっそう役立つのである（ただしこれは、魂の善に対し「立派な」と呼べるだけではなく、「役立つ」という言葉も適用するべきだと仮定した場合である）[5]。

また第二に、道具や器官に限らず、事物の全般を見た場合にも、以下に述べることは明らかであると私たちは主張しよう。すなわち、各々の事物の間には、もともと事物それ自体が持つ優劣の差が存在する。そして、一方の他方に対する本来の優越に応じて、それらの事物が最善の状態にあるときにも、[6]やはり両者の間に優劣の差が生じるということ、これが私たちの主張である。したがって、魂というものが、それ自体としても、私たち人間にとっての意味からしても、所有財産（外的な善）や身体にもまして尊い存在である以上、魂、所有財産、身体のそれぞれが最善の状態にあるときにも、やはり類比的に優劣関係が成立するのは必然である。

さらには第三に、そもそも所有財産や身体が人間にとって意味のある、望ましいものであるのは、それらが本来的に魂のために存在するからにほかならない。それゆえ、よく思慮する人なら誰でも、魂のためにそれらを望むべきなのであって、それらのために魂を望むべきではない。

以上より、私たちとしては合意が得られたものとしよう。すなわち、それぞれの個人は徳と思慮の程度に応じて、つまり、徳と思慮に基づいた行為を為す程度に応じて幸福が与えられる[7]ということである。このことについては、神を証人にすることもできる。神は幸福であり、至福でさえあるが、それは何ら外的な善に依存してではなく神それ自身によってであり、本性上、神が一定の性質を備えていることによるのである[8]。なぜ外的な善への依存を問題にするかというと、まさにその点で幸運と幸福は必

5　「役立つ」とは、何らかの善（目的）を実現する手段に対する評価語であるため、魂の善に対して用いるのは不適切だが、もしも適用するべき場合があれば、という仮定条件の注釈。

6　ロスは tauta（それら）と修正しているが、写本通りに diastasin と読む。

7　ここでは勇気、節制、正義などの性格的な徳を「徳」と表現しているため、知性的な徳である思慮を分けて書いている。

8　このように神と人間を比較する視点は、『ニコマコス倫理学』第十巻第八章一一七八b七―二三にも見られる。

然的に異なるからである。すなわち、魂の外部にある外的な善は、偶然の事象や幸運を原因として得られるのに対し、幸福の要因となる正義や節制の徳（魂の善）を持つ人になるのは、幸運を発端としてでもなければ、幸運を原因としてでもないのである。9

幸福な国家は立派に行為を為す

幸福な個人をめぐる問題に続いて、同じ議論を要するのが幸福な国家であるが、幸福な国家とは、国家として最善であって、かつ立派に行為を為す国家である。この「立派に」行為を為すことは、「立派な」行為を為す者（有徳者）になっていなければ不可能であるから、要するに、個人にせよ、国家にせよ、徳や思慮を欠いていれば立派な働きはできないのである。つまり、国家が持つべき勇気、正義、思慮、節制の徳は、その力の点でも、その現れ方の点でも、ある個人が勇気の徳を持つ人、正義の徳を持つ人、思慮の徳を持つ人、節制の徳を持つ人と呼ばれるときに備えているものと同じである。

しかし、以上の事柄については、このくらい述べたところで私たちの議論の序論としては十分なものとしよう。というのも、それらの論点にまったく触れないでおくわ

けにはゆかないし、さりとて関連する論題のすべてをいま語り尽くすこともできない
からである。すべてを語り尽くすことは、余裕のある別の機会の仕事とし、目下のと b40
ころは、次の事柄だけを今後の議論の前提として確立したものとしよう。すなわち最
善の生き方とは、独立した一人一人の個人の観点から見ても、国家の公共的な観点か 1324a
ら見ても、徳を備えた生き方ということになるが、しかもそれは、徳に基づく実践を
為すのに十分なほどの補助的条件（外的な善）を具備した状態[10]なのである。

この前提に異議を唱える人々に対しては、目下の探究では取り合わないけれども、後によく検討しなければならない。ただしこれは、もしも以上述べてきた事柄に納得しない者がいた場合の話である。

9　「偶然の事象（automaton）」と「幸運（tykhē）」はともに『自然学』第二巻第四―六章で詳述される事柄。意図的な行為によって目的が実現されるのではなく、偶然の出来事によって望みがかなうような場合を指す。

10　「補助的条件（外的な善）を具備した状態」と訳した kekhorēgēmenēs は、khorēgeō の変化形。第一巻第六章注2参照。

第二章　個人の幸福と国家の幸福は同じか

二つの観点に関わる問題

一人一人の個人の観点と国家の観点のいずれから見ても同様に、徳を備えた生き方が幸福な最善の生き方であることを述べたが、なお残る問題は、個人の観点と国家の観点のいずれから見ても「幸福」そのものの内容が同じであるというべきか、同じではないというべきかということである。しかし、このことも明らかであり、「同じである」という意見で誰もが一致するだろう。なぜ「誰もが」と述べたかというと、例えば、富によって個人の幸福、すなわち善く生きることが実現すると考える人々は、国家全体についても、富さえあれば至福であると考えるからである。また、多数の人民を支配する独裁者の生き方を何よりも礼賛する人々は、国家についても、最も多くの他国を支配するときに最も幸福になると主張するだろう。そして、人間としての徳に基づいて個人を賞讃する人々は、国家についても、徳においてより優れていれば、

a10

より幸福になると主張するだろう。

しかし、［本当に幸福の内容が同じであるかどうかを確証するには］ここで既に考察を要する二つの問題が生じている。第一に、個人の幸福に関して、国家の中で他の人々と活動をともにして国家の運営に参与する生き方と、国家の共同体（共同関係）から解き放たれた外国人のような生き方とでは、どちらがいっそう望ましいかという問題である。第二に、国家の幸福に関して、どのような国制や、どのような国家の状態を最善と考えるべきかという問題である。これは、第一の問題の結論が、どの個人にとっても国家の運営への参与は望ましいということになっても、あるいは、一部の人々にとっては望ましくないが、大多数の人々にとっては望ましいということになっても、やはり問題になる事柄である。

これらの二つの問題のうち、個人にとって望ましいことに関わる第一の問題ではなく、国家の幸福に関わる第二の問題に取り組むことこそが、国家についての政治学の思索と研究の仕事になる。私たちの目下の意図は、政治学の考察を行うことにあるから、第一の問題を扱うことがあるとしても副次的な仕事としてであり、第二の問題に取り組むことが目下の探究の仕事になるだろう。[1]

a20

個人の生き方をめぐる論争

そこで、最善の国制とはどのようなものかを考えると、その国制に依拠してどの個人も最善の生き方ができ、至福のうちに生きられるような制度でなければならないことは明らかである［から、第一の問題を土台に据えて第二の問題を考えることもできる］。しかしながら、徳を備えた生き方こそが個人の生き方として最も望ましいという意見で一致する人々の間でさえも、［第一の問題に関わる］論争がある。すなわち、国家の運営に関わる政治的で実践的な生き方と、そうした外的な活動の一切から解き放たれた、いわば観想的な生き方（ある人々は、これだけが哲学的な[2]生き方だと主張している）とでは、どちらがいっそう望ましいかという問題をめぐる論争である。[3]実際、古今を問わず、徳に関する名誉を最も愛する人々は、だいたいこれら二つの生き方のいずれかを選んできたという事実が見られる。

要するに、二つの生き方とは、政治的な生き方と哲学的な生き方のことである。このどちらが真に望ましい生き方なのかということによって、生じる違いは小さくない。なぜなら、少なくとも、よく思慮する人ならば、一人一人の個人の生き方でも、公共的な国制でも、［政治と哲学のうちの］より善い目標の方へ向かうよう組み立てなければばならないからである。

では、どちらなのかといえば、ある人々は[4]［哲学的な生き方を最善と考え］、国家の中で隣人の市民を支配する場合、隷従させるように専制的に行うならば最大の不正を伴うし、対等な市民として支配を行うならば不正こそ伴わないものの、政治に携わる当人にとっては日々の幸せが妨げられる仕事になると考えて［政治的な生き方を退けて］いる。

しかし、これとちょうど正反対の考え方をする人々も現実に存在する。すなわち、[5]実践的で政治的な生き方だけが男子にふさわしいと考える人々である。その理由とさ

1　主に個人の生き方を問題にした『ニコマコス倫理学』と、国家のあり方を主題にする『政治学』との違いを再確認する記述。

2　ロスは philosophou（哲学者の）と修正しているが、写本通りに philosophon と読む。

3　『ニコマコス倫理学』第十巻第七―八章で論題にされ、結論としては観想的な生き方が優位に置かれている。

4　『ニコマコス倫理学』第十巻第八章一一七九a一三―一五には哲学者のアナクサゴラスへの言及があり、権力を持つことを幸福の条件とは考えなかったらしいと書かれている。

a40

れるのは、私的な行為と、国家の運営に関わる公的な行為を比べた場合、個々の徳が
1324b 発揮されることの多いのは公的な行為の方であって、私的な行為ではありえないとい
うことである。

専制国家を支持する考え方

以上のように、個人の最善の生き方に基づいて最善の国制を考えようとする人々が存在する一方、そのような考察方法を採用せず、個人を隷従させる専制的で独裁的な方式の国制だけが幸福をもたらすと主張する人々がいる。[6]そして実際に、ある人々のところでは、法律にしても国制にしても、隣人の市民を隷従させるよう専制的に支配することが目標になっている。それゆえ、そうした国家の大多数では、習慣的な制度の大半が、いわば無秩序な集積となっていながら、なお多数の習慣や法律がどこか一つの目標に向かっているとすれば、すべては力によって支配することを目指しているのである。

まさにその例が、ラケダイモンとクレタにおける教育制度や多数の法律である。それらは、戦争という、ほぼ一つの目標に向かって組織されているのである。また、強

欲に収奪する力を持った民族のすべてにおいて、そのような力が崇拝されており、例えばスキュタイ人、[7]ペルシャ人、[8]トラキア人、[9]ケルト人[10]がそうである。実際、この種の民族の法律には、戦闘的な力に秀でることを奨励する例がいくつか存在する。例えばカルタゴでは、戦争に出征した回数と同じ数の腕輪でできた装飾品がもらえるという。さらに、かつてのマケドニアにも、敵を一人も殺したことのない男子に対し、馬

b10

5　プラトン『ゴルギアス』四八二C—四八六Dでは、登場人物のカリクレスが哲学を退け、政治的な生き方を賞讃する。こうした思想は当時のソフィストたちに共有されていたと考えられる。

6　以下の説明からわかるように、好戦的で覇権的な専制国家（一種の軍事国家）を志向する人々が存在するということ。先に述べられた哲学的な生き方と政治的な生き方は、最善の国家における個人の二つの生き方であるから、専制国家を支持する主張は第三の見解となる。

7　東ヨーロッパから西南アジアにかけて居住していた民族。

8　ペルシャについては第二巻第七章注11参照。

9　トラキア地方については第二巻第十二章注25参照。

10　第二巻第九章注10参照。

に使う手綱を腰帯にして締めさせる法律があった。他方、スキュタイ人のところでは、敵を一人も殺したことのない者には祝宴で酒を回し飲みする杯から飲むことが許されなかった。好戦的な民族であるイベリア人[11]のところでは、墓の周囲に突き立てるオベリスク（石柱）の数を、故人が殺した敵の数と同じにしている。そして、他の民族のところにも、この種の別の例が多数あり、法律で定められている場合もあれば、習慣で決まっている場合もある。

専制的な国制への批判

けれども、もしもこんなことが国家の運営者の仕事であるとしたら、国制の研究に取り組もうとする者には、おそらく、あまりにも奇妙で論外だと思われるだろう。つまり、隣人が望もうと望むまいと、ともかく隣人を支配し、隷従させる方法を見つけられてこそ国家の運営者だというのは、あまりにも奇妙だろう。そもそも、何ら法理にかなわない[12]ことが、どうして国家の運営者や立法者の仕事でありえようか。支配を行うときに、正しい方法ばかりではなく不正な方法も含むならば法理にかなわないし、法理によらず力ずくで支配するのならば、正しくない方法でも可能なことである。

しかしそれなら、他の知識に関連する分野ではどうかといえば、そのような例を決して見ない。例えば、医術の知識を持つ医者や、航海術の知識を持つ船長の仕事は、患者や船員を支配しようとして言葉で説得することでもなければ、ましてや力ずくで何かを強制することでもない[13]。それにもかかわらず、国家を運営するための知識については、［専制国家の支持者に見られるように］専制的な支配を行うためのものと考えている人々が多いらしい。そのため、自分自身が被ったならば正しくも有益でもないと主張するような専制的な振る舞いを、自分が他人に対して行うときには恥じないのである。それというのも、自分自身のもとに支配が及ぶときには正しい支配を求めるのに対し、他人に対する支配のときには正しい支配かどうかなど何ら気にかけないからである。

11　イベリア半島に居住していた民族。
12　原語の nomimon を「法理にかなう」と解釈して訳したが、「規範に則る」、「習慣に合う」ととらえることもできる。
13　患者や船員は、自分自身のために自ら進んで医者や船長の指示に従うわけであり、国家において被支配者が支配者に従うのも同様だということ。

b30

だが、専制的な支配は、もともと自然的に、隷従するべき本性の人間と隷従するべ
きではない本性の人間が存在しなければ奇妙な方法である。[14] したがって、このような
条件下でのみ専制的な支配が成立する以上、あらゆる者を隷従させて専制的に支配し
ようとするのではなく、隷従するべき人間に対象を限ってそうしなければならない。
それはちょうど、宴の正餐や犠牲の供物を捧げる儀式のために獲物を狩ろうとすると b40
き、人間を狩りの対象にしてはならず、そうした催しに適合した獲物、つまり、食用
に供せる野生動物を狩猟の対象にするべきなのと同じことである。

好戦的な国制への批判

しかし、そもそも他国に対する専制的支配など目指さなくても、一つの国家が自国 1325a
だけでも幸福になりえよう。すなわち、もしも一つの国家が優れた法律を使い、自国
の力だけでどこかの地に定着できたならば、立派に国家が運営されることは明らかで
ある。そうした国家の国制は、戦争を目指して組織されるのでもなければ、敵を力ず
くで支配することを目指して組織されるのでもないだろう。なぜなら、他国の支配を
目指す性質など、まったく持たない国家だからである。

それゆえ、確かに、戦争に備えて行われる配慮はすべて立派なことだと考えるべきだとしても、その理由は、戦争に関わる事柄が万事の頂点に位置する最高目的だからなのではない。逆に、最高目的のために軍事への配慮が行われることは明らかである。そして、優れた立法者の仕事は、国家、人類、その他のあらゆる共同体が、どのようにすれば最高目的である善き生、すなわち、共同体にとって実現可能な幸福を享受できるかを研究することである。とはいえ、立法者が定める法律は、個別の状況によって部分的に違いが生じるであろう。つまり、もしも自分たちの国家と境界を接して隣人たちが存在するならば、どのような種類の隣人たちに対しては備えとしてどのような種類の訓練をしておくべきか、また、実際に存在する個々の隣人に見合った対応策をどのように用いるべきかを、個別に研究することも立法者の仕事になるのである。[15]

14　第一巻第六章一二五五b五―六でも同じ内容が述べられている。

15　『ニコマコス倫理学』第五巻第十章では、法律は一般的な規定しかできないゆえ、個別の状況に対しては民会決議で対処するべきだと説かれている。ここでの説明にも、同じ問題意識が読み取れる。

a10

しかし、最善の国制はどのような目的を目指すべきかという問題については、それに適した考察が後に行われるであろう。[16]

16　本巻第十三―十五章で考察される。

第三章　自由人の生き方と実践的な生き方の検討

個人の人生を何に使うか

さて、個人の人生に関しては、徳を備えた生き方が最も望ましいという意見では一致しつつも、［幸福になるために］人生を何に使うかという点では意見を異にする人々が存在するのであった。その一方は、政治的な生き方とは異なる自由人の生き方（哲学的な生き方）こそが最も望ましいと考え、国家の公職に就くことを拒否する人々である。他方は、国家の公職に就く生き方（政治的な生き方）こそが最善の幸福な生き方であると考える人々であり、その理由として、活動的な仕事を何もしなければ善い実践は不可能だと主張する。すなわち、善い実践と幸福は同一だというのである。

私たちとしては、両方の主張のいずれに対しても、ある意味では正しいが、ある意味では正しくないと述べなければならない。

自由人の生き方についての検討

まず、自由人の生き方を支持する人々は、その生き方が、他者を専制的に支配する生き方より優れていると考えているが、それは確かに真実である。なぜなら、少なくとも奴隷を専制的に支配し、単に奴隷として使役することは、何ら意義深いことではないからである。すなわち、日常生活の中で必要とされる雑事を命令したからといって、何ら立派な行為になるわけではない。

とはいえ、あらゆる支配が、奴隷に対するような専制的な支配だと考えるのは正しくない。というのも、自由人を支配することと奴隷を支配することとの間には隔たりがあり、それは、本性的に自由人であることと本性的に奴隷であることとの隔たりにも匹敵するからである（この点については、一番先の議論[1]の中で十分に規定しておいた）。また、自由人の生き方を支持する人々は、活動的に実践する生き方より実践しない生き方の方がいっそう賞讃に値すると考えるが、これも真実ではない。なぜなら、幸福とは［善く生きるという］一つの実践なのであるし、さらにいえば、正義や節制

1　第一巻第七章一二五五b一六—四〇の議論。

の徳を持つ人々の多くの実践において、数多くの優美で立派なことが実現されるからである。[2]

けれども、このように実践の意義を規定すると、万事を支配する権力こそ最善のものだと考える人がおそらく出てくるだろう。なぜなら、万事を支配する権力は、最も立派な実践を最も数多く行いうる権力にほかならないだろうからである。したがって、そうした支配の権能を持つ者は、権力を隣人に譲り渡すべきではなく、むしろ隣人から奪い取るべきだということになる。そして、この権力に関する限り、父親は子どものことを、子どもは父親のことを考慮に入れてはならないし、気づかい合うべきではないということにもなる。総じて、親しい人間同士の間ではみな気づかい合うべきではない。[3]というのも、最善のものこそ最も望ましいわけであるが、この権力を用いて善く実践することが最善だという理屈になるからである。

そこで、以上の議論を検討してみると、確かに、万事を支配する権力を奪い取るべ
1325b きだという主張が真理になる場合も、おそらくありうるだろう。それは、およそ存在するもののうちで最も望ましいものが、略奪や暴行によって得られると仮定したときの話である。だが、そのような方法で得られることはおそらくありえないのであって、

こうした仮定は虚偽である。なぜなら、家の中で夫が妻より、父親が子どもより、主人が奴隷より優れた人間であるのと同じくらいに、国家の中で支配者が被支配者より断然優れている場合でなければ、権力を持つ者の実践は決して立派なものにはなりえないからである。

したがって、不徳でありながら権力を握るという逸脱を犯した者は、既に徳から逸脱してしまった分を後になって補正することはできない。[4] なぜかといえば、人々が同質な場合、交替制の支配こそが対等で同質な権力の配分になるゆえに適切であり、正

2　幸福な人生全体が一つの実践であると同時に、幸福の内実となる優美で立派なことを実現するのも多くの有徳な実践であるということ。

3　十六—十七世紀英国の哲学者トマス・ホッブズの「万人の万人に対する闘争」という句を思わせる記述である。

4　『ニコマコス倫理学』第五巻の正義論に基づく議論。同巻第三章の配分的正義の思想によれば、貴族制（最優秀者支配制）のように権力は徳に応じて配分されるのが正しい。その正しさから逸脱しているとき、同巻第四章の提示する矯正的正義の措置、すなわち損失分を利得で埋め合わせるような代償的措置を施したとしても正義を回復することはできないという意味であろう。

義にもかなうからである。[5] 逆に、対等な人々に対等ではないものが与えられ、同質な人々に同質ではないものが与えられる場合は自然に反するのであり、自然に反するものの中には、何ひとつ立派なものが存在しない。
b10

それゆえ、もしも他の誰かが自分より徳において優っており、最善のことを実践する力においても優っている場合は支配権を譲り、その人物に従うのが立派なことであり、その人物を信頼するのが正しい。[6] ただしその人物には、徳が備わっているだけではなく、徳を発揮して実行に移す力も備わっていなければならない。[7]

実践的な生き方についての検討

自由人の生き方（哲学的な生き方）を批判した以上の議論が適切であり、幸福とは善い実践だと考えるべきならば、実践的な生き方（政治的な生き方）こそが、国家全体の公共的な観点から見ても、一人一人の個人の観点から見ても、最善の生き方であることになるだろう。

しかしながら、実践的な生き方とは、必ずしも他者と関わる生き方を意味しないので、一部の人々が考えている通りにはならない。また、自分の実践からどんな結果が生じるかを予想するための思考だけが、実践的な思考であるわけでもない。むしろ、他者の存在や結果の予想には関わらない観想や思考が自己完結しているとき、つまり、観想や思考がそれ自体のために行われるときの方が、はるかに実践的な性質を持つ。[8]というのも、善い実践（幸福に生きること）はそれ自体が目的であるゆえに、「一般には目的達成の手段である」実践といえども、ある種の実践は目的そのものになるからである。さらには、自分の外部に存在する他者や事物と関わる一般的な実践であっても、内部の思考を指して「実践している」と表現することがある。このとき、「実践

b20

5　第三巻第十六章一二八七a一二―一八にも同じ内容の説明がある。
6　第三巻第十三章一二八四a六―一〇にも同じ内容の説明がある。
7　『ニコマコス倫理学』第一巻第八章一〇九八b三〇―一〇九九a七では、徳を所有するだけでは最善の生を送れず、徳を発揮して初めて幸福になれると説かれている。ここでは、発揮するために必要なものが「力」と表現されているのが特徴。
8　『ニコマコス倫理学』第十巻第七章一一七七b一―四でも、「それ自体のために行われる」という観想の性質が強調されている。ここでいわれる「実践的」とは「活動的」に近く、アリストテレスの「発現状態（エネルゲイア）」の思想と関連する。「解説」参照。

している」は言葉の本来の意味で使われているのであり、例えば、大工の棟梁が[9]「建材の使い方や手下への指示を」自分の内部で思考している場合がそうである。

しかしまた、外部と関わらない自己完結的な実践は国家にもあるので、他国と関わらず、自国だけで鎮座するように存立している[10]場合でも、そうした国家の生き方を意図的に選んでいるのなら、不活発で非実践的な国家だということには必ずしもならない。なぜなら、国家の内部で部分ごとに[11]実践が生じることも可能だからである。すなわち、国家のさまざまな部分の間で実践的な共同関係が多数存在するのである。これと同様のことが、どんな人間であれ、一人一人の内部でも成立している。[12]もしもこのような内部の実践がなければ、神や全宇宙の保っている優美な状態は成立し難くなるだろう。というのも、神や全宇宙には、それぞれに固有な内部の実践（神の思惟、全宇宙の円運動）があるだけで、その他に外部と関わる実践が存在するわけではないからである。

かくして、一人一人の個人にとっても、公共的な観点から国家や人類にとっても、最善の生き方が必然的に同じになることは明らかである。

b30

9　第一巻第十三章注6参照。

10　原語のhidryōには、「動かずに座っている」と「確立している」の意味があるため、こう訳した。見かけ上は不活発だが、安定した国家になっているという意味であろう。

11　本巻第八章で説明される「国家を構成する部分」を念頭に置いた記述であろう。

12　後続箇所の「全宇宙」が示唆するように、個人の内部が「小宇宙」と考えられている。

第四章　国家の人口はどれくらいであるべきか

基礎条件の考察へ

以上の問題については、いま述べた内容が序論となる。また、私たちは最善の国制以外の国制に関する研究を先に終えている。[1] よって、残る議論の出発点となるのは、私たちの願い通りに建設されようとする国家には、どのような物事が基礎条件として必要になるか、その点をまず述べることである。というのも、最善の国家というものは、それに見合った必要条件を備えなければ成立しえないからである。

それゆえ、私たちが願う通りに、多くの基礎条件があらかじめ備わっていなければならないけれども、その中には、備えることの不可能なものがただ一つも含まれてい
b40 てはならない。例えば、市民の数や国土の広さに関する条件が、とりわけそうである。なぜなら、織物工や船大工など他の分野の作り手にも、制作作業に適した材料が必要
1326a なように（実際に用意された材料が適していればいるほど、必然的に、制作術によっ

て生み出される作品もより優れたものになる)、国家の作り手である政治家や立法者にも、目的に適した固有の材料がなくてはならないからである。
まず、国家の必要条件として最初に挙げられるのは人口であり、どれくらいの数の、どのような性質の人間が自然によって与えられていなければならないかが問題になる。また、国土に関しても同様に、どれくらいの広さの、どのような性質の国土でなければならないかが問題になる。

大国と人口の関係

さて、たいていの人々は、大きな国家であることこそ幸福な国家にふさわしいと考えている。しかし、たとえそれが真実だとしても、そう考える人々は、大国とはどのようなものか、小国とはどのようなものかということを理解していない。なぜなら、このように居住している人々の数が多ければ大国だと判断しているからである。だが、このよう

1　第二―六巻のいずれかの議論を指すと考えられる。どの巻を指していると考えるかによって、本書を構成する巻の配列のとらえ方が変わることについては「解説」参照。

に居住者の数に注目するのではなく、国家の力に注目して判断しなければならない。というのも、「人間には人間の働きがあるように」国家にも何らかの働き[2]があるからである。それゆえ、国家の働きを最大限になし遂げられる力を持っている場合にこそ、最大の国家と考えるべきである。それはちょうど、医学の祖とされるヒッポクラテス[3]が、身体的には彼より大きな人間にもまして「大人物」と呼ばれるとき、単なる人間としてではなく、医者として働きを果たしたゆえにそう呼ばれるのと同じであろう。

とはいえ、国家の中にいる人間の数に注目して大国か否かを判断するべき場合があるかもしれず、その場合でも、判断の根拠とする数は、どのような方法で人間を数えた結果であってもよいわけではない。なぜなら、おそらく国家の中には多数の奴隷や居留外国人、来訪中の外国人客がおり、それらの数も必ず含まれてしまうからである。そうではなく、国家の部分となっている人間たち、つまり、国家がそれらの人間たちから構成されているといえる固有の部分だけを数える方法で得た結果に基づいて判断しなければならない。すなわち、この方法で人間を数えたときに多さで優越していることが、大国の徴《しるし》になる。

　しかしながら、職人なら数多く兵士として戦場に送り出せるが、裕福な市民である重装歩兵はわずかしか送り出せないという国家は、やはり大国ではありえない。つまり、どれくらいの数の人間がいるかということだけではなく、どのような性質の人間がいるかということも基礎条件に含まれるため、この点からも、単に数の上で人間の多い国であることと大国であることは同一にならないのである。

人口の限度をどのように決めるか

しかしまた、次に述べることも経験的事実からして明らかである。すなわち、あまりにも人間が多すぎるならば、善い法治を行うことが困難になるか、おそらくは不可能になるということである。少なくとも、優美に統治が行われていることで高名な国家に限れば、人口に対する規制を緩めている国家は一つも見当たらない。

2　『ニコマコス倫理学』第一巻第七章では「人間の働き（ergon）」に即して人間の最善の生き方が考察されるが、本書も同様の方法に従い、国家の働きに即して最善のあり方が考察される。

3　紀元前五—四世紀にコス島で活動したといわれる古代ギリシャ最大の医家。現在まで伝えられるアリストテレスの著作の中で、ヒッポクラテスへの言及はこの箇所だけである。

こうした経験的事実だけからではなく、論理的証明の方法によっても、このことは明らかになる。すなわち、法律とは一種の秩序であるゆえ、必然的に、善い法律は善い秩序となるわけであるが、一般に、あまりにも数の多すぎるものは秩序を備えることができない。だからこそ、あまりにも数の多すぎるものに秩序を与えることは、この宇宙の万有を統率する神的な力の業になるのである。それというのも、秩序を備えた優美さは、［偉大さではなく］数の大きさや物体としての大きさを条件として生じるのが常だからである。それゆえ、人口から見た国家の大きさの場合も、いま述べた一定の限度を設けていれば、必然的に最も優美な国家になるのである。[4]

では、その限度をどのように決めるかといえば、動物や植物、器官や道具など、何らかの能力を持つ他のすべてのものと同様に、国家にも、適度な大きさに関する一定の基準が存在する。なぜなら、これらはいずれも、それ自身の本来の能力を持とうとすれば、あまりに小さすぎてもいけないし、あまりに度を超えた大きさになってもいけないからである。つまり、適度の大きさでないと、ある場合には本来の性能がまったく欠如した状態になり、ある場合には劣悪な状態になる。例えば、長さが一スピタメー[5]の船は小さすぎ、二スタディオン[6]の船は大きすぎて、まったく船と呼べるものにはならない。他方、ある程度の大きさの範囲に収まっているときでも、小型の船であることが原因で、あるいは、あまりにも大型の船であることが原因で、航海が劣悪な状態になる場合もある。

同様に国家の場合も、人間があまりにも少ないと自足できない（自足できてこそ国家である）[7]。反対に、人間が多すぎる場合、確かに生活必需品さえそろえば、自足している民族と同じ意味での自足は実現するにしても、国家とはいえない[8]。というのも、人間が多すぎるゆえに、国制を成立させるのが容易ではないからである。例えば、こ

1326b

4　『詩学』第七章一四五〇b三六―三七では「美は大きさと秩序のうちに存する」と述べられているが、ここでは、秩序を備えるために大きさの限度が必要だという論点が中心になっている。

5　第五巻第三章注8参照。

6　一スタディオンは、アテナイを含むアッティカ地方では約一八〇メートル。

7　自足が国家の条件であることは、第一巻第二章一二五二b二八―三〇でも述べられている。

8　生活必需品がそろえば生存できるが、それだけでは「善く生きる」ことが実現されないため、国家とはいえないという論旨。「大切なのは、単に生きることではなく善く生きることである」というソクラテスの思想が反映されている。

のように度を超えて多数の人間が住む国家の将軍に、いったい誰がなれるだろうか。あるいは、叙事詩『イリアス』に登場するステントルのような大声の持ち主でなければ、いったい誰が伝令役を務められるだろうか。

したがって必然的に、国家といえるものが最初に成立するのは、善く生きるための自足が可能になる人口の下限に最初に達したときであり、そのとき人々は、国家共同体に依拠して生きられる。この最初の国家を人口の点で超え、より大きな国家になることは可能であるけれども、ただしこれは、既に述べたように際限なしにではない。人口を増やせる上限がどの程度のものかは、次のような経験的事実から容易に見て取れる。

国家が行うさまざまな実践には、支配者の実践と被支配者の実践とがある。このうち支配者に関しては、行政上の命令と裁判の判決が仕事になる。そして、裁判にかけられた事案に正しい判断を下すためにも、あるいは、公職の重要度に応じて個々の市民に割り当てるためにも、市民たちは、誰がどのような人物であるかを互いに知っている必要がある。なぜなら、互いに知っている状態になっていないところでは、公職に関することにせよ、判決に関することにせよ、劣悪な結果にならざるをえないからである。つまり、公職と判決のいずれに関しても、その場の思いつきで対応するのは正しくないわけであるが、まさにこうしたことが、過度に人間の多い国家では明らかに起こっているのである。加えて、そのような国家では、来訪中の外国人や在留外国人が易々と国制に参与しているという事実もある。というのも、人口が大きすぎるため、そうしたことを気づかれずに行うのが難しくないからである。

以上より明らかに、国家の人口にとって最善の上限は、生活上の自足を目指して人口を増加させていったときの最大値で、しかも、どのような人間たちで国家が構成されているか、その全体を見て取れる[10]範囲での最大値ということになる。かくして、国家の大きさについては、以上の仕方で規定されたものとしよう。

b20

9　ホメロス『イリアス』第五歌七八五—七八六に登場する豪傑で、五十人の声に匹敵する大声の持ち主。

10　必ずしも物理的に全市民を一挙に見られるということではなく、自国に対する認識として、人口構成の全体像を把握できるという意味であろう。

第五章　国土はどうあるべきか

理想的な大きさや地形

国家の国土についても、求められる条件は人口の場合と似ている。まず、どのような性質の国土がよいかといえば、自足するのに最も適した国土を誰もが賞讃するのは明らかである。そして必然的に、自足するのに最も適した国土とは、何でも産出できる国土だということになる。なぜなら、何でも備わっており、何ひとつ欠けていないのが、自足しているということにほかならないからである。次に、国土の広さという意味での大きさに関しては、住民がそれぞれ自由に、しかも同時に節制しながら、余裕のある生き方ができるほどのものでなければならない。この基準が、適切な述べ方になっているか否かという問題については、後ほど所有財産に関して全般的に述べた上で、豊かにある財産も主題にする際に、より詳細に考察する必要がある。[1]というのも、その際に［国土との関連で］国家の所有財産をどのような方法で使用するべきかという問題に言及するからである。この問題に関しては、生き方の両極端、すなわち、吝嗇《りんしょく》な生き方と贅沢な生き方のいずれかに引きつけて考察が行われるため、多くの論争が行われているのである。

他方、理想的な国土の地形について述べるのは難しくない（とはいえ、いくつかの点については、軍事的な統帥の経験を持つ者の意見に従うべきである）。すなわち、敵にとっては侵入しにくく、自分たちにとっては出動しやすい地形でなければならない。

さらに、先ほど述べたように、国家の中にいる人間の数は、人口構成の全体を見て取れる程度でなければならないが、国土の場合にもそれが当てはまる。つまり、国土の全体を見て取れることが、防衛しやすいということなのである。

1　ここで予告された考察は、少なくとも部分的には、本巻第十章一三二九b三六―一三三〇a二五と本巻第十二章で行われている。

1327a　b40

首都の位置

そして、首都の位置を私たちの願い通りに定めるべきであるならば、海との関係から見ても、国土との関係から見ても適切な位置に置かれるのが妥当である。では、どのように位置を決めるかといえば、一つの基準は、先ほど述べた通り、出動しやすさである。すなわち、救援部隊が駆けつけられるよう、首都と国土のあらゆる場所が通じ合っている位置関係になければならない。[2] もう一つ残る基準としては、生産された農作物を供給しやすい位置にあること、[3] さらには、木材や、それに類する他の資材[4]を国土が所有している場合、そうしたものを生産地から運び込みやすい位置にあることである。[5]

2　軍事的な条件。

3　生産地から消費地への供給に関わる条件。

4　石材や金属などを指すと考えられる。

5　手工業の原材料の生産地から加工地への供給に関わる条件。

第六章　国土論の補論——海に関わる問題

海に接している場合の利点

善い法治が行われている国家にとって、海に接していることは有益なのか、それとも有害なのかという問題については、実際のところ、多くの論争がある。有害だと考える人々の主張によれば、異なった法律のもとで育てられた者を海路から迎え入れるなら、善い法治にとって害となることに加え、人口が過剰になるのも害になる。というのも、海路を利用した多数の商人の出入りによって、過剰人口が発生するからであるが、こうした事態は、適切に国家が運営されることに反するというのである。

しかしながら、もしもそうした害さえ発生しなければ、第一には国家の安全のために、第二には必需品の良好な供給のために、海に通じた首都と国土である方が、そうでない場合より好条件であること、これは明白である。なぜなら、国家の安全の観点からいえば、戦時に救われようとするなら、戦争に耐え抜きやすくするため、陸上でも海上でも、両方で防衛しやすい状態でなければならないからである。また、攻撃してくる敵に打撃を与えるという面でも、陸上と海上の両方を使えるならば、たとえ両方で同時に戦果を上げられなくても、いずれか一方が功を奏する可能性が高まるであろう。また、必需品の供給の観点からいえば、自国にはないものを輸入することと、自国で生産したものの余剰を輸出することは、国家にとって必要不可欠である。というのも、国家が貿易を行わなければならないのは、他国のためではなく自国のためだからである。自国を商品売買の市場として万人に提供している人々にしても、自国に賃貸料の収入[1]が得られるゆえにそうしているのである。だが、国家はこの種の貪欲な利益追求に関与するべきでもなければ、収入を目当てにした貿易取引所を所有しているべきでもない。

港と海軍はどうあるべきか

では、港をどこに置くべきかといえば、現状でも見られるように、多くの国土や首

1　「関税の収入」とも解釈できる。

都では、［海軍が基地を置く］基幹の港や波止場の位置は国家[2]にとって好都合なところに自然と定まっているのである。その結果、港は首都の市街地と一体化しているわけでもなければ、そこから遠く離れすぎているわけでもない。しかも港は、城壁や、それに類する他の防護壁によって堅固に守られている。[3]それゆえ、もしも港と市街地が通じ合っていることで何か善い結果が生じているならば、それは明らかに国家全体にとっての善になるであろう。反対に何らかの害悪が生じるのならば、法律で布告して防ぐのは容易である。すなわち、誰と誰が互いに接触するべきではないか、あるいは接触するべきかということを法律で規定すればよいのである。[4]

さらに、海軍については、一定の規模までの力を持っているのが最善であること、これは一般論として明白である。なぜなら、ある国家が恐れられるような存在になることや、陸上と同様に海上でも防衛能力を持つことは、その国家自身にとってばかりではなく、近隣諸国にとっても必要とされることだからである。

しかしながら、海軍が備えるべき力の大きさを、具体的な規模として考える段階になると、これはもう、それぞれの国家の生き方と相関することになる。すなわち、ある国家が近隣諸国の間で指導的な地位に立つ政治的な生き方[5]を選ぶのならば、必然的

1327b　a40

に海軍の力も、それに見合った軍事活動を行えるだけの大きさになる。とはいえ、人員の面で海軍の規模を確保しなければならないからといって、国家の人口が過剰に増える必然性はない。というのも海兵は、国家を構成する部分にならなくてもよいからである。

b10 どういうことかといえば、確かに、甲板の戦闘兵は陸兵も兼ねる自由市民で、主要部隊として船の航海を統括する。けれども、船の漕ぎ手ということになると、半自由民（ペリオイコイ）[6]にせよ、国土を耕す農民にせよ、［国家の構成部分ではないものの］

2　原語は polis で、「首都」ないし「都市部」と解釈することも可能だが、本章の冒頭で示された問題設定に従い、「国家」と訳した。

3　アテナイでは、ペリクレスが統治した時代に都市部からピレウス港まで城壁が築かれたので、それを念頭に置いた記述と考えられる。

4　具体的に述べられてはいないが、例えば、貿易商同士は接触するべきで、軍人同士は接触するべきではないというような意味であろう。そう考えると、次に海軍力が主題となる議論展開も理解できる。

5　第二巻第六章一二六五a二〇－二二でも国家の「政治的な生き方」と「単独の生き方」が対比されているので、前者は他国との関係を重視した国家運営を指すと考えられる。

多数存在するため、必然的に、船の要員が尽きることはないのである。このような状況が現実にもあることは、ヘラクレイア[7]にある国家など、いくつかの例に見られる。すなわち、ヘラクレイアにある国家は、所有する人口の大きさこそ他国に劣るが、多数の三段櫂船を漕ぎ手で満たし切っているのである。[8]

かくして、国土、港、首都、海、海軍の力については、以上の仕方で規定されたものとしよう。

6　第二巻第九章注2参照。

7　第五巻第五章注2参照。

8　三段櫂船の漕ぎ手は一艘につき百七十人ほどだったと考えられ、市民ではなく半自由民、在郷民、農民などが担った。

第七章　どのような性質の市民であるべきか

市民の数については、どのような限度を設けるべきかということを先に述べたが、[1] 今度は市民の本性がどのような性質のものであるべきかを述べてゆこう。そこで、この問題については、ギリシャ人の国家の中でも名高いものに着目するとともに、人間が住む世界の全体にも目を向けて、どのように諸民族が分布しているかを見るならば、ほぼ理解することができるだろう。

諸民族の分布

まず、人間が住む世界の全体に目を向けると、寒冷地に住む諸民族、とくにヨーロッパに住む諸民族は情意に富んでいるが、[2] 知性と技術には不足するところがある。それゆえ、そうした諸民族は、比較的自由な生き方を続けているけれども、国家の運営能力を欠くことから、隣人の市民を支配できない。一方、アジアに住む諸民族は、その精神が知性と技術を身につけるのには向いているけれども、強い情意を欠くゆえに［独裁者の］支配を受け、隷従した状態を続けている。それに対し、ギリシャ人の種族は、住む場所がヨーロッパとアジアの中間に位置するのとちょうど同じように、精神的にも両方の性質を分かち持っている。つまり、強い情意もあれば、知性もある。それゆえにこそ、ギリシャ人の種族は自由な生き方を続けつつも最善の仕方で国家を運営しており、もしも各種族の国制がすべて統一されるようなことでもあれば、あらゆる人々を支配しうるのである。[3]

とはいえ、ギリシャ人の種族に属する諸民族を相互に比べてみるならば、いま述べたヨーロッパ人とアジア人の違いと同じ差異がある。すなわち、知性と情意のいずれか一方に偏った本性を持つ民族もあれば、両方の能力がほどよく混合された民族も存在するのである。

1　本巻第四章で述べられている。
2　後述されるアルキロコスの詩に登場する「怒り」のように、情動と意気を併せ持った心の働き。第三巻第十六章注5参照。
3　現実には各国家の国制が異なるため、あくまでも可能性として述べられている。

情意の重要性

以上より明らかなのは、有徳な人間になるよう立法者によって導かれやすい市民であろうとすれば、本性において知性的であると同時に情意も強くなければならないという事実である。[4] ここで情意に言及したのは、次のような説を唱える人々が存在するからである。[5] すなわち、国家の運営に当たる守護者にとって、かたや知人たちに対しては友愛を持って接し、かたや見知らぬ人たちに対しては冷酷に接することが必須となるが、このとき、知性ではなく情意こそが友愛の心を作り出すものにほかならない。なぜなら情意は、私たちが友愛の心を発揮するときに使う精神の能力だからである。その証拠に、自分が相手から見下されたと思ったとき、相手が見知らぬ人である場合よりも、知人や友人である場合の方が「友愛を踏みにじられたと感じるため」いっそう情意をかき立てられる。それゆえ詩人のアルキロコスも、友人から受けた仕打ちに対し、それ相応に非難しながら、自分の内にある情意と対話するように書いている。

　そう、お前にほかならないのだ、友人のせいで怒り、息が詰まっているのは。[6]

1328a　b40

この情意の能力によってこそ、誰かを支配しようとすることも、自分が自由であろうとすることも万人に備わるのである。というのも、情意は支配を志向し、被支配を拒むものだからである。

このような情意の重要性は疑いえないけれども、いま紹介した説を唱える人々が、見知らぬ人たちに対しては非情に接しなければならないと述べている部分は適切でない。なぜなら、そもそも誰に対しても非情に接するべきではないし、ましてや［守護者になるような］気高い心を持つ人々は、本性が冷酷ではないからである。ただし、不正なことを行う者たちに接するときは別である。まさに先にも述べた通り、見知らぬ人ではなく知人が自分に対して不正なことを行ったと考えた場合は、なおさらのこ

4　『ニコマコス倫理学』の徳論、すなわち知性的な徳と性格的な徳をともに重視する議論とよく似た内容がここに見られる。

5　プラトン『国家』第二巻三七五B―三七六Cにおいてソクラテスが語る内容は、ほぼ以下の説明と一致する。

6　アルキロコス「断片」六七B（D）。アルキロコスは、紀元前七世紀頃に活躍したと伝えられるパロス島出身の叙情詩人。

と、冷酷な感情に強く襲われるのである。これは、経験的にも明らかであるが、論理的にもそうなる。というのも、かつて自分が親切な行為をしたことで恩義上の貸しを与えたと考えている相手であるにもかかわらず、その相手から自分が害を受けた上、［恩返しもしてもらえないので］かつての親切を無にされたようにも思われてしまうからである。こうしたことから、「兄弟同士の争いは険し」[7]とか、「愛することの過ぎたる者、憎むことも過ぎたる者なり」[8]とかいわれるのである。

以上、国家を運営する市民について、どれくらいの人口であるべきかということと、どのような性質を本性として持つべきかということ、さらには、国土について、どれくらいの大きさであるべきかということと、どのような性質であるべきかということに、だいたいの規定を与えた。「だいたいの」と付したのは、［市民と国土についての一般論のように］論理的に扱える問題と、［各国家の個別の状況を見て］感覚的にとらえられる問題に対し、同じ厳密さを備えた議論を求めるべきではないからである。[9]

7　エウリピデス「断片」九七五（N）。

8　作者不明の「断片」七八（N）。

9　政治学ないし倫理学に数学と同じ厳密さを求めてはならないことは『ニコマコス倫理学』第一巻第三章一〇九四b一一―二七、同巻第七章一〇九八a二六―三三で述べられているが、ここでは、異なる学問同士を比較しているのではない。政治学が扱う事柄の中でも、個別的な問題は見聞きすることで初めてわかり、その特殊性ゆえに厳密な論理を通せないと述べているのである。その点、隣国に対する個別の対応の必要性を述べた本巻第二章一三二五a一〇―一四と同じ趣旨である。

第八章　何が国家を構成するか

共同体で共有されるもの

国家は、次の点で、自然的に形成される他の事物とちょうど同じである。すなわち、事物の全体が成立する上で必要不可欠な条件がいくつか存在するけれども、それらの条件は事物の全体を構成する部分にはならないという点である。それゆえ国家においても、［食糧や国土など］必要不可欠な条件として存在する部分に限れば、国家を構成する部分と見なすべきではないことは明らかである[1]。また、国家だけではなく、［家族や民族など］何らかの一族を形成している他の共同体においても事情は同じである。なぜなら、共同体の構成員には、何か共有される一つのものが存在しなければならず、それが均等に配分されていようと不均等に配分されていようと、ともかく同じものが共有されていなければならないからである。例えば、食糧にせよ、ある広さの土地にせよ、それらと同様に必要不可欠な他の事物にせよ、共有されていなければならないのである。

しかしながら、共有されるものが何ら存在しないこともあり、それは、関係し合う二者が、ある目的のために存在するものと、目的それ自体として存在するものの場合である。この場合、前者が後者に対して一方的に作用を与え、後者は前者から作用を受け取る[2]という関係があるにすぎない。どういう意味かというと、例えば、道具や制作者など、制作物を作り出す側にある一切のものと、作り出される側の制作物との間には共有されるものがないのであり、大工（家という目的のために存在するもの）と家（目的それ自体として存在するもの）との関係がまさにそうだということである。

a30

1　『形而上学』第七巻第十―十一章で論じられる「形相《けいそう》の部分」と「質料《しつりょう》の部分」が、ここでいう「国家の構成上の部分」と「必要不可欠な条件として存在する部分」にそれぞれ相当する。つまり、国家の本質をなす部分は、アリストテレスの存在論の用語でいえば「国家の形相」である。

2　後続箇所の例に従えば、大工は建材に組み立ての作用を与え、その作用を受け取った家が完成することになる。このような大工と家の関係は、職人と国家の関係の比喩とも考えられる。

つまり、家を作るために大工の技術が存在するという関係を除けば、両者の間には共有されるものなど何ら存在しないのである。それゆえ、国家にとって［食糧や国土のような］所有財産は確かに必要ではあるが、そのような所有財産は国家を構成する部分ではない。この種の所有財産には、［一見、共同体の構成員になれそうな］多くの生き物[3]が含まれる。

国家は、［所有財産で構成されるのではなく］同質な人々による共同体の一種[4]であり、実現可能な最善の生を目的として存在する。そして、人間にとって最善のものとは幸福であり、幸福とは徳の発現状態[5]、すなわち、究極的な意味での徳の行使であるから、結果的には、幸福になれる人々もいれば、わずかしか幸福を得られない人々や、まったく得られない人々もいるという事態になる。明らかに、そのことが原因となって国家にはさまざまな種類と差異が生じ、多様な国制が出現するのである。というのも、それぞれの人々は別々の方法で、つまり［徳や富など］別々の要因によって幸福を手に入れようとして、異なる生き方と異なる国制を作り出すからである。

1328b

国家の六つの働き

だが、国家にとって必要不可欠な条件が全部でいくつ存在するかということも、ここで考察しておかなければならない。なぜなら、私たちが先ほどから「国家を構成する部分」と呼んで区別しているものでさえも、必要不可欠な条件の中に含めざるをえないかもしれないからである。[6] そこで、国家の働きと、その働きが生み出す産物の数を把握しなければならないのであるが、そうすることによって、「国家を構成する部

3　「奴隷は命を持つ所有物の一つ」（第一巻第四章一二五三b三二）という記述からすると、奴隷を指すと考えられる。さらに、本巻第十章一三三〇a二五―三一で説明される在郷民などの農民や、第一巻第五章一二五四b一二―一七、第二巻第五章一二六三a三三―三七で言及される家畜も含まれよう。

4　「一種」と付されたのは、他にも家族や村のような共同体が存在するからである。

5　原語はenergeiaで、従来は「現実態」、「現実活動態」、「実現態」などと訳されてきた。同じ表現が本巻第十三章一三三二a九でも用いられている。「解説」参照。

6　本章注1に記したように、先には食糧や国土のような「国家の質料」だけが「必要不可欠な条件」と呼ばれていたが、ここでは「国家の形相」に当たる国家の働きも、国家を構成する部分として必要不可欠な条件に含まれる可能性が新たに考えられている。

分」が必要不可欠な条件の中に含まれるかどうか、明確になるだろう。

さて、第一に、食糧がなければならない。第二に、生きてゆくためには多くの道具が必要となるゆえ、それらを制作する技術がなければならない。第三に、武器がなければならない。というのも、共同体の成員は、言葉による説得を受け容れない者に対処するため、自分たちの内部でさえも支配用の武器を持たなければならないし、加えて、外部から不正な行為を仕掛けようとする者に対処するため、やはり武器を持たなければならないからである。第四に、国内の需要のためと戦争に備えての一定の財貨の蓄えである。第五に、第一に挙げてもよいくらいであるが、神事に配慮することで、これは祭司の聖職と呼ばれる。そして、数え上げる順では第六になるが、万事の中で最も必要不可欠なのは、何が共同体のためになるか、また、何が互いにとって正義になるかを判断することである。[7]

以上挙げた働きが、いわば、あらゆる国家に必要とされるものである。なぜなら、私たちが述べているように、国家とは、たまたま発生する人間集団ではなく、生きるために自足している共同体なのであって、以上挙げた働きのうちの何かが実際に欠けていれば、その共同体は厳密な意味での自足を達成できないからである。そこで、これらの働きに基づいて国家を構築しなければならないから、まずは食糧を供給する多数の農民が必要であり、続いて職人、戦士、資産家、祭司、さらには正義[8]と共同体のためになることに関する判断者［すなわち、裁判員と審議員］が必要である[9]。 b20

7　国家の運営に関する審議と裁判所の判断。

8　ロスは anagkaiōn（必要不可欠なこと）と読んでいるが、ランビヌスの修正に従い、dikaiōn と読む。

9　教育者が含まれていない理由は不明だが、必要不可欠な働きの担い手というよりも、むしろ哲学者や詩人のように有閑的な活動の実践者と見なされているためかもしれない。

第九章　国家の働きをどう分担するべきか

国制による違い

以上の事柄が規定されたので、残る考察の課題は、いま挙げた国家の働きのすべてに全員が参与するべきかということである。なぜこれが考察の課題になるのかといえば、同じ人々がみな農民でもあり、職人でもあり、審議員でもあり、裁判員でもあるということが可能だからである。あるいは、そのようにせず、国家の働きのそれぞれに別々の個人を割り当てるべきなのか、そうでなければ、一部の働きは特有の性質ゆえに特定の個人を割り当てるべきだが、一部の働きは全員の共通の務めにするべきだということになるのが必然なのか。

とはいえ、こうした分担は、あらゆる国制のもとで同じになるわけではない。なぜなら、いま述べたように、国家の全員がすべての働きに参与することも可能なら、「全員がすべてに」というのではなく、特定の人々が特定の働きに参与することも可

b30

能だからである。実際のところ、分担の仕方の違いが国制の違いも生み出している。例えば、民主制のもとでは国家の全員がすべての働きに参与するけれども、寡頭制のもとでは正反対になる。

しかしながら、いま私たちが考察しているのは最善の国制である。最善の国制とは、国家が最も幸福になるような国制であり、幸福とは、先に述べたように、徳なしには成立しえないものである。すると、これらの事柄から明らかに帰結するのは、最も優美に運営されている国家において、つまり、特定の前提に基づいて正しく生きる人々[1]ではなく、絶対的な意味で正しく生きる人々を擁する国家においては、市民は職人の生き方や商人の生き方をしてはならないということである。というのも、そのような生き方は卑俗であり、徳とは正反対の性質のものだからである。したがってまた、市民であろうとすれば、農民であってもならない。なぜなら、徳の涵養にせよ、徳に基づいた国家の運営の実践にせよ、余裕のある生き方を必要とするからである。

1329a　b40

1　第四巻第七章注2参照。

戦士と審議員

この最善の国家の中には、戦士の部分に加え、共同体のためになることについての審議と正義についての判断を行う部分が存在し、それらこそ何よりも国家を構成する部分になるのは明らかである。では、これらの働きも別々の個人に割り当てるべきだろうか、あるいは、両方とも同じ人々にゆだねるべきだろうか。

この点も明らかである。というのも、ある意味では同じ人々にゆだねるべきであるが、ある意味では別々の個人に割り当てるべきでもあるからである。どういうことかといえば、二つの働きのそれぞれは、人間の生涯の異なる時期に最盛期を持っており、かたや審議と判断には思慮を必要とし、かたや戦士としては体力を必要とするから、この意味では別々の個人に割り当てるべきだということになるのである。他方、武器によって力で制圧したり抵抗したりできる者たちが、いつまでも被支配者の地位にとどまるのは不可能ゆえ［やがて支配者に転じるのが当然だから］、この意味では同じ人々に二つの働きの両方をゆだねるべきなのである。それというのも、武器の使用に関して権限を握る者は、国制の存亡に関しても権限を握るからである。

したがって、最善の国制にとって残された方法は、二つの働きの両方を同じ人々にゆだねることである。ただし、同時に二つの働きをゆだねるのではなく、まさに人間の自然なあり方に従い、若い時期には体力があること、そして高齢になってからは思慮があることを生かすようにして、それぞれの働きをゆだねるのである。それゆえ、この方法で二つの働きを若年者と高齢者に分け与えることこそが善い結果を生み、正義にもかなう。なぜなら、この分担は、若年者と高齢者それぞれの人間としての価値に応じた配分になっているからである。[2]

とはいえ、これらの人々には［体力と思慮の他に］所有財産もなければならない。というのも、およそ市民には資産がなくてはならないわけだが、これらの人々こそ、その市民にほかならないからである。なぜ資産の所有者を市民だけに限定するのかといえば、道具の作り手である職人は［戦士ではなく、審議と正義の判断にも参与しないため］国家に参与していないし、［食糧の作り手である農民など］他の種類の人間も「徳の作り手」[3]でない限りは国家に参与しないからである。このことは、最善の国制

2　第三巻第九章注3参照。
3　プラトン『国家』第六巻五〇〇Dでは、哲学者が「徳の作り手」と呼ばれている。

に関して私たちが前提している事柄から明白になる。つまり、第一に、幸福に生きるためには徳が備わっていなければならないこと、第二に、「幸福な国家」というときには、国家の一部ではなく市民の全体を見てそういわなければならないこと、これら二つの前提からの帰結なのである。[4] さらに、農民になる者は奴隷か異民族の在郷民であるのが必然だとすれば、それらの人々ではなく、市民こそが財産を所有するべきだということも明瞭である。

祭司の務めは誰が担うか

国家の働きの担い手として数え上げられた人々のうち、残っている種類は祭司である。祭司についても、国家を構成する部分に含まれるのか、それとも必要不可欠な条件に含まれるのかという問題が生じるが、その地位は明瞭である。すなわち、農民も職人も祭司に任命されてはならない。なぜなら神々は、国家を構成する市民によって敬われるのがふさわしいからである。これまでの議論では、国家を構成する市民が二 a30
つの部分、すなわち重装歩兵（戦士）と審議員に分けられたけれども、加齢のゆえに活動力を失ったならば神々への奉仕を行い、それによって安息を得るのがふさわしいことであるから、祭司の務めはそのような人々にゆだねられるべきであろう。

以上、国家の成立にとって必要不可欠な条件として存在するものと、厳密な意味で国家を構成する部分について、それぞれ述べた。すなわち、農民、職人、すべての賃金労働者は国家の成立にとって必要不可欠な条件として存在するのに対し、重装歩兵と審議員は国家を構成する部分である。だからこそ、それぞれの種類の人間は国家の中で分離されており、前者の中では農民はずっと農民、職人はずっと職人というように変わらないのに対し、後者の中では重装歩兵と審議員が年齢に従って交替するのである。

4　二つの前提を総合すると、幸福な国家の市民全員が徳を備えていなければならないから、徳を備えない階層である職人などは市民に属さないという論理的な帰結になる。

第十章　人間の分離と共同食事

古来の制度

このように、国家において人間は種類ごとに別々に分離されているべきであり、とくに戦闘を行う人間（国家を構成する部分）と農耕を行う人間（国家にとって必要不可欠な条件）は別でなければならない。このことは、国制について哲学的に考察する人々に認識されているところであり、それも昨今になって認識されたわけではないと推察される。実際、［長い歴史を持つ］エジプトでは現在もなおそのような制度を続けているし、クレタでもやはりそうである。人々の言によれば、エジプトに関してはセソストリス[1]という人物が、クレタに関してはミノス[2]という人物が、この制度のための立法を行ったということである。

しかしまた、［人間の分離とは正反対の］共同食事の制度も古くからあったと推察される。例えば、クレタではミノスが王位にあった頃に発生したが、「オイノトリア」

1329b　a40

と呼ばれていたイタリアではそれよりもかなり古くからあったようである。年代記作家たちの説によれば、当地に定住した人々の中からイタロス[3]という名の人物がオイノトリアの王となったため、そこから「イタロイ（イタリア人）」という呼称が生じ、旧名の「オイノトロイ（オイノトリア人）」に取って代わった。同時に、スキュレ b10
ティオン湾とラメトス湾の間から突き出たヨーロッパの岬[4]も、「イタリア」という呼称を得たということである（岬の反対側に位置する二つの湾は、旅程では半日を要するほど互いに離れている）。こうした次第から、このイタロスこそが、遊牧民であったオイノトリア人を農民にし、オイノトリア人のために他の種類の法律も制定したけ

1　エジプトの王センウスレト三世のことで、ヘロドトスの『歴史』第二巻第一〇二―一一〇章に業績の説明がある。在位期間については諸説あるが、一説によれば紀元前一八七八―前一八四三年。

2　第二巻第十章一二七一b三一で言及された伝説の王。

3　伝説上のイタリアの始祖。ギリシャ神話によれば、オデュッセウスの死後に、その妻ペネロペがテレゴノスと再婚して産んだ子である。

4　現在のイタリア半島の南部で、スクイッラーチェ湾とサンテウフェミア湾の間の地域。

れども、とりわけ共同食事の制度を初めて設けたといわれているのである。

それゆえ、イタロスの子孫たちの中には、現在もなお共同食事の制度とイタロスに由来する法律のいくつかを用いている人々がいる。例えば、オイノトリアの北では、テュレニア[5]に向かう方面にオピキア人[6](アウソニア人[7]とも呼ばれる)が昔も現在も住んでいるし、オイノトリアの北東では、イアピュギア[8]とイオニア海の方面(シリティス[9]という地名で呼ばれる)にはコネス人[10]が住み続けてきた。このコネス人も、種族としてはオイノトリア人であった。かくして、共同食事の制度は、これらの地域から最初に生じたのである。

それに対し、国家の中の人間集団を種類ごとに分離することは、先に触れたエジプトから最初に生じた。なぜエジプトが最初かといえば、そこでセソストリスが王位にあった時代は、クレタでミノスが王位にあった時代よりも、はるか以前に遡るからである。それゆえ、分離の政策以外の諸制度も、だいたいは、長い時間の経過の中で多くの回数、いや、無限の回数、同じものが繰り返し再発見され、使われてきたと信じるべきである。というのも、人間にとって必要不可欠なものならば、必要性それ自体がそれを私たちに教えるということは十分にありそうだし、必要不可欠なものが既に備わった段階では、今度は洗練と贅沢を目的とするものの増えてゆくのが道理だからである。したがって、この道理からすると、国制に関する事柄も同じ事情にあると考えなければならない。

また、こうした制度のすべてが実際に古くからあったことについては、エジプトに関する事実が証拠になる。すなわち、エジプト人は最も古くからいる人々だと考えられている上、事実としても、さまざまな法律と国家の制度をずっと保持してきたのである。それゆえ、既に発見されて確立された制度は十分に利用しつつ、未発見の制度については探し求めるよう努めなければならない。

5　オイノトリアの北方の地域。
6　「豊穣の女神オプスを崇拝する人々」を意味する人種名。
7　イタリアの最初の王ともいわれる伝説上の人物アウソンにちなんだ人種名。
8　第五巻第三章注10参照。
9　イタリア半島を長靴に見立てたとき、土踏まずに当たる地域。
10　イタリア南部の先住民で、ギリシャ人が渡来する前から居住していた。

b30

土地の配分方法

さて、［国家の所有財産の一部である］国土は、武器を持つ人々と国家の運営に参与する人々によって所有されるべきであること、これは先に述べた。[11] また、なぜそれらの人々と農耕を行う人々は別でなければならないのかということ、さらに、国土はどれほどの大きさで、どのような性質であるべきかということも、先に述べた。[12] そこで、これらを踏まえて最初に述べるべき事柄は、第一に、土地の所有者になる人々への配分方法、第二に、土地を使って農耕を行う人々がどのような人種、どのような性質の人間でなければならないかということである。 b40

こうした事柄をここで問題にするのも、財産は共有されるべきだと説く一部の人々[13]の考えに、私たちが賛同しないからにほかならない。 1330a しかしながら、財産の所有ではなく使用に限れば、友愛の精神で土地などを共用し、市民の誰ひとりとして食糧に困窮しないようにするべきだというのが私たちの主張である。[14] 同じ理由によって、共同食事の制度についても、善く構築された国家で行うのなら役立つと誰もが賛同しており、[15] 私たちもそれに賛同するのであるが、その理由は後に述べよう。

共同食事は全市民の参加が必須となるが、生活困窮者の場合、定められた費用を私費で納め、かつ、他の家計もまかなうのは容易ではない［ゆえ、公費で負担するべきである］。この共同食事の費用に加え、神々に関わる儀式の費用も国家全体の公費で負担されることから、まず国土を大きく二つの部分に分け、一方は公共用に、他方は個人用にあてる必要がある。その上で、それぞれをさらに二分し、公共用の土地に関しては、一部を神々に関する公共の儀式用の場所とし、残る部分を共同食事に要する費用の捻出に用いなければならない。[16]

11　前章一三二九a一八―二六で述べられている。

12　前者については前章一三二八b四一―一三二九a二、後者については本巻第五章で述べられている。

13　第二巻第一―五章でアリストテレスが批判したソクラテスを念頭に置いた記述と考えられる。第二巻第一章注2参照。

14　第二巻第五章でも、ほぼ同じ主張が展開されている。

15　プラトン『国家』第三巻四一六E、第五巻四五八C、『法律』第六巻七六二B―C、七八〇B―七八一Aでも共同食事を肯定する議論が見られる。

16　第二巻第十章一二七二a一二―二七では、公費で共同食事を運営するクレタの制度が説明されているので、それを参考にした記述と考えられる。

それに対し、個人用にあてた土地は辺境部と都市部に分ける。それは、それぞれの個人に二つの土地区画、つまり辺境部と都市部の土地区画を分け与えることによって、誰もが両方の場所に関与するようにするためである。すなわち、この方法こそが市民間の平等と正義を実現し、国境近辺での隣国との戦争に対しても、市民の意思統一を図りやすくするのである。なぜこう述べるかといえば、この方法を採用しない場合、かたや都市部の土地所有者は隣国との敵対関係を軽視し、かたや辺境部の土地所有者は取り乱すほど過剰に心配することになるからである。だからこそ、いくつかの国家には特別な法律があり、国境近くの辺境部に住む人々に対しては、隣国との戦争に関する審議への参加を禁じている。それは、個人的な事情が絡むと、適切な審議が行えないと考えてのことである。

かくして、ここまで述べてきた理由により、以上に示した方法で国土を分けなければならない。

農耕は誰が担うか

次に、第二の問題であった農耕の担い手については、もしも私たちの願い通りにするべきならば、一番よいのは奴隷が担うことである。とくに、奴隷の全員が同じ種族ではなく、かつ、意気盛んではないのが望ましい（なぜなら、この条件に合う奴隷ならば、仕事をさせる際に使用しやすい上、反乱を起こさない点では安全だからである）。そして、二番目によいのは異民族の在郷民が担うことであり、いま奴隷について述べたのと同様の性質を持っていることが望ましい。いずれにせよ、農耕の担い手のうち、個人用の土地で働く者は土地所有者の私有財産の一部となり、公共用の土地で働く者は国家の公共財産の一部となる。

しかし、どのように奴隷を使用するべきか、また、何ゆえに「自由」という褒賞を奴隷全員の目の前に置いた方がよいのかということについては後に述べよう。[17]

17　本書では、この約束が果たされていない。なお、アリストテレスの真作ではないと考えられる『家政論』第一巻第五章一三四四b一一―一二では、隷従するべき期限を定め、その後は自由になれるという褒賞を置いた方が、奴隷は労苦に耐える気になるという旨が述べられている。

第十一章　国土において首都はどうあるべきか

風などの自然条件

首都の条件については、その位置が、可能な限り内陸にも海にも通じ、さらには国土の全領域にも等しく通じている必要があることを先に述べた。[1]では、そうした各地との位置関係ではなく、首都それ自体にとっては[2]どこに置かれるのがよいかといえば、四つの観点[3]から見て好都合な位置に定まるよう[4]願わなければならない。

まず、健康に関わることが必要不可欠な条件としてある。すなわち、東向きの斜面を持ち、日の昇る方角から吹く風を受ける方が、より健康的な環境になるのである。その次に、北風を正面から受けないことである。なぜなら、この方が冬にしのぎやすいからである。しかし、こうした自然条件に関しては、政治的実践（行政）や戦時の軍事活動の面から見ても優れていなければならず、その論点が残るので次に述べる。

戦時の軍事活動の観点から見た場合、自分たちにとっては出動しやすく、敵対者た

1330b　a40

ちにとっては侵攻も包囲も難しい位置に首都があるべきである。また、首都の内部に豊富な水、とりわけ河川などの水源を持っている必要がある。だが、持っていない場合には、戦時に国土から取り残された状態になっても水不足にならないよう、雨水を溜める巨大な貯水池を数多く設置して水を確保する方法が考案されている。

とはいえ、戦時だけではなく平時から住民の健康について配慮するべきであり、先ほど述べたように、首都は健康にとって好条件の場所に置かれ、健康に適した方角を向いているのがよいのであるが、二番目の条件となるのは、健康によい水を使うことである。それゆえ、水に対する配慮も政治的実践の副次的な仕事にしてはならない。というのも、私たちが身体のために最も多く、最も頻繁に使うものこそが健康に最も

1　本巻第五章一三二七a三―一〇で述べられている。

2　ロスは prosantē（斜面に置かれている）と修正しているが、写本通りに pros hautēn と読む。

3　「四つの観点」については従来さまざまな解釈があるが、健康、政治、軍事、美観であろう。この四点は、生存のために必要不可欠な条件、国家の働きにとっての機能的な条件、必要不可欠でも機能的でもないが望ましい条件の順に配列されている。

4　ロスは katēukhēn（願い通りに）と修正しているが、写本通りに katatygkhanein と読む。

貢献するからであり、まさに水と空気はそのような性質の力を持つからである。それゆえ、思慮深く運営される国家では、すべての水源の水が同質ではない場合、あるいは、健康によい水の水源が豊富にない場合には、水を兼用にせず、飲料用の水と、他の用途のための水を分けるべきである。

城塞などの都市設計

次に、首都が持つ建造物のうち、城塞をどこに置くかという問題について考えると、あらゆる国制にとって等しく功を奏するような場所はない。例えば、アクロポリス(丘の上に築かれた城塞)は寡頭制や単独者支配制に適するのに対し、平地に置かれた城塞は民主制に向いている。貴族制(最優秀者支配制)の場合には、そのいずれも適さず、むしろ、城塞となる堅固な場所を多く持つ必要がある。[5]

一方、首都における個人の住宅の配置は、ヒッポダモス[6]の新様式の設計に従って碁盤の目状になっている方が「美観に富むため」快いものになり、軍事以外の日常活動にとっても便利だと信じられているが、戦時の安全という観点から見れば、碁盤の目状の配置とは正反対に、不規則な古来の配置の方がよい。なぜなら、古来の配置ならば異国の者たちが侵入しにくい上、攻撃を仕掛けてこようとしても進路を見つけにくいからである。それゆえ、新様式と古来の様式の両方を併せ持つべきである。すなわち、葡萄畑の「密集植樹」と呼ばれる方法に倣い、サイコロの五の目のように住宅の配置を設計すれば、それが可能なのである。そして、首都全体を碁盤の目状に設計するのではなく、部分的に、つまり場所に応じて碁盤の目状に設計すれば、戦時の安全のためにも、美観のためにも適切な配置になるであろう。

さらに、首都の城壁に関しては、勇気の徳を自負する国家なら持つべきではないと主張する人々[7]がいるけれども、それはあまりにも古い考え方である。しかも、そうし

b30

5　多数の被支配者から反乱を招きやすい国制では、少数の支配者を守る単一の城塞が高所に築かれる一方、民主制ではそうした配慮の必要がない。貴族制において多数の城塞を要するのは、支配層の有徳者たちの数が多いからか、あるいは、支配層を一挙に失う危険性を小さくする必要があるからだろう。

6　第二巻第八章注1参照。

7　プラトン『法律』第六巻七七八D―七七九Bでは、「アテナイからの客人」がこのような主張を展開している。

た人々は、勇気の徳を誇っていた国家が「敗戦という」現実の出来事によって反駁されるのを見ていながら、[8]なおも古い考え方を抱いているのである。

確かに、敵軍が似たような戦力を持ち、軍勢の数においても著しくは優っていない場合、城壁の守りを頼りにして救われようとするのは、見事な振る舞いではない。しかしながら、数における敵軍の優越が、人間一般の勇気の徳、さらには優れた少数者の持つ勇気の徳さえ圧倒することも起こりうるから、必ずや国家が救われ、被害も屈辱も受けてはならないとすれば、城壁の守りこそは最も安全で、最も戦術的に有効だと考えなければならない。とりわけ今日のように、都市を包囲して陥落させることを狙い、精巧な飛び道具や機械が発明されている時代ではなおさらである。つまり、首都を城壁で守らないよう要求することは、周囲の山岳部を取り除いて侵入しやすい国土にするよう求めるのにも等しいのである。あるいは、個人の住宅を塀で守ると、住人が勇気に欠ける人間になってしまうという理由で反対するのにも等しいのである。

しかしまた、城壁を持つべきではないという主張に反論するため、見逃してはならない事実がさらにある。それは、都市の周囲を城壁で囲んでいる場合には、城壁を持つ都市としても、「開放都市にして」城壁を持たない都市としても、両様に使うことが可能なのに対し、城壁を備えない都市にはそれが不可能だという事実である。

したがって、以上述べた理由により城壁で囲むべきであるにしても、それで終わりにするのではなく、なお配慮しなければならないことがある。まず、美観という観点からも、都市にふさわしい状態にすることである。さらに、戦時の軍事的な必要性からいえば、とりわけ今日発明されている〔城壁を飛び越す〕新兵器に対応するための配慮も欠かせない。なぜなら、攻撃する側が、どのような方法で相手より優位に立つかということに苦心するように、防衛する側も、既に考案されている〔城壁などの〕守りの方法に加え、新たな方法を求めて知恵を働かせなければならないからである。そもそも、よく備えている者に対しては、攻撃を企てる者などいないのである。

8　紀元前四世紀、城壁を持たなかったスパルタがテバイ軍によって侵攻され、敗戦した史実を指すと考えられる。第五巻第七章一三〇六b三五で言及されるスパルタ王アゲシラオス（紀元前四四四年―前三六〇年）は、「スパルタの城壁は若者たちの勇気である」と語ったと伝えられる。

第十二章　国土において公共の場所はどう配置されるべきか

首都における配置

ここで、先に述べた共同食事について考えてみると、集まる市民の数が多いため、いくつかの集団に分けて場所を割り当てる必要がある。一方、いま述べた首都の城壁には、適切な間隔を取った場所ごとに警備所や監視塔を置き、それらによっていくつかの部分に区切る必要がある。それゆえ、この二つの事情が明らかに要求するのは、共同食事の場所のうち一定の数を、警備所の付近に設置することである。したがって実際にも、この方法で配置されるであろう。

しかしながら、神々が住まうよう捧げられた神殿と、公職者が共同食事を行う最も重要な会場に関しては、いくつかの場所に分けず、最適な同一の場所を占有するのがふさわしい（ただし、神殿の中でも、法律ないしピュト[1]の神託により、同一の場所にせず分離するよう定められたものは除く）。そうした場所とは、位置の長所[2]が十分に

明瞭な上、首都の中の隣接地域にもまして堅固で、守りやすいところである。 a30
［丘の上にある］この最も重要な場所の下に設置することが適するのは、テッサリア[3]でも名づけられているように[4]、人々が「自由な広場（アゴラ）」と呼ぶものである。その広場では、一切の商品売買が排除されていなければならず、職人や農民などに類する者も、公職者から呼ばれない限り、そこに立ち入ることができない。もしそこに［若年者用だけではなく］年長者用の体育場も配置されるなら、恵まれた場所になるだろう。なぜなら、体育場のような施設は年齢別に区分されて設置されるのがよく、若年者たちの傍らには何人かの公職者たちがいて一緒に時を過ごし、公職者たちの傍らには年長者たちがいて一緒に時を過ごすのが適切だからである。というのも、［有徳な］公職者たちの眼前にいることは、何にもまして、真の慎み深さや自由人らしい畏 a40
れの気持ちを心の内に生じさせるからである。 1331b

1　ギリシャ人が神託を受ける場所であった聖地デルフォイの古名。
2　前章で述べられた自然条件などを指すと考えられる。
3　第二巻第九章注1参照。
4　ロスは nomizousin（習慣にしている）と修正しているが、写本通りに onomazousin と読む。

一方、この「自由な広場」とは異なる「商品売買の広場（市場）」も離れたところに設けられる必要があり、その場所は、海と陸の両方から運ばれてくる品物のすべてを集めやすい位置でなければならない。

国家の指導的地位に立つ者は祭司と公職者に分かれるから、それぞれに関連する場所も分離されるが、このうち祭司の共同食事の場所に関しては、やはり神殿などの神聖な施設の周囲に配置されるのがふさわしい。他方、公職者に関しては、契約、裁判記録、法廷喚問などに類する司法関係の管理に当たる者のすべて、さらに広場監督[5]や通称「市街監督[6]」などの行政関係の管理に当たる者のすべてに対し、広場や何らかの公共集会場のところに執務所を設置するべきである。そうした場所こそ、日常生活に必要不可欠な広場（商品売買の広場）の近辺にほかならない。なぜなら、この場所の上に設置する「自由な広場」は閑暇の時を過ごすための場であるのに対し、この「商品売買の広場」は日常生活に必要不可欠な行為のための場として設置されるからである。

国土の周辺部分での配置

そして、首都から離れた国土の周辺部分でも、これまで述べてきたような施設が配置されるべきである。すなわち、周辺部分では「森林管理官」や「農地管理官」と呼ばれる公職者が警備の仕事を果たすため、警備所と共同食事の場が必要である。さらには、国土のいたるところに、神々や伝説の英雄たち[7]のための神殿が配置されなければならない。

しかし、こうした配置について、いまここで語り、詳細な議論を求めて時間を費やすのは無駄である。というのも、この種の事柄を考えるのは難しくないけれども、考えることに比べ、実行することは難しいからである。つまり、「このように配置したい」と語るのは祈願に属する業だが、実現するのは幸運な偶然に属する業だからである。それゆえ、この種の事柄をこれ以上語ることは、いまは控えよう。

5　第四巻第十五章一二九九b一七、第六巻第八章一三二一b一二―一八参照。
6　第六巻第八章一三二一b一八―二七参照。
7　ギリシャ神話で伝えられる半神半人の英雄たちを指す。

第十三章　国家を構成する市民はどうあるべきか

「善い」国制の考察方法

［国家の必要不可欠な条件については論じ終えたので］いまや述べなければならないのは、国制そのものについてである。すなわち、至福の国家となり、立派に運営されるには、誰が国家の構成者となるべきか、また、国家の構成者はどのような性質の人々でなければならないかということについてである。

一般に、どんなものでも「善い」あり方をするには、二つの条件が存在する。一つは、何かの行為を行うとき、行為の目標や目的を正しく定めることである。もう一つは、逆に目的の方から見て、目的を達成する個々の行為を見つけることである。なぜ二つに分けたかといえば、この二条件が互いに不調和をきたすこともありうるし、調和することもありうるからである。つまり、目標は適切に設定されているものの、その目標を達成するための行為において失敗してしまう場合もあれば、目的を達成する

b30

ための行為はすべてうまくなし遂げたものの、そもそも目的の立て方が悪かったという場合もある。さらには、二条件の両方において失敗する場合もあり、医療にその例が見られる。すなわち、患者を健康にするにはどのような身体の状態を目標に設定するべきか[1]という判断が不適切であると同時に、その設定した目標を達成するための治療行為においても失敗する場合が存在するのである。しかし、そうならないよう、さまざまな技術や知識の分野では、目的と、目的を達成するための行為との両方に力が及ばなければならない。

そこで、同じことを、個人にとっての「善い」生き方、すなわち幸福に当てはめれば、誰もが幸福を目的にして生きているのは明らかでありながら、幸福を実現するための好条件に恵まれている人々もいれば、ある種の運ないし生来の素質が原因で、そのような好条件に恵まれていない人々もいる（この点を指摘したのは、優美に生きるには一定の補助的条件も必要だからである。[2]生来の素質が優れている人々は補助的条

1　目的よりも具体的かつ個別的なのが目標であるから、ここでは「健康」が目的、「特定の身体の状態」が目標の例に挙げられている。

件が少なくて済むのに対し、生来の素質が劣っている人々は多くの補助的条件を必要とする)。他方、好条件を備えているにもかかわらず、人生の目的を定める際に最初から「幸福とは何か」のとらえ方を誤り、正しい仕方で幸福を求めていない人々も存在する。

いま私たちが課題にしているのは、個人の「善い」生き方ではなく、最も「善い」国制の考察であるから、[3]そこに戻ると、最も「善い」国制のもとでは、国家が最も「善い」仕方で運営されるであろう。そして、最も「善い」仕方で運営されるとは、国家が最も幸福になれるように運営されることにほかならない。したがって明らかに、「幸福とは何か」ということを認識せずにいてはならないのである。

幸福にとって必要不可欠なもの

「幸福とは何か」ということについては『倫理学』でも規定したので、[4]その議論から役立つ内容を引用すれば、個人の幸福とは、徳の発現状態、すなわち、究極的な意味での徳の行使である。しかも、徳の行使は、「もし幸福を実現するのならば」という前提条件に基づいて為されるのではなく、無条件に為されるのである。どう違うのかというと、前提条件に基づいている場合は、目的の達成にとって必要不可欠な手段として為されるのに対し、無条件の場合は、目的そのものとして美しく立派に為されるのである。この違いは、正義を目的とするさまざまな正しい行為において例示できる。まず、正しい報復や正しい懲罰は、確かに正義という徳に根差してはいるものの、報復にせよ懲罰にせよ、「もし正義を実現するのならば」という前提が要求する必要不可欠な行為でしかないゆえ、たとえ「美しく立派に」実行されるとしても、「やむをえずに」為されるという性質の行為である（その証拠に、こうした種類の正しい行為をまったく必要としない方が、個人にとっても国家にとっても望ましい）。それに対し、名誉を重んじる「気高い」行為や、富裕だからこそ可能な「気前のよい」行為は[5]

2　第一巻第六章注2参照。

3　「国制は国家にとっての生き方」（第四巻第十一章一二九五a四〇—四一）という思想に基づき、個人の生き方と比較されている。

4　『ニコマコス倫理学』第一巻第七章一〇九八a七—一〇、同巻第十章一一〇一a一四—一七、同巻第十三章一一〇二a五—七を指すと考えられるが、『エウデモス倫理学』第二巻第一章一二一九a三八—三九、b一一—一二にも言及がある。

無条件に為され、最も美しく立派な行為になる。すなわち、先に挙げた報復や懲罰は、やむなく一種の悪を選択する行為[6]であるが、後に挙げた名誉と富に関わる徳の行使は正反対であり[7]、さまざまな善（名誉、富、善い行為）を確立し、生み出すという違いがある。

　こうした徳の行使の観点から見るとき、有徳者ならば、貧困でも病気でも、さらには他の種類の不運でも、立派に対応できるだろう。しかしながら、とりわけ至福ということになると、それらとは正反対の富、健康、幸運がそろった状態において実現する（なぜ至福の条件と有徳者の条件が乖離するのかといえば、この点も、倫理学の議論で規定した[8]次の事柄に由来する。すなわち有徳者とは、徳を備えているゆえに、無条件に「善い」ことが[9]、その人にとっても「善い」ものとなるような個人と規定されるので、この規定からして必然的に、貧困、病気、不運への対応でさえも無条件に立派で美しいということ[10]になるである）。こうした至福の条件があることから、人々は富や幸運のような外的な善も個人の幸福の原因になると信じてしまうのである。それはあたかも、輝かしいほど美しく竪琴を演奏できる原因が、技術（すなわち徳）よりも楽器（すなわち手段となる道具）にあると信じ込むようなものなのである。

そこで、いま個人の幸福について述べた点を踏まえれば、幸福を目指す国家にとって必要不可欠なものは、最初から備わっているか、あるいは、立法者が国家に備えつけるかのいずれかでなければならない。だからこそ、最初から備わっているべきものについては、運に左右される領域にあると見なし、それらが私たちの願い通り、国家 a30
のそもそもの成り立ちに含まれているよう祈るのである。つまり、最初から備わっているかどうかは、運が支配すると考えられるわけである。それに対し、国家を優れた

5　『ニコマコス倫理学』第四巻第一―四章では富や名誉に関わる徳が挙げられ、気前のよさと気高さへの言及がある。

6　ロスは anairesis（撲滅する行為）と修正しているが、写本通りに hairesis と読む。

7　名誉を重んじる行為は、不名誉を与える懲罰と正反対であり、富裕者の気前のよい行為は、他者への贈与になる点で報復と正反対なのであろう。

8　『ニコマコス倫理学』第三巻第四章一一一三a二二―b一、第九巻第九章一一七〇a二一、『エウデモス倫理学』第八巻第三章一二四八b二六、一二四九a一二―一三で規定されている。

9　徳の行使を指し、逆境にあっても思慮深く正しい行為を為すことを意味する。

10　本巻第一章注1参照。

ものにするということになると、もはや運のなせる業ではなく、人間が持つ知識と人間が行う選択[11]のなせる業である。では、どのようにして国家が優れたものになるかといえば、国家の運営に参与する市民が優れていることによってである。私たちの考える国家では全市民が国制に参与するのであるから、結局のところ、どのようにすれば市民が優れた人間になるかを考察しなければならないことになる。なるほど、個々の市民が優れていなくても、全体としては優れているという場合もありえなくはないが、市民一人一人が優れている状態こそいっそう望ましい。なぜなら、個々の成員の性質に、全体の性質も従うからである。

優れた市民の三つの要因

では、市民が善い人間や優れた人間になるとき、何が要因になるのかといえば、三つのものがある。その三つとは、自然本性、習慣、理性である。第一に自然本性を挙げたのは、人間としての性質を生まれつき持っている必要があり、人間以外の動物のようであってはならないからである。つまり、身体も魂も、人間の自然本性に対応す
1332b る性質のものでなければならないのである。しかし、そうした性質の中のいくつかは、

生まれついた状態のままでは何ら役に立たないものであり、第二の要因となる習慣によって変化させられる。すなわち、習慣によって悪い方向へも善い方向へも変化するという意味で両方向に可変的ないくつかの性質が、もともとそういうものとして、人間の自然本性には存在するということである。

それゆえ、人間以外の動物の場合なら、主として生まれつきの性質だけで生き、少数の動物は習慣による変化も経ながら生きるが[12]、人間の場合は、第三の要因である理性も使って生きる。というのも、人間だけが理性を持つからである。したがって、人間の自然本性、習慣、理性は相互に調和する必要がある。なぜなら、それらがうまく調和していない人間は、「そうしない方がよい。別の行為を選べ」と理性によって説得されるたびに、自分の生まれつきの性質にも習慣にも反する多くの行為を［いやいやながら］為す[13]ことになってしまうからである。

11　政治に関わる知識の普遍性に対し、政策や行為の選択の個別性が含意されている。

12　『動物誌』第八巻第三章六一〇b三三―六一一a二には、羊飼いが音を立てると走り出すように習慣づけられる羊についての記述がある。

さて、いま挙げた三つの要因のうち自然本性に関しては、立法者によって徳へと導
かれやすい市民であろうとするなら、どのような性質を持っていなければならないか
を先に規定した。[14]残る二つの要因は、もはや立法ではなく教育の仕事に属しており、 b10
習慣づけによって身につける内容と、理性によって言葉を聴くことで学ぶ内容とに分
かれる。[15]

13 この説明は、『ニコマコス倫理学』第七巻第一章一一四五b八―一七で述べられる「抑制力のある者（egkratēs）」に該当する。すなわち、生来の性質や習慣に由来する悪しき欲望を理性が無理やり抑えつける者であり、節制の徳を持つ者（悪しき欲望のない者）とは異なる。

14 本巻第七章で規定されている。

15 『ニコマコス倫理学』第二巻第一章一一〇三a一四―一八によれば、性格的な徳は習慣づけによって、知性的な徳は言葉による教示を受けることによって涵養される。

第十四章　何を目指して市民を教育するべきか

交替制の支配との関連

ここから教育についての議論に移れば、どんな国家共同体でも支配者と被支配者から成るわけだから、当然、次のことが考察するべき課題となる。すなわち、支配する者と支配される者は生涯の経過の中で入れ替わってゆくべきなのか、それとも、生涯を通じて同じ人間が支配者であり続け、同じ人間が被支配者であり続けるべきなのかということである。なぜこの問題が教育論の課題になるのかといえば、教育のあり方というものも、こうした支配者と被支配者の分離のあり方に従う必要があることは明らかだからである。

そこでまず、神々や伝説の英雄たちが一般の人間より優れていると思われているのと同じほどに、一部の人間たちが他の人間たちより断然優れていると想定してみよう。この想定からしてただちに、第一には身体の面で、第二には魂の面で、一部の人間たちが著しく優越していることになるから、その身体と魂を持つ人々が支配者になったとき、被支配者に対する優越は、争う余地のないほど明瞭になる。それゆえ、常に同じ人々（優れた人間たち）が支配し、常に同じ人々（劣った人間たち）が支配される方が、この場合には絶対によい。

しかしこれは、容易には受け容れ難い想定である。また、スキュラクスの報告[1]によれば、インドには被支配者より断然優れた王たちが存在するというが、［全市民が同質な国家には］そのような人物はいない。したがって明らかに、こうした多くの理由から[2]、全市民が交替で、支配することにも支配されることにも同じように参与しなければならないのである。なぜなら、平等とは同質な人々に同じものを与えることだからであり[3]、この意味での正義に反して形成された国制ならば、存続するのは困難だから

1　紀元前五、六世紀頃の探検家で地誌学者。ヘロドトス『歴史』第四巻第四十四章によれば、インダス川流域の調査のため、ペルシャ王ダレイオス一世によってインドに派遣された。

2　理由の中には、本巻第九章で述べられたように、高齢者の方が思慮に富むということも含まれるであろう。

3　本巻第三章一三二五b七―一〇で述べられた配分的正義の原理。

である。困難だというのは、交替制にしなかった場合、体制の革新を望む国中の者たちがみな被支配者の側に立つからであり、そうした反体制派の総体に対して政府の支配者が数の上で優位に立つことは不可能だからである。

とはいえ、交替制の場合でも、支配者が被支配者より優れていなければならないという点については争う余地がない。それゆえ、交替制のもとで支配者が被支配者より優れている状態をどのようにして実現するか、また、市民は支配することと支配されることにどのように参与するかを立法者は考察しなければならない。だが、このことについては先に述べたところである。[4] すなわち自然は、人間という同じ種族の者であっても、支配されることに向く若年者と、支配することに向く年長者を作ることによって、支配者と被支配者を選べるようにしてくれている。このような年齢の区分に基づいて支配されることに怒りを覚える若年者もいなければ、年長者より自分が優れていると考える若年者もいない。それは、とりわけ次の理由による。すなわち、実際に十分な年齢に達すれば支配者となり、それまで被支配者として奉仕していた分を取り返せることである。

以上より、支配することと支配されることは、ある意味では同じ人々が担い、ある意味では異なる人々が担うといわなければならない。したがって教育の面でも、支配者と被支配者に対し、ある意味では同じ教育が行われ、ある意味では異なる教育が行われなければならない。というのも、人々が述べる通り、立派に支配を行おうとするならば、まずは支配されてみる必要があるからである。[5]

しかし支配といっても、目的には差異があり、最初の議論でも述べたように、[6] 支配者のために行われる支配もあれば、被支配者のために行われる支配もある。すなわち、奴隷に対する主人の専制的な支配は前者であり、自由人同士の交替制の支配は後者だというのが私たちの主張である。さらに、支配者が命令する仕事の中には、仕事の内容それ自体は同じでも、何のために行うか、あるいは、誰のために行うかという目的の点で異なるものがある。このことから、奴隷が主人のために行えば奴隷的な奉仕作業と考えられるような仕事であっても、自由人の若年者が［共同体のために］行えば

1333a

4　本巻第九章一三二九a二一―一七で述べられている。
5　同じことは第三巻第四章一二七七b一一―一三でも述べられている。
6　第三巻第六章一二七八b三〇―一二七九a二一で述べられている。

立派な奉仕活動になるものが多いのである。[7] なぜなら、ある仕事について、立派な行為か否かという観点から見た場合、何のために行うか、あるいは、誰のために行うかという意味での目的によって立派さが違ってくることに比べれば、行為それ自体の立派さの違いは大きくないからである。[8]

「善い人間」を作る

このような交替制の支配においては、［国家の観点から見た］市民の徳がすなわち支配者の徳であり、それは［自然本性の観点から見た］最善の人間の徳と同じだというのが私たちの主張である。[9] また、同じ人間が最初のうちは被支配者となり、後には支配者にならなければならないとも主張している。それゆえ、立法者が課題として取り組むべきなのは、徳の涵養という観点から「どのようにすれば市民は善い人間になるか」ということである。この課題は、「善いもの」の二つの条件に従い、「善い人間」を作るという目的を、どんな行為を通じて達成するかということと、そもそも「善い人間」が目指す最善の生の目的とは何かということに分かれる。

まず、「善い人間」の最善の生について考えると、生の原理である魂[10]は二つの部分に分かれている。その一方はそれ自体として理性を持つ部分であるが、他方はそれ自体として理性を持たず、理性の言葉に聴き従う能力だけを持つ部分である。[11] 二つの部分にはそれぞれに徳が存在し、それらの徳を備えていることに基づいて、何らかの意味で[12]「善い人間」と呼ばれるというのが私たちの主張である。そこで、魂の二つの部

7　自由人同士のために行う仕事ならば有意義だということ。

8　例えば、食糧の運搬と楽器の演奏を比べた場合、行為それ自体としては後者の方が立派だとしても、共同体のための運搬と主人のための演奏を比較すると、前者の方が立派な仕事になるというような意味であろう。

9　同じことは第三巻第十八章一二八八a三七―三九、第四巻第七章一二九三b五―六でも述べられている。

10　アリストテレスは『魂について』などで魂（psȳkhē）を生（zōē）の原理ととらえていることから、その点を補って訳した。

11　『ニコマコス倫理学』第一巻第十三章一一〇二a二六―一一〇三a三によれば、理性の言葉に聴き従うのは欲求である。

12　理性が優れている場合は「知性的な徳」を持つという意味になり、理性に従う欲求が優れている場合は「性格的な徳」を持つという意味になる。第一巻第十三章注4参照。

分のうち、どちらにいっそう依存して最善の生の目的が成立するかという問いも生じるが、私たちの主張と同様に、理性を持つ部分と理性に従う部分に魂を分けるなら、その問いにどう答えるべきかは明白である。というのも、一般に劣ったものは優れたもののために存在するのが常であって、この事実は、技術が支配する領域でも、自然が支配する領域でも変わりはないからである。すなわち、自然に存在する魂の二つの部分でいえば、理性を持つ部分の方が優れているのである。

しかも、私たちが習慣的に用いている分け方に従えば、理性はさらに二つに分けられる。つまり、一方は実践的な働きをする理性、他方は観想的（理論的）な働きをする理性である。このように働きが二つに分かれる以上、必然的に、魂の理性的な部分も同様に二つに分かれることは明らかである［から、魂の部分は全部で三つになる］。そして、魂のさまざまな働きも[13]、魂の部分の区分と類比的な関係にある［ため、三つに分かれる］と私たちは主張することになる。それゆえ、魂の三つの働きの全部、あるいは、そのうちの二つ[14]を実際に発揮できる人間にとっては、どの働きがより善く、より望ましいものになるのかといえば、魂の自然本性の観点から見て、より善い部分の働きでなければならない。なぜなら、三つの働きを発揮できる人間にとっては三つ

a20

の中の最高の働き、二つの働きを発揮できる人間にとっては二つの中の最高の働きというように、個々人にとって実際に達成できる最高のものこそ、最も望ましいものになるのが常だからである。

余裕のある生き方が教育の目標

そして、魂の働きが分けられたように、人生の全体も分けられる。すなわち、労働に追われる忙しい生活と余裕のある有閑的な生活、あるいは、戦争の時の生活と平和

13　原語は prākseis。通常は「行為」、「実践」と訳されるが、ここでは魂の能力の発現を意味するため、「働き」と訳した。

14　「二つの働き」が、魂の中の①理性を持たない部分の働き、②実践的な理性の働き、③観想的な理性の働きを指すことは明らかだが、「二つ」が何を意味するかについては従来さまざまな解釈がある。しかし、ここでは特定の二つの働きが問題なのではなく、何であれ、発揮できる働きが二つ以上あれば、「より望ましい働きはどれか」が問われると指摘しているのである。同様の論法が、『ニコマコス倫理学』第一巻第七章一〇九八a一六―一八の「人間的な善とは、もし徳が複数あるならば、その中で最善の究極的な徳に即した魂の活動であることになる」にも見られる。

な時の生活に分けられる。さらに、生活の中で行われるさまざまな行為それ自体も、必要不可欠にして役立つ行為と美しく立派な行為に分けられる。では、いずれが望ましいものとして選ばれるかといえば、先ほど述べた魂の部分や、魂の部分の働きの場合と同じく、自然本性の観点から見て、より善い方が必然的に選ばれる。つまり、戦争は平和のためにあり、労働は余裕のある生活のためにあるのだから、平和や余裕のある生活の方が望ましいものとして選ばれるのであり、一般的にいえば、必要不可欠にして役立つものは美しく立派なもののためにあるのだから、美しく立派なものが選ばれるのである。

それゆえ、国家の運営者は、魂の部分に関することであれ、魂の部分の働きに関することであれ、[16]ともかく万事に目を向けつつ、より優れたものを、つまり、手段となるものではなく目的となるものを見据えて立法しなければならないのである。まったく同じことが、望ましい生き方を選ぶ場合や、望ましい行為を選ぶ場合にも当てはまる。すなわち、確かに、労働に従事できなくてはならないし、戦争を遂行できなくてはならないが、それ以上に、平和の中で生きられなければならないし、余裕のある生き方ができなくてはならない。あるいは、確かに、必要不可欠にして役立つことを実践できなければならないが、それ以上に、美しく立派なことを実践できなければならない。したがって、まだ幼少期にある者に対してにせよ、幼少期以外の年齢ではあるが教育を必要とする限りの者に対してにせよ、以上述べた目標に向かって教育を行うべきなのである。

現実に見られる国制の問題点

では、現実はどうかといえば、ギリシャ人の中で最善の国制によって国家を運営していると考えられている人々[17]にせよ、立法者たちの中で最善の国制を確立した人々にせよ、最善の目的を目指して国制に関わるさまざまな事項を組織していないのは明らかである。また、法律を作るにせよ、教育を行うにせよ、特定の徳ばかりを偏重し、すべての徳を目標に据えてはいないことも明らかである。むしろ低俗に、実用的で、

15　原語は askholia。文字通りには閑暇がないことを意味するため、このように訳した。

16　『ニコマコス倫理学』第一巻第十三章一一〇二a一八―一九では、「明らかに、国家の運営者は、ある仕方で魂に関することを知っていなければならない」と述べられている。

17　スパルタとクレタの人々を指すと考えられる。

b10

より多くの利益の追求に役立つと思われる事柄の方へ傾斜している。こうした実利的な国制ができた後の時代にも、その姿勢に同調した著作家たちが存在し、やはり同じ考え方を表明している。すなわち、著作家たちはラケダイモン人の国制を褒めたたえ、力による支配と戦争での勝利のために万事の立法を行ったという点を挙げて、立法者の目標設定を賞讃するのである。こうした考え方に対しては、理論的にも容易に反駁できるが、今日では現実の出来事によっても反駁されている[18]。

どのように反駁されるのかというと、まず、多数の人間たちを専制的に支配すれば、運よく成功するための好条件がたくさん手に入ると考えることに問題がある。たいていの人々がこのような考え方を持ち、専制的な支配を熱望するのであるが、まさにそれと同じ考え方で、ラコニアの将軍ティブロンも[19]、ラコニア人の国制について書き記した著作家たちの面々も、ラコニア人の立法者を賞讃しているのが見られる。すなわち、ラコニア人は危険を冒す行動がとれるよう、身体を鍛錬していたからこそ多数の人間たちを支配できたというのである。しかしながら、もはや現在では、ラコニア人にそのような支配権はないのだから、ラコニアの市民たちが幸福であるわけではないし、ラコニア人の立法者が優れているわけでもないことは明らかである。また、ラコ

b20

ニアの市民たちが立法者の制定した法律に従い続け、何ひとつ法律の運用を妨げる要素がなかったのに、かえって美しく立派に生きることを失ってしまったのだとすれば、これは滑稽なことである。[20]

もう一つの問題は、本来なら立法者が尊重の姿勢をはっきりと示すべき優れた支配について、ラコニア人が正しく理解していないことである。すなわち、自由人同士の支配は専制的な支配よりも立派であり、徳を伴っている点でも優るのだが、その点を理解していないのである。加えて、自分たちの国家を幸福だと信じたり、立法者を賞讃したりする際、その理由として、国家ないし立法者が力による隣国の支配を目指し、市民を訓練した点を挙げるべきではない。というのも、こうした考え方は、大きな有害性を持つからである。すなわち、そのような考え方をすれば、国内においても、有

18　本巻第十一章注8参照。
19　紀元前四世紀にペルシャと戦い、戦死した将軍と考えられる。
20　前章一三三一b三二―三三の「目的を達成するための行為はすべてうまくなし遂げたものの、そもそも目的の立て方が悪かったという場合」に当たる。優れた法律でありながら市民が守らない場合は悲劇的なのに対し、この事例は喜劇的なのであろう。

力な市民が自国を支配できる人間になろうとするとき、力による支配の追求に努めるべきだということになってしまうのは明らかなのである。ラコニア人たちが、王であったパウサニアスを非難している[21]のは、まさに王が力による支配を追求したからにほかならない。パウサニアスは、非常に尊敬されていたにもかかわらず、この点で非難を受けているのである。

責任は立法者にある

したがって、ラコニア人が持っていたような論理や法律は国家の運営に適さず、国家にとって有益でもなければ、真理でもない。というのは、個人の観点からしても、国家の公共的な観点からしても、［徳や幸福という］最善のものは同じであり、立法者はそれを人々の魂のうちに作らなければならないからである。

さらには、ラコニア人が行ったように、市民に対して軍事的な訓練を施さなければならないとしても、それは、奴隷になるにふさわしくない人々を隷従させるためではない。そうではなく、第一には、自分たちが他の者たちの奴隷にならないようにするためであり、第二には、支配者ではなく被支配者にとっての利益になるよう、近隣諸国の間での指導的地位を求めるためであって、万人を専制的に支配するためではない。第三には、奴隷になるべき性質の人々だけを奴隷にして支配するためである。

軍事に関する事柄にせよ、その他の立法にせよ、何を目的として立法者が真剣に取り組まなければならないかといえば、余裕のある生き方と平和を目指した制度の構築である。この論理が正しいことについては、現実の出来事が証人になっている。すなわち、ラコニア人に似た制度を持つ国家の多くは、戦時には戦って生き残るけれども、支配権を手中にした後には滅んでしまう。それは、あたかも鉄の剣のように、平和の中で暮らすときには切れ味が悪くなってしまうからである。その責任は立法者にあり、市民が閑暇の中で余裕を持って生きられるよう教育しなかったことに起因するのである。

21　第五巻第一章一三〇一b二〇で言及されたパウサニアス王と同一人物だとすれば、この非難は、同章で述べられている監督官の廃止と関連するのかもしれない。

第十五章　どのような徳の教育を市民に行うべきか

余裕のある生き方のための徳

人間にとっての目的は、国家の公共的な観点からしても、個人の観点からしても明らかに同じであり、さらには、最善の人間にとっての目標と、最善の国制にとっての目標とは同じになるのが必然だから、余裕のある有閑的な生き方のための徳が、個人にも国家にも必要になることは明らかである。というのも、これまで繰り返し述べたように、平和こそが戦争の目的であり、余裕のある有閑的な生活こそが、労働に追われる忙しい生活の目的だからである。

実際、さまざまな徳の中には、余裕のある生き方や高尚な時の過ごし方に役立つものが存在する。それらの徳をさらに分ければ、閑暇において働きを果たすものと、労働において働きを果たすものとがある。なぜ後者のようなものも含まれるのかといえば、余裕のある生き方をするためには、生活に必要不可欠な事物を多く必要とする

［ゆえに労働せざるをえない］からである。それゆえ国家は、［労働する個人と同様に］節制の徳を持たなければならず、同時に勇気や忍耐強さも備えるのがふさわしい。なぜなら、「奴隷に暇なし」という諺があるように、危険を冒しつつ勇気を持って戦えない者は、侵略者の奴隷になるからである。[1]

このような理由で、労働のためには勇気と忍耐強さが必要になるのに対し、知への愛（哲学）[2]は、純粋に閑暇のために必要である。そして、節制と正義は両方の時に必要となるが、どちらかといえば、平和の中で生き、閑暇の時を過ごす際に必要性を増す。というのも、戦時ならば否応なく正義と節制を守るよう強いられるのに対し、［徳によってではなく］幸運によって享楽的に過ごせる状況や、平和に伴って閑暇の時を過ごせる状況は、むしろ人々を傲慢にするからである。それゆえ、もしもこの世に、

1　諺との関係がわかりにくいが、戦時に勇気を欠いて侵略者の奴隷になる者は、労働するときにも勇気や忍耐強さを欠くため、必要不可欠な事物を得られず、結果的に閑暇を持てない、よって、奴隷に暇がないのは必然的だという意味であろう。

2　原語は philosophia で、通常「哲学」と訳される。ここでは、この語の原義である「知への愛」が、性格的な徳の一種に挙げられている。

最も幸せに生きていると考えられるような人々、つまり、ちょうど詩人たちが「至福者の島」[3]の住人と呼ぶように、ありとあらゆる至福の中で享楽的に生きている人々が存在するならば、その人々こそ大いに正義を必要とし、また大いに節制も必要とする。なぜなら、とりわけこうした人々は、生活に必要な善いものがあふれている中で閑暇の時を過ごせば過ごすほど「傲慢になりがちなので」、知への愛、節制、正義をいっそう必要とすることになるからである。

かくして、国家が幸福になり、同時に優れた存在でもあろうとすれば、なぜこうした閑暇のための徳を持つ必要があるのか、その理由は明らかである。すなわち、生活に必要な善いものをうまく使えないことは恥ずべき事柄であるが、ましてや閑暇の時を過ごす際に「知への愛、節制、正義を欠くために」うまく使えない場合はいっそう恥ずべきなのである。要するに、労働や戦争を行うときには優れた人間に見えながら、平和の中で生き、閑暇の時を過ごす際には奴隷のように見えてしまうこと、これは非常に恥ずべき事柄なのである。

したがって、ラケダイモン人の国家が行ったような方法で徳を修練するべきではない。こう述べるのも、ラケダイモン人には他の人々と違う点があったからだが、その違いとは、最大の善と信じるもの（幸福）が、他の人々とは違っていたということではない。そうではなく、特定の徳（勇気）さえあれば、最大の善がいっそう得やすくなると信じた点で違っていたのである。そして、生活に役立つ善いものと、そうした善いものから得られる享楽は、さまざまな徳の〈……〉よりも大きい〈……〉[4]。それゆえ、以上から明らかなのは〈……〉それ自体の力によるという事実である。しかし、その状態がどのように、何を要因として実現するかという点については、理論的に考察してみなければならない。

教育方法の順序の考察

そこで、その考察に移れば、先に私たちは、市民が善い人間になるために必要な要素を、自然本性、習慣、理性に分けたのであった[5]。そのうち自然本性については、ど

3　ヘシオドス『仕事と日々』一六六―一七三で語られる島。世界の西の果てにあり、伝説上の英雄たちが死後に暮らしているという。

4　この文と次の文には写本上の欠落がある。

5　本巻第十三章一三三二a三八―b一一で分けられている。

のような性質の人間であるべきかを既に規定したので[6]、残る考察の課題は、理性による言葉の教育と、習慣づけによる教育とでは、どちらが先に行われるべきかということである。この問題を考察するのは、自然本性、習慣、理性という三つの要素が、相互に最善の調和を実現する必要があるからにほかならない。というのも、「自然本性は十分だとしても」理性が最善の目的（幸福）を前提に立てるときに誤ることもありうるし、誤った習慣づけのせいで誤った方向に導かれることもありうるからである。[7]では、どのようにこの問題を考えるかといえば、少なくとも次の二点は明らかである。第一に、人間以外のものでもそうであるが、何かが生まれて完成体へと発生してゆく過程には必ず出発点があり、ある出発点から到達した終着点（目的）は、さらに別の終着点に至るための新たな出発点になる。このことを三つの要素に当てはめると、理性あるいは知性は、私たち人間にとって、誕生時に持つ自然本性を出発点とする発生過程の最後の終着点（究極目的）である。したがって、最初の誕生に[8]せよ、さまざまな習慣づけによる教育的訓練にせよ、理性あるいは知性という究極目的に向かって準備されなければならないのである。

第二に、人間において魂と身体が二つのものとして存在するように、魂の中にも二つの部分、すなわち、非理性的な部分と理性的な部分が見られる。それらは働きの特性においても二つの別のものとして数えられ、一方の非理性的な部分は欲求、他方の理性的な部分は知性である。発生する順序からすれば、身体が魂より先に存在するように、非理性的な部分も理性的な部分より先に存在する。この事実も明瞭である。なぜなら、非理性的な部分を構成する情意、願望、さらに欲望[9]は、誕生したばかりの幼児にもすぐに備わるのに対し、理性的な思考や知性の働きは、もっと生育が進んだ後で生じるのが自然本来のあり方だからである。

　以上挙げた二点より、時間的な順序でいえば、まず、魂に対する配慮よりも身体に対する配慮[10]を先行させなければならないし、その次には、魂のうち欲求に対する配慮[11]

b20

6　本巻第七章で規定されている。

7　本巻第十三章一三三一b二六―三八において、目的と目的を達成する行為が分けられたのと同じ趣旨。

8　子どもの誕生に向けての配慮は、次章で述べられる。

9　欲望、情意、願望が欲求の種類であることについては第三巻第十六章注5参照。

10　子どもの誕生に向けての配慮と、幼年者の体育を指す。

を行う必要がある。とはいえ、欲求に対して配慮するのは、究極目的の知性のためであり、身体に対して配慮するのは魂のためである［から、重要度の序列でいえば、すべては知性のためである］。

11　習慣づけを指す。『ニコマコス倫理学』第二巻第一章によれば、善い習慣によって欲求には性格的な徳が備わる。

第十六章　生殖を通じた子どもの身体への配慮

結婚に関する立法の課題

このように、身体に対する配慮を先行させなければならないので、育成される子どもの身体が最善の状態になるよう、立法者は最初の誕生に関わる事柄から見ておく必要がある。それゆえ、第一に、男女の結び付きについて配慮するべきであり、結婚による交わりは、年齢的にいつ頃、どのような性質の男女の間で行われるべきかということを考える必要がある。つまり、結婚という共同関係[1]に関して立法を行うには、男女の性質そのものに着目するだけではなく、結婚後に生きる時間の長さにも目を向けなければならないのである。それは何のためかといえば、夫婦が同じ時期に加齢によって衰えてゆくようにするためであり、つまりは、夫婦のいずれにせよ、一方がまだ生殖能力を持つのに他方が持たないという不和をなくすためである。というのも、こうした不和は、夫婦間の争いや仲違いをもたらすからである。

b30

第二に、結婚に関する立法では、子どもとの後継関係にも目を向けるべきである。すなわち、子どもと父親が年齢の上であまりにも離れることのないようにしなければならない。なぜなら、あまりにも離れていると、年老いた父親にとっては［余生が短いため］子どもからの恩返しが役立たないし、子どもにとっては父親からの援助が［短期間に限られるため］役立たないからである。さりとて、年齢が近すぎるのもよくない。というのも、手に負えない問題が数多く起こるからである。例えば、あたかも同じ年頃の者同士のようになり、父子の間で慎みの気持ちが薄れるし、家庭生活に関しても、年齢が近いと不平不満をいいやすくなるのである。

そして、ここまで議論を進めてくるための出発点とした問題、すなわち、誕生する子どもの身体を、どのようにして立法者の望む状態にするかという問題がなお残っている。[2]

1335a　b40

1　第一巻第二章でも、男性と女性の組が基礎的な共同関係と考えられている。

2　第一に、結婚する男女の関係、第二に、父子の関係について問題が整理されたので、この後は子どもの身体そのものへの配慮が論じられる。

生殖の適切な時期

実際のところ、以上挙げた問題のほぼすべては、ただ一つの配慮によって解決される。すなわち、たいていの場合でいえば、生殖できる年齢の終わりは、男性が最高七十歳、女性が最高五十歳と決まっているので、男女の結び付きの始まりは、それらの年齢に至って夫婦の生殖能力が衰えるのに見合った年齢でなければならない。

しかしながら、男女ともに若年者の組み合わせは、子どもを作るのには悪条件である。なぜなら、どんな動物でも、若い個体が産む子どもは不完全で、雌の子どもの方が多くなり、小さな体型をしているため、これと同じことが人間の場合にも必ず起こるからである。その証拠に、若い男性と若い女性が夫婦になる習慣の広がっている国家では、どこでも人々の身体が不完全で小さい。

加えて、若い女性は出産時に苦労しがちで、命を落とすことも多い。それゆえ、ある人々の説によれば、トロイゼン人[3]に対して「若い畑を耕すことなかれ」という神託[4]があったのも、こうした事情に基づくという。すなわち、この神託は、トロイゼンで命を落とす女性が多いのは、女性が若くして結婚するからだと告げているのであって、「若い畑を耕す」とはその事実を指し、文字通りに畑作を指しているのではない。

さらに、女性の場合、比較的年齢を増してから結婚させた方が節制のためにもよい。というのも、女性が若くして男性と性交渉を持つと、より放縦になると考えられるからである。また、男性の側でも、まだ精子の数が増えている段階で女性と性交渉を持つと、自分の身体の成長が損なわれると考えられる。なぜなら、男性には、その時点を過ぎると精子の数がもはや増えなくなるか、あるいは、わずかしか増えなくなるような特定の時点がやはり存在するからである。

こうしたことから、女性は十八歳くらい、男性は三十七歳くらいで結婚するのが適している。[5] というのも、この年齢になれば、身体が最盛期を迎えた状態で結婚することになるからである。そして、子どもを作る営みの終わりの方から見ても、この年齢で結婚すれば、ちょうどよい時期に、男女がともに加齢によって衰えてゆくことになるからである。さらには、もしも理にかない、結婚後すぐに子どもの誕生に恵まれれ

3　第五巻第三章注23参照。

4　原文には神託の内容が書かれていないが、古注に従って挿入した。

5　当時の一般的な習慣では男性が三十歳、女性が十四、五歳で結婚したので、アリストテレスの提案では、より遅い時期に適齢期を設定していることになる。

ば、父子の後継関係もよくなる。すなわち、子どもが成長して最盛期に達し始める頃、父親は齢《よわい》七十年を数える時期となり、もう生涯の終わりに近づいたところで子どもが後継することになるのである。

以上、年齢的にいつ頃の時期に結婚するべきかということを述べたが、季節という意味での時期については、多くの人々が結婚している季節を選ぶべきである。すなわち、現実にも適切な選択が行われており、多くの人々は結婚して同居する時期を冬と決めているのである。しかし、子どもを作るための「月単位の」好機ということになると、もはや夫婦が自分たち自身でも考えるべき事柄であり、それについては医者も自然学者も意見を述べている「ので参考になる」。すなわち、医者たちは身体の条件に関して「妊娠を成立させるための」好機を十分に述べているし、自然学者たちは風に関して南風より北風の日を推奨している。[6]

身体の性状はどうあるべきか

また、夫婦の身体がどのような性状であれば、生まれてくる子どもにとって最も好条件になるかということに関しては、幼児育成論の中で腰を据えて論じなければなら

1335b　a40

ないが、[7] 目下のところは概略を述べるだけで十分である。すなわち、競技選手のような身体の性状は、市民としての良好な生活に役立つわけではないし、健康の保持や子どもを作ることにも役立たない。さりとて、あまりにも病弱で、労苦に耐えられない身体の性状も役立たない。役立つのは、それらの中間（中庸）の性状である。

それゆえ身体は、激しい運動によって鍛えられた性状になっている必要はあるとしても、だからといって激しい運動を強制的に課してはならないし、競技選手が身体の性状を作るときのように〔競技での勝利という〕ただ一つの目的のために鍛えるので b10
あってもならない。そうではなく、自由人のさまざまな実践を目的にして鍛えるべきであり、このことは男性でも女性でも同様に要求される。

また、妊婦も身体に配慮しなければならないので、まったく身体的な活動を行わないでいたり、粗末な食事で済ませたりしてはならない。このような配慮を妊婦に実行

6　『動物発生論』第四巻第二章七六六b三四―七六七a一によれば、北風が吹くときに男子を身ごもりやすいという。

7　この約束は本書では果たされていない。

させるのは、立法者にとって容易である。すなわち、出産に加護を与える神々のところ[8]へ毎日歩いて詣でるよう、妊婦に命じればよいのである。とはいえ、身体とは正反対に、知性の働きの方は休ませた状態で過ごすのが適している。[9]なぜなら、生え育つ植物が大地[10]から恵みを受けるように、生まれてくる子どもが妊婦［の身体］から恵みを受けるのは明らかだからである。

産児制限について

さて、生まれた子どもを遺棄するか養育するかが問題になる事例については、障害がある場合に養育しないと定めた法律があることを認めよう。[11]しかし慣習的な規則が、子どもの数の多さを理由とした新生児の遺棄を禁じている場合、必要なのは、新生児の遺棄ではなく、子どもを作る過程に関わる産児制限である。もしも産児制限に反して男女が性交渉を持ち、子どもができたなら、胎児に感覚能力が生じる前に、つまり、人間としての生が始まる前に堕胎しなければならない。というのも、堕胎しなければならない場合、それが敬虔さを守る行為になるか、敬虔さを守らない行為になるかを分ける要因は、いま述べた感覚能力と人間としての生の有無になるからである。

b20

生殖を行うべき期間

いつ結婚生活を始めるべきかということについては、男性と女性それぞれにとっての適齢期の始まりを規定したので、今度は、子どもを作ることが公共奉仕[12]になりうる期間についても、どれくらいの年月にわたるかを定めよう。なぜ定めるのかといえば、

8　出産の女神エイレイテュイアのほか、受胎に関わるアルテミスや男女を結び付けるアフロディテなどの女神が考えられる。

9　身体と知性の両方に対して同時に負担をかけるべきではないという主張で、出産が身体的な活動の延長上にあると考えられているのであろう。同じ主張は、体育などを扱う第八巻第四章一三三九a七―一〇にも見られる。

10　原語は gē で、ギリシャ神話では大地の女神ガイアの別名。ガイアは巨人族の母親であることから、妊婦を連想させるとともに、身体や物体を象徴している。

11　プラトン『国家』第五巻四六〇B―Cでは、身体に障害を持つ子どもの遺棄について述べられている。

12　原語は leitourgein。第四巻第四章一二九一a三三―三四で言及されているように、裕福な市民が財産を使って行う社会貢献で、演劇の合唱舞踊隊への資金援助や松明競争への助成（第五巻第八章一三〇九a一―八）が本書で挙げられているが、ここでは出産が公共奉仕と考えられている。次の段落で述べられる「公共のための生殖」も同義。

老齢の親から生まれた子どもは、若すぎる親から生まれた子どもと同様、身体も知性も不完全になるし、すっかり老いた親から生まれた子どもは虚弱になるからである。それゆえ、親が精神的に最盛期のときこそ生殖に適している。

この意味での最盛期は、たいていの場合には五十歳頃であり、ある詩人たちが年齢期を七年単位で区切りながら語っている[13]事柄にまさに相当する。したがって、この年齢を四、五年過ぎたなら、公共のための生殖からは解放されるべきである。つまり、その後の年齢期に行われる性交渉は、健康のためなどの理由がはっきりしている必要がある。また、夫である限り、あるいは夫と呼ばれている限り、妻以外の女性や他の男性と接触することは、どんな事情であれ、どんな仕方であれ、絶対に不適切であることをはっきりさせておこう。[14]子どもを作る年齢期にある市民の誰かについて、もしもこのような不適切な行為が露見したならば、その過ちに見合う市民権停止をもって罰せられなければならない。

13　例えば、ソロンの「断片」一七（D）では年齢が七年単位で区切られている。

14　『ニコマコス倫理学』第二巻第六章一一〇七a九―一七にも、ほぼ同様の記述がある。

第十七章　子どもの誕生後の配慮

身体によい食物や運動

子どもが誕生したなら、どんな食物を与えるかによって子どもの身体の力が大きく変わることについて考えなければならない。そこで、どんな食物がよいかを考察すると、人間以外の動物のようすや、戦闘に向いた性状の身体作りを心がけている民族の事例から明らかなように、乳成分に富んだ食物が身体にとって最適である。それに対し、葡萄酒の成分は病気の原因になるため、葡萄酒の含有量が少ないほど身体によいことも明らかである。

また、運動も身体のためになるから、乳幼児の年齢に可能な範囲で行わせるのがよい。一方、子どもの四肢が柔らかさのせいで歪まないようにする配慮もあり、一種の機械のような道具を使って、子どもたちの身体をまっすぐにしている民族が現在もいくつか存在する。

さらに、まだ小さな子どもの頃から寒さに慣れさせることも、身体のためになる。なぜなら、寒さに慣れていることは、健康にとっても軍事活動にとっても、最大限に役立つからである。それゆえ、ギリシャ人以外の多くの民族のところでは、生まれた子どもを冷たい河に浸す習慣を持っていたり、ケルト人のように子どもをくるむのにわずかな覆いしか使わない習慣を持っていたりする。ともかく、慣れさせることが可能な事柄なら何でも、生まれてすぐにそれを始め、徐々に慣れさせた方がよいのである。寒さに慣れさせることに関していえば、子どもの特性として体温が高いため、生まれつき、寒さに慣れる訓練には適しているのである。

年齢期に応じた過ごし方

かくして、誕生後の最初の時期には、以上挙げたような配慮や、これらと似たことを行うのが子どもの身体のためになる。一方、この時期に続く五歳までの年齢期は、成長を妨げないようにするという観点から見ると、知的な学習を始めさせることも、激しい身体運動を強制することも、まだ適切ではない。この年齢期に必要なのは、身体が運動不足に陥るのを避けられる程度に、運動する機会を持つことである。そうした運動の機会は、さまざまな活動を通して、とりわけ遊びを通して与えなければならないのである。とはいえ、遊びといっても、自由人にふさわしくないものであってはならない。身体にとって負担になるほど激しくてもよくないし、さりとて、穏やかに過ぎるのもよくないのである。

また、五歳までの子どもが、どのような説話や物語を聴くべきかということについては、「幼児監督官」と呼ばれる公職者の配慮に任せるとしよう。というのも、この種の事柄のすべては、後の勉学につながる道を作る配慮として、前もって行われるべきだからである。だからこそ、多くの遊びには、後に子どもが真剣になって行うことになる多くの活動の真似事という側面がなければならない。[1] こう考えるならば、プラトンの『法律』の中に登場する人々のように[2]、子どもが緊張して泣き叫ぶことを禁じるのは正しくない。なぜなら、泣き叫ぶことは、子どもの成長のためになるからである。つまり、子どもの身体にとっては、一種の体操になるわけである。その理由は、息を止めることは身体への負担になるものの、負担をかけることによって身体を強くする作用があり、緊張して泣き叫ぶ子どもにも、この作用が生じることにある。

さらに、幼児監督官は、子どもがどのように時を過ごすかということについて考えなければならない。とくに、子どもが奴隷と一緒に過ごす時間を最小限にするよう考える必要がある。なぜ奴隷と過ごす時間が問題になるのかといえば、この年齢期の子どもたちは、［公共的な教育を受ける］七歳になるまで家庭で養育されなければならないからである。つまり、既にこの年齢期のときに［奴隷と接触するので］、自由人にふさわしくない下品なことを見たり聞いたりして興じる場合があると、当然予想されるわけである。それゆえ立法者は、他の下品な事柄と同様、下品な言葉や会話も総じて国家から追放するべきである。というのも、何であれ下品なことを軽々しく話していれば、そこから下品な行為にも及びやすくなるからである。

したがって、とりわけ若年者から下品な言動を遠ざけなければならないが、その目的は、下品なことを話したり聞いたりさせないことにある。それにもかかわらず、禁じられた下品なことを話したり行ったりする者が見られた場合には、次のように罰す

1　家庭生活や職業生活の真似をする「ままごと遊び」が典型。物語を聴くことも、知的な学習の真似事としての意味を持つ。

2　プラトン『法律』第七巻七九一E—七九三Aにおいて、子どもの養育について対話するアテナイからの客人とクレイニアスを指す。

1336b

るべきである。その者が自由人であり、かつ、共同食事の席に着く年齢[3]にまだ達していない場合には、不名誉な扱いに処することと身体を叩くことで罰するべきである。一方、共同食事の席に着く年齢を超えている場合には、自由人でありながら奴隷のような言動を行ったゆえに、自由人にはふさわしくない不名誉な扱いに処することで罰するべきである。

そして、下品なことを話す行為を追放する以上、下品で見苦しい絵画や物語［の演劇］を観る行為も追放するべきなのは明らかである。それゆえ、下品な行為を模倣した彫刻や絵画がなくなるよう、公職者に配慮を任せることにしたい。ただし、特定の神々[4]の場合には、慣習によって、祭礼で神々を下品に嘲《あざけ》ることさえも許されているので、それらは除く。そのことに加えて年齢に関する慣習もあり、既に十分な年齢に達した者ならば、自分自身のためだけではなく、子どもや妻のためにも、そうした祭礼を神々に捧げることが許されている。それに対し、若年者の場合は、ある年齢[5]に達するまで、下品な言葉を含む諷刺劇や喜劇を観るべきではない。その年齢とは、もう飲酒を含む会食への参加も許されることになる年頃であり、既に教育を受けているおかげで、諷刺劇や喜劇から受ける悪影響を皆無にできるのである。

さて、以上の問題について、いま駆け足で論じ終えた。しかし、後には腰を据えて問題に取り組み、第一に、いま述べた通りにするべきか否か、第二に、いま述べた通りにするべきだとすれば、どのように実行する必要があるかということを、もっと詳しく規定しなければならない。[6] つまり、目下のところは、絶対に必要不可欠なことだけを書きとめる機会としたわけである。なぜ「絶対に必要不可欠なこと」なのかといえば、おそらく、悲劇俳優のテオドロスが[7]述べたようなことは間違っていなかったからである。すなわちテオドロスは、「悲劇を観るとき、観劇者は最初に耳にした声に

3　本章一三三六b四〇の記述から、二十一歳を指すと考えられる。
4　酒神ディオニュソスや豊穣の女神デメテルの神殿では、祭礼のときに猥雑な言動が許容されていた。
5　本章一三三六b四〇の記述から、二十一歳を指すと考えられる。
6　本書では、この約束が果たされていない。しかし第八巻の教育論では、第六章を中心に、年齢ごとの対応が必要だと説かれている。
7　紀元前四世紀の俳優で、『弁論術』第三巻第二章一四〇四b二二―二四によれば、その声は作為的ではなく、自然に聞こえたという。

馴染んでしまう」と話し、その理由で、自分より先に他の俳優が登場することを、端役の俳優に対してでさえも決して許さなかった。この話と同じことが、人間同士の関係や、人間と物事との関わり合いにも起こるのであるが、それは、私たち人間の性質として、何でも最初に出会ったものに、より強い愛着を覚えるからである。だからこそ、人生の最初に経る若年期には、劣悪なもの、とりわけ悪徳や悪意の要素を含むものを遠ざけるべきなのである。

自然の年齢区分

子どもが五歳を過ぎたら、七歳までの二年間は、もう学習を見学するべき時期にな
り、いずれ自分がどんなことを学ぶ必要があるのか、8 見ておかなければならない。そ
して、その後に行われる教育は、七歳から思春期までと、思春期から二十一歳までの
二つの年齢期に分ける必要がある。なぜこのように分けるのかといえば、七年を単位 b40
として年齢期を区分する人々の説は、たいていの場合、的外れにならないからである。
また、自然が人間の年齢に区分を与えている以上は、それに従うべきである。なぜな
ら、人間の技術や教育の一切は、自然がやり残した分を、自然に代わってなし遂げよ 1337a

うとするものだからである。[9]

したがって、これから考察しなければならないのは、第一に、子どものために何らかの制度を作るべきか、第二に、子どもの教育は公共的に行うのがよいのか、あるいは、現実にも大多数の国家で実施されているように私的に行うのがよいのか、という問題である。また、第三に、子どもの教育はどのような性質のものであるべきかという問題である。

8　後続文の説明から、十四歳を指すと考えられる。

9　『自然学』第二巻第八章一九九a一五―一七では、「総じて技術は、一方で、自然がなし遂げられない物事を完成させるが、他方では、自然を模倣する」と述べられており、この前段の内容に相当する。

第八巻　最善の国家の教育制度

第一章　どのような教育が必要か

国家の「性格」との対応関係

さて、立法者は何よりも若年者の教育に取り組まなければならないということ、これには誰も異議を唱えないであろう。実際のところ、国家において若年者の教育が行われなければ、国制は損なわれるからである。すなわち、それぞれの国制に応じた教育を行う必要があるわけである。というのも、それぞれの国制が持つ「性格」[1]は固有のもので、その固有の性格こそが、最初に国制を確立する役割も果たせば、国制を守る役割も果たすというのが世の習いだからである。例えば、多数者支配を望む民主的な性格は民主制を、少数者支配を望む寡頭的な性格は寡頭制を生むわけだが、一般的には、より善い性格はより善い国制の原因になるのが常なのである。

さらに、性格に関する教育を行うべき理由がもう一つあり、それは、あらゆる能力や技術の場合にも、それらを発揮して仕事が遂行できるよう、先立って教育したり習慣づけたりしなければならない事柄が存在することである。したがって、それらと同様に、優れた性格の発揮である徳の実践に向けても、やはり先立って教育が行われるべきことは明らかなのである。

公共的に行われるべき理由

では、どのような教育なのかといえば、国家全体にとって目的は一つであるから、明らかに教育も、国家の全員にとって一つの同じものでなければならない。それゆえ、教育の配慮は公共的に行われる必要がある。[2] つまり、今日見られるように、それぞれの個人が自分の子どもたちに対して私的に教育の配慮を施し、学習内容に関しても、個人的によいと思われる事項を選ぶという私的な方式であってはならない。公共的な事柄に関しては、その修練も公共的に行われなければならないのである。

同時にまた、一人一人の市民の側でも、自分の存在が自分自身に帰属していると考

1　本巻は教育論であるが、主題は国制と市民の「性格」である。
2　プラトン『法律』第七巻八〇四D―Eでも義務教育が提唱されている。

えるべきではなく、誰もが国家に帰属していると考えなければならない。なぜなら、一人一人が国家の部分だからである。その一つ一つの部分に配慮が向けられれば、自然と全体に対する配慮にも目が向けられるものなのである。この点、ラケダイモン人は賞讃されるであろう。というのも、実際、ラケダイモン人は年少者に対する配慮を最大の真剣さで行っており、しかも、私的にではなく公共的に行っているからである。

第二章　学習内容をめぐる論争

なぜ意見が対立するか

以上より、教育について立法が行われなければならないこと、そして、公共的な教育が行われなければならないことは明らかである。しかし、それがどのような内容の教育となり、どのような仕方で教育が行われるべきかという問題を見過ごしてはならない。というのも、教育は何を仕事とするかという点については、今日、論争が行われているからである。つまり、教育が徳の涵養を目指すにせよ、最善の生き方を目指すにせよ、若年者たちが同じ事柄を学ばなければならないという考え方を、誰もが持っているわけではないのである。また、教育は知性の育成に適しているのか、それとも魂の性格の育成に適しているのかという点も不明である。そもそも、現行の教育に基づく考察が混乱していることから、修練するべき内容は、生活に役立つ事柄なのか、徳へと導く事柄なのか、常俗を超えた[1]事柄なのかという点について、何も明確に

a40

なってはいない。なぜなら、いずれの事柄についても一定の支持者がいるからである。まず、徳へと導く事柄については、論者の間で意見の一致点がまったくない。第一、すべての人々が同じ徳を尊ぶわけではないから、徳の修練に関して意見が分かれるのももっともなのである。

次に、役立つ事柄についてはどうかといえば、生活に必要不可欠な事柄を教わるべきだということ、これは明らかである。とはいえ、自由人の仕事と自由人ではない者の仕事が分離されている以上、〔自由人が〕役立つ事柄の何もかもを教わる必要はないことも明らかである。つまり、役立つ事柄のうち、自ら関与しても卑俗な人間にならないような種類の事柄に限って教わるべきなのである。役立つはずの技術であれ、学習であれ、およそ自由人の身体や知性を、徳の行使と実践にとっては役立たないものに作り上げてしまう場合、これらは卑俗な人間の仕事に含まれると考えなければな

1　『ニコマコス倫理学』第六巻第七章一一四一b三—八では、哲学者のアナクサゴラスやタレスの持っていた知識が「常俗を超えた事柄」と呼ばれているので、彼らの説いた宇宙論や天文学のような事柄を指すと考えられる。

らない。それゆえ、身体を劣悪な状態に形成してしまうような技術や、そうした技術を使う賃金労働を「卑俗なもの」と私たちは呼ぶのである。なぜなら、そうした技術や労働は、知性から余裕のある有閑的な性格を奪い、低俗なものにするからである。

また、自由人にふさわしい知識（常俗を超えた事柄）の場合も、いくつかの知識に限り、ある程度まで関与するのなら自由人らしさに反しないとはいえ、知識の精密さを求めて過度に没頭すると、いま述べた害[2]を被りやすい。さらに、人が実践したり学んだりするとき、誰のために、あるいは何のためにそれを行うかということによっても、違いは大きくなる。すなわち、自分自身のためや友人のため、あるいは徳のため
に行うのならば自由人らしさに反しないが、同じことでも、他人のために行う場合が b20
多いのならば、賃金労働者や奴隷のようなことをしていると思われるであろう。

かくして、先に述べたように[3]、いま定着している学習内容をめぐっては賛否両論が起こっているわけである。[4]

2　前段落で述べられた「自由人の身体や知性を、徳の行使と実践にとっては役立たないものに作り上げてしまう」こと。

3　本章一三三七a三五―b一で述べられている。

4　原語は epamphoterizousin で、文字通りには「両義的である」を意味するが、本章一三三七a三五―三六の「論争が行われている（amphisbēteitai）」と実質的に同義と解釈して訳した。従来の解釈では、教育するべき事柄が「二つに分かれている」ととらえられてきたが、三つの事柄に支持者がいると述べられている以上、この解釈は整合しない。

第三章　現行の教育科目についての考察

読み書きなど四科目

教育することが慣行となっている科目は、だいたい四科目である。すなわち、読み書き、体育、音楽、そして第四に図画が教えられている場合もある。このうち読み書きと図画が教科になっているのは、生活に役立ち、大いに使い道があるからだが、体育は勇気という徳を涵養することに基づく。しかし音楽に関しては、もはや教科であることに疑問が生じるだろう。というのも、今日では大多数の人々が快楽のために音楽に親しんでいるからである。それに対し、最初期に音楽を教育の中に位置づけた人々は、これまで何度も述べたように[1]、正しい仕方で労働に従事するだけではなく、優美に余裕のある生き方もできるようにすること、それを人間の自然本性そのものが求めているという理由でそうしたのである。なぜなら、優美に余裕のある生き方をすることこそ、万事の原点だからである。そこで[2]、もう一度、このことについて述べて

b30

ゆこう。

余裕のある生き方をすることと労働に従事すること、その両方ともが確かに必要であるが、前者が後者より望ましく、前者が後者の目的でもあるのならば、具体的には「何を行いながら」余裕のある生き方をするべきなのかを探究しなければならない。それというのも、「遊びながら」でないことは確かだからである。もしも、遊びながら余裕のある生き方をするべきであるのならば、遊びが私たちにとって人生の目的でなければならなくなってしまう。だが、そのようなことはありえないのであり、むしろ、労働に従事する日々の中でこそ遊びは用いられるべきである。なぜなら、労働することには労苦と緊張が伴い、労苦は休息を必要とし、休息のために遊びが存在するからである。こうした理由により、遊びを導入する必要はあるけれども、いわば労苦を癒す薬になるようにと導入するわけだから、その「服用」に当たっては適切な頃合

b40

1　第七巻第十四章一三三三a三〇―b五、同巻第十五章一三三四a一一―四〇で述べられている。さらに、『ニコマコス倫理学』第十巻第七章一一七七b四―二六にも同様の議論がある。

2　ロスは miā（一つの）と修正しているが、写本通りに hina と読む。

いを選ぶよう注意しなければならない。すなわち、遊びに興じる際の魂の変化とは弛緩であって、労働の緊張をほぐされたときの快楽のゆえに休息となること、この点に注意を向けた頃合いである。

1338a それに対し、余裕のある生き方をする場合、それ自体が快楽を含むため、幸福に生きることや至福の中で生きることさえも含んでいると考えられる。つまり、こうした種類の快楽や幸福を持つのは、労働に従事する者ではなく、余裕のある生き方をする者である。実際、労働に従事する者は何らかの目的のために忙しく生きており、その目的をまだ達していないのに対し、幸福というものは、それ自体が目的なのであって、苦痛ではなく快楽を伴うと誰もが考えているのである。とはいえ、幸福に伴う快楽とはどんな快楽かということになると、もはや誰もが同じ考え方をするわけではない。それぞれの個人は、自分自身に応じて、つまり、自分自身の人間性[3]に応じて快楽というものを考え、最善の人間は最善の快楽を、すなわち、最も優美なものから得られる快楽を見出《みいだ》すのである[4]。

したがって、閑暇を高尚に過ごすためにも、やはり学習したり教育されたりしなければならない事柄が存在するのは明らかである。そうした教育や学習の内容は、それ自体が目的となるのに対し、労働のための教育や学習は、何らかの目的を達するのに必要不可欠な手段として、つまり、それ自体のためではなく他の事柄を目的として行われなければならないのである。

なぜ音楽教育が導入されたか

それゆえにこそ、先人たちは音楽も教育の中に位置づけたのであった。すなわち音楽は、何らかの目的を達するために必要不可欠なものではなく（音楽は、そのような性質をまったく持たない）、実用的な意味で役立つものでもない。その点、読み書きが、金儲けによる財貨の獲得や家政、学習、国家の運営に関わる多くの実践に役立つこととも異なれば、図画でさえ、職人が作ったものを見極める能力を高めるのに役立つと考えられていることとも異なる。さらには、体育が健康や武勇に役立つのとも異

3　原語は heksis。一般に、恒常的な「状態」や「性状」を意味するが、ここでは人間の性状を指すため、「人間性」と訳した。

4　これはアリストテレスの快楽論の中心的な論点であり、『ニコマコス倫理学』第十巻第五章一一七六a一五―二九において詳述されている。

a20

なっている。なぜなら、そうした役立ち方のいずれにしても、音楽から生じるのを見ないからである。

よって、残るところは、閑暇を高尚に過ごすためということになるが、まさにそのことを目的として、先人たちが音楽を教育に導入した事実も明瞭である。というのも、先人たちは自由人の高尚な時の過ごし方というものを考え、その中に音楽を位置づけたからである。

だからこそ、ホメロスの詩ではこう書かれている。

ただ一人、あの者を華やかなる宴に呼び寄せよ[6]

このように先に語っておき、今度は他の人々のようすについて、

全員を喜ばせることのできる者、
すなわち歌い手を人々は呼び寄せるのだ[7]

と叙述している。また、別の場面ではオデュッセウスがこう述べる。

招かれたる客人たちは宴の席に居並び
歌い手の歌に聴き入る[8]

このように人々が歌を聴いて喜びを感じるときこそ、「最善の時の過ごし方」になるというのである。

以上より明らかなのは、実用的に役立つからでも生活に必要不可欠だからでもなく、自由人にふさわしい優美さのゆえに教育されるべき事柄があり、そうした教育が息子

5　本章注11参照。
6　現存するホメロス『オデュッセイア』第十七歌三八二―三八三の内容とほぼ対応するが、詩句は一致しない。
7　現存するホメロス『オデュッセイア』第十七歌三八五の詩句と部分的に対応するが、完全には一致しない。
8　ホメロス『オデュッセイア』第九歌七―八。

たちに与えられなければならないということである。その数が一つか、それとも複数か、また、そうした教育の内容はどのような種類のものであり、どのような仕方で行われるべきかということについては後に述べなければならない。[9] しかし目下のところ、私たちの考察はこれだけの進展を見た。すなわち、定着している教育内容を根拠にして、私たちは先人からも一種の証言を得たのである。[10] つまり、音楽という教科がそのことを明らかにしているわけである。

音楽以外の科目の自由人的な意義

さらには音楽以外で、生活に役立つ科目のいくつかの場合も、年少者がその教育を受けるべき理由は実用性だけに尽きない。例えば、読み書きの学習などは、それ自体が役立つばかりではなく、他の多くの学習が読み書きによって可能になることも、実 a40
施の理由になる。

そして、図画の教育の場合も同様である。すなわち、私的な買い物の際に失敗を犯さず、家具の売買で欺かれない[11]人間になるためというより、むしろ身体の美[12]を観賞で 1338b
きる人間になるために行われなければならないのである。この点を理解せず、いたるところで実用性を求めるのは、気高い人や自由人には最も似つかわしくないことである。[13]

さて、以上の通りであるとしても、［読み書きなど］言葉による教育よりも先に習慣づけによる教育が行われなければならないし、知性の教育よりも先に身体の教育が行われなければならないことは明らかである。[14] これらのことから明白なように、まずは年少者を体育と訓練にゆだねなければならない。というのも、体育は身体の状態を一

9　音楽教育論を除き、この約束は本書で果たされていない。

10　ホメロスの詩句が音楽の喜びを述べているばかりではなく、先人が音楽を教育に導入したことそれ自体も、実用性から離れた教育の意義を語る「証言」だということ。

11　家具の正確な絵を描いて売買の契約を行い、納品の際に点検するような場合であろう。なお、家具の例は、プラトンが『国家』第十巻の詩人追放論で寝椅子の絵を模倣の例に挙げたことに対するアリストテレスの応答とも考えられる。

12　絵画だけではなく彫像も念頭に置かれた記述であろう。

13　ロスは eleutheriois（自由人らしい者には）と修正しているが、写本通りに eleutherois と読む。

14　理由は第七巻第十五章一三三四b一二―二八で述べられている。

定の性質のものに作り上げ、訓練は身体の活動を一定の性質のものに作り上げるからである。[15]

15　体育は基本的に健康な身体作りを目指して行われる。それに対して訓練は、次章で述べられるように、主に戦闘やオリュンピア競技などに向いた身体能力の育成を目指して行われる。また、第七巻第十六―十七章において「労苦」や「激しい運動」などと訳した ponos は、体育と訓練のいずれに関わる文脈でも使用されている。

第四章　体育はどうあるべきか

身体や人間性を損なう危険性

では、今日の体育の現状はどうかといえば、年少者の教育に最も配慮していると考えられる諸国家の間にも差異がある。すなわち、体型や身体の成長を損なってまで競技選手に向いた体質を作っている国家もあれば、そのような誤りは犯さないものの、勇気という徳の涵養に最も有効だと考えて苦行を課し、獣のような人間を作り出しているラコニア人の例もある。

けれども、これまで何度も述べたように、[1] 教育の配慮というのは、ただ一つの徳を目指して行うべきでもなければ、とりわけ一つの徳を重視して行うべきでもないのである。また、もし特定の一つの徳（勇気）を目指したとしても、ラコニア人には身につかない。[2] なぜなら、人間以外の動物にせよ、さまざまな人種にせよ、最も野性的な種族に勇気が備わっているのを見ないからである。むしろ、文明化した人種や、動物でいえばライオンのような性格の種族に勇気が見られるのである。[3]他方、さまざまな人種の中には、平気で人間を殺したり、人肉を喰らったりする種族が多数あり、例えば、黒海沿岸に住むアカイア人やヘニオキア人[4]がそうである。[5]その他にも、大陸にはアカイア人などと同等か、もっと劣悪な人種がおり、そうした人々は盗賊的ではあっても勇気を持ち合わせていない。

1　第二巻第九章一二七一a四一―b一〇、第七巻第十四章一三三三b五―一〇、同巻第十五章一三三四a四〇―b二で述べられている。

2　野性的な人種に勇気は身につかないという論旨だが、これは「徳の一性」の思想（『ニコマコス倫理学』第五巻第一章一一三〇a八―一〇）に根差している。すなわち、勇気、正義、節制などは全体として一つの徳を形成するため、いずれか単独では身につかないという思想である。

3　『動物誌』第一巻第一章四八八b一六―一七では、ライオンの性格は自由で勇気があり、高貴だとされている。

4　第二巻第九章注4参照。

5　古代の部族、あるいは部族連合の一つ。なお、『ニコマコス倫理学』第七巻第五章一一四八b一九―二三には、黒海沿岸に住む人種の人肉食についての記述がある。

b20

さらに、ほかならぬラコニア人に関しては、私たちが知っている通りである。ラコニア人は、自ら進んで苦行[6]にいそしんでいた間は他の人種より優っていたが、現在では、体育でも戦闘でも、競い合いにおいて他の人種から置き去りにされている。それというのも、かつてラコニア人が抜群に優っていたのは、若年者に苦行を課す方法で体育を行っていたからではなく、当時はラコニア人だけが訓練を行い、戦う相手は訓練していなかったことに起因するからである。

したがって、人間の競い合いの場で主役を演じるべきなのは優美な性質のものであって、苦行で身につく獣の性質のようなものではない。なぜこう述べるのかといえば、狼や他の獣が争い合うのは、危険を冒してまで優美なものを求めるためではなく、むしろ、優美なものをめぐって競い合うのは善い人間だからである。とはいえ、こうした競い合いへと年少者たちを過度に進ませ、生活に必要不可欠な事柄については無教育の状態にすると、真の意味で卑俗な[7]人間を作り上げてしまうことになる。つまり、国家の働きの中のただ一つのこと（軍事）に役立つ人間を作り出してしまうわけであり、しかも、目下の議論で示したように、このただ一つのことに関しても、やがて他の国家より劣る結果になるのである。

だが、ラコニア人の状況を判断するには、以前の行動ではなく、現在の行動に基づかなければならない。なぜなら、現在のラコニア人には［軍事ではなく］教育の分野で競い合う相手がおり、その点で以前とは状況が異なるからである。

年齢期に応じた配慮

以上のような次第で、体育が教育として用いられるべきであること、そして、どのように用いられるべきかということについては合意を見ている。すなわち、思春期までは軽めの運動が実施されるべきで、強制的な食事や無理やり苦しい訓練を行わせることは控え、成長の妨げにならないようにしなければならない。というのも、苦しい訓練などが成長を妨げる原因になりうることについては、少なからぬ証拠があるからである。例えば、オリュンピア競技の勝利者のうち、同じ者が少年の部と成年の部と

6　原語は philoponia で、「苦行好き」とも訳せる。アテナイ人の philosophia（知への愛、哲学）との対照を意識した表現と考えられる。

7　原語は banausos で、本書では「職人」を意味することが多いが、ここでは人間の性質を表している。

1339a　b40

で重ねて勝利した事例を探すなら、二、三人しか見つからないであろう。その原因は、若い時期に特訓を受けた者が、強制的な運動によって体力を奪われてしまうことにある。

しかし、思春期を過ぎて体育以外の学習（読み書き、音楽、図画）に三年を費やしたならば、そのときには、次の年齢期を苦しい訓練や強制的な食事管理に当てるのが適している。なぜこのように年齢期を分けるのかといえば、知性と身体に対して同時に労苦を課すべきではないからである。すなわち二つの労苦は、それぞれが正反対の結果を生むような性質を持ち、かたや身体の労苦は知性の妨げとなり、かたや知性の労苦は身体の妨げとなるのである。

第五章　何のために音楽教育を行うのか

三つの候補

音楽に関しては、先にもいくつかの問題を議論上で取り上げたが、[1]考察を前進させるよう、いま再びそれらを取り上げるのが適切である。その目的は、音楽について人が意見を表明するときに提示するであろう議論にとっての、いわば序曲を奏でることにある。なぜそうした導入部を置くかといえば、音楽がどんな力を持っているかということや、何のために音楽に親しむべきかということを明確にするのは容易ではないからである。

まず、何のために音楽に親しむべきかという点については、次の三つの候補のうちいずれであろうか。

第一に、遊びのため、あるいは、眠りや酔いに類する休息のためということが考えられる。これらは、それ自体として意義深くはないけれども快楽を生み、同時にまた、憂いを払ってくれることはエウリピデスの語る通りである。[2] だからこそ音楽は、遊びや休息の一切と同列に置かれもすれば、眠りや酔いと同じような使い方もされるのである。そして、人々は踊りもこの類に含めている。

もしくは第二に、むしろ音楽は何らかの程度、人間を徳へと導くと考えるべきではないか。つまり、ちょうど体育が身体を一定の性質のものに形成するように、[3] 音楽もまた、正しい仕方で喜びを感じられるように人間を習慣づけることによって、人間の性格を一定の性質のものに作り上げる力を持つと考えるべきではないか。

あるいはまた、音楽は高尚な時の過ごし方や、それに欠かせない思慮の涵養に何らかの程度、貢献するのではないか。[4] すなわちこれが、以上列挙してきたうちで第三の候補に立てられるべき事柄である。

1　本巻第三章で教科としての音楽の問題が論じられている。

2　エウリピデス『バッコスの信女』三七九―三八一に、「合唱舞踊によって酒神バッコスの徒となり、縦笛の音に合わせて笑い、憂いを払う」とある。

3　前章の体育論は、本章からの音楽教育論の土台になっており、身体の教育と魂の教育が類比的に考えられている。

演奏に関する難問

さて、第一の候補に挙げた遊びのために、若年者を教育しなければならないのではないこと、これは明らかである。というのも、若年者は学習しながら遊ぶわけではなく、むしろ遊びとは正反対に、学習には苦痛が伴うからである。そうかといって、第三の候補に挙げた高尚な時の過ごし方を、子どもだとか、その年頃の年少者だとかに与えるのは似つかわしくない。なぜなら、高尚な時の過ごし方は人生の最終目的であって、人間として未完成な者にはそぐわないからである。

とはいえ、いま述べたのとは別の意味で学習が遊びのためになると考える人も、おそらくいるだろう。つまり、学習に対する年少者の真剣な取り組みは、やがて大人になり、完成された者になったときに楽しめる遊びのためになるという考え方である。しかしながら、もしもその通りだとすると、いったい何ゆえに、あえて学習者は自分自身が音楽について学び、理解する必要があるのだろう。むしろ、ペルシャ[5]やメディア[6]の王たちのように、他の者たちに演奏させることによって快楽を享受し、同時に音楽を理解すればよいのではないか。なぜかといえば、学習の時間だけ音楽教育を受ける者よりも、演奏そのものを自分の仕事や技芸にしている者の方が、必ずや優れた演奏をなし遂げるからである。だが、そういう問題ではなくて、もしもこの種のことには自分自身が労力を注いで取り組むべきだという話ならば、料理を作る作業すら自分で行う必要があることになるだろう。[7] しかし、それは不合理である。

また、第二の候補に挙げたように、たとえ音楽が人間の性格を徳へと導き、より善い性格にする力を持つとしても、同じ難問を抱えることになる。すなわち、何ゆえに学習者はあえて自分自身が演奏を学ぶ必要があるのかということである。ラコニア人
1339b のように、他人が演奏するのを聴いて音楽の善し悪しを判別でき、正しい仕方で喜び

4　前段落では「性格的な徳」と音楽の関係が示されたので、「知性的な徳」である思慮はこの段落で挙げられている。ここでいう思慮は、第七巻第十五章一三三四a二三、三二の「知への愛」に近いと考えられる。

5　第二巻第七章注11参照。

6　メディア人に関しては第三巻第十三章注15参照。

7　音楽から快楽を得るために自分で演奏しなければならないのなら、おいしい料理から快楽を得るために自分で調理しなければならなくなるということ。『ニコマコス倫理学』第三巻第十章一一一八a一〇―一六、第七巻第十二章一一五三a二三―二七の節制論で食事の快楽に言及されているように、調理は快楽を作る技術の一種と考えられている。

を感じるのではいけないだろうか。そのラコニア人の話によれば、演奏など学んでいなくても、聴くに値する旋律とそうでない旋律を正しく判別できるという。

さらに、第三の候補に挙げたように、たとえ幸せな日々の中で自由人らしく高尚に時を過ごすために音楽を用いるべきだとしても、やはり同じ話になる。すなわち、何ゆえに学習者自身があえて演奏を学ぶ必要があり、他の者たちの実演を楽しむのではいけないのか。この問題については、参考までに、私たちが神々に関して持っている観念を考えてみてもよい。例えば、最高神ゼウスは、詩人たちのために自ら歌うこともなければ、竪琴を弾くこともない。むしろ、歌ったり演奏したりする人々を、私たちは「卑しい者ども」とさえ呼び、酒に酔っている場合か遊んでいる場合でなければ、そうした行為は男子のするべきことではないと説くのである。

しかし、演奏に関する問題は、おそらく考察を後回しにするべきであろう。[8] まずもって探究しなければならないのは、音楽を教育の中に含めるべきか否かということであり、さらには、これまで問題点を論じてきた三つの候補のどれに向いた力を音楽は持つか、すなわち、第一の遊びか、第二の［徳の］教育か、第三の高尚な時の過ごし方か、ということである。

b10

遊び、高尚な時の過ごし方の快楽

音楽が三つの候補のすべてに向くものとして位置づけられるのには道理があり、実際、三つのすべてに関与しているのが見られる。まず、遊びとの関連を述べれば、遊びは休息のためにあり、休息は快楽をもたらすものでなければならない。というのも休息は、労苦から生じる苦痛を癒す一種の治療だからである。また、高尚な時の過ごし方との関連を述べれば、人々の意見が一致している通り、高尚な時の過ごし方は、優美であるばかりではなく、快楽も含んでいなければならない。なぜなら、幸福に生きることは、優美さと快楽の両方から成り立っているからである。このように、遊びにも、高尚な時の過ごし方にも共通して快楽が含まれるわけであるが、音楽こそは最も快楽をもたらすものの一つであると、私たちはみな主張している。それは、楽器だけの演奏であろうと、歌つきの音楽であろうと変わらない。何しろ、伝説の詩人ムサイオスでさえも[9]、「死すべき者（人間）にとって歌うことは最も快い」と述べているくらいなのである。それゆえ、社交の場におい

8　次章で考察される。

てであれ、高尚な時の過ごし方においてであれ、人々を楽しませる力を持つという理由で音楽を取り入れるのには道理がある。

したがって、ここまで挙げた遊び、高尚な時の過ごし方の二つの目的だけからしても、若年者は音楽の教育を受けるべきだと人は考えるであろう。というのも、さまざまな快楽のうち無害なものに限れば、人生の最終目的（高尚な時の過ごし方による幸福）に適するだけではなく、休息（遊び）にも適するからである。とはいえ、人々にとって、人生の最終目的に到達する場合は数少ない。それに対し、休息をとって遊びに興じる場合は数多いが、休息の後、必ずしも最終目的に向かって進んでゆくとは限らず、ただ快楽のために遊ぶ場合もあるのだから、音楽が生む快楽の中で休息することは、それはそれで有用であろう。

けれども、快楽を求めた場合、人々に起こるのは、遊びを人生の最終目的にしてしまうということである。それはおそらく、人生の最終目的も何らかの快楽を含むからであるが、その快楽はどんな種類のものでもよいというわけではない。ところが、人々は人生の最終目的に含まれる快楽を求めようとして、それと遊びの快楽を取り違えるのである。なぜかといえば、遊びの快楽は、人間のさまざまな行為の目的と類似した性質を何ほどか持つからである。その類似性とは、終点としての目的が、その先にある何かを実現するために選択されるという性質を持たないのと同様に、遊びの快楽も、その先に起こる何かのためになるわけではないことである。[10] 遊びの快楽は、労苦や苦痛など、既に起こったもの「の癒し」のためになるのである。

かくして、人々が遊びの快楽によって幸福になることを求める理由については、いま述べた事情によると考えるのが妥当であろう。しかし、人々が音楽に親しむのは、音楽の快楽を遊びの快楽ととらえた上で、その快楽によって幸福になれると誤解することだけに起因するのではない。それとは別に、音楽が休息そのものに役立つという理由もやはりあると推察される「ので、先に挙げた第一の候補と第三の候補は区別するべきである」。

b40

9　多くの詩句や格言の作り手と見なされている伝説の詩人。トラキア地方（第二巻第十二章注25参照）の出身とされ、神話上の吟遊詩人オルフェウスの弟子とする伝承もある。

10　快楽には、その先に目的がなく、快楽が生じた時点で一連の過程は完結するということ。

音楽は人間の性格に作用する

とはいえ、確かに休息に役立つとしても、そもそも音楽の本性はもっと尊ばれるべきものであって、いま述べた遊びの快楽のために使用される以上の価値を持つのではないかと、あらためて問わなければならない。つまり、誰もが感じられるような、万人に共通する[11]音楽の快楽［すなわち、遊びの快楽］を享受するだけにとどまってはならないのではないか、と問わなければならない（なぜ「万人に共通する」と述べるかといえば、音楽が一種の自然的な快楽を含むゆえに、どんな年齢の者にも、どんな性格の者にも、音楽の使用は愛好されるからである）。むしろ、目を向けるべきなのは、音楽が何らかの仕方で人間の性格や魂のあり方にも貢献するかどうかということである。もしも音楽によって私たちの性格が一定の性質のものになるという事実があるのならば、このことははっきりするであろう。

実は、音楽によって私たちの性格が一定の性質のものになることは、既に明らかである。それを証明する事例は他にも多数あるが、とりわけ、伝説の音楽家オリュンポス[12]の残した旋律の数々がそうである。というのも、オリュンポスの旋律が人々の魂を霊感で満たすことは衆目一致するところであり、霊感で満たされているとは、魂の霊感的な性格を示す状態にほかならないからである。

さらに、霊感で満たす旋律以外でも、何かを模倣して表した音楽を聴くと、誰もがその楽想と同じような魂の状態になるという事実がある。[13] この作用は、リズムだけであっても、あるいは［歌詞のない］旋律だけであっても変わらない。

徳に似た特徴を含む音楽

さて、かたや音楽は快楽をもたらすものであり、かたや徳は正しい仕方で何かを喜び、愛し、憎むことに関わるものであるから、[14] これらを総合すると、音楽と徳の関係について次のような事実が明らかになる。すなわち、性格や行為の善し悪しを正しく判別して、有徳な性格や立派な行為を喜ぶこと、このことほど、音楽による学習や習

11　原語は koinē で、ここでは「通俗的な」、「大衆的な」という含意を持つ。

12　紀元前七世紀頃の音楽家。伝承によればフリギア（第一巻第九章注3参照）の出身で、縦笛を用いた多くの曲を作ったという。

13　例えば、勇ましい音楽を聴くと、魂が奮い立って勇ましい状態になる。この場合、音楽は勇ましさ（勇気の徳）を模倣していることになる。

慣づけを通じて育成されるべき事柄は他にないという事実である。

実際、リズムや旋律のうちには、怒りやすい性格や温厚な性格など、人間が持つ性格の本物の性質に似た特徴が最大限に含まれている。また、それらの性格ばかりではなく、勇気や節制といった徳と、それらの徳に対立する悪徳（臆病や放縦）のすべて、さらには、他のさまざまな性格に似た特徴もリズムや旋律に含まれている。これは経験的事実から明らかである。すなわち、こうした性格や徳に似た特徴を含む音楽を聴くとき、私たちの魂は一定の状態に変化するのである。つまり、本物に似た特徴を持つ音楽に苦痛を感じたり、喜びを感じたりするように習慣づけられた状態は、本物に対して同じ感じ方ができる状態に近いのである。例えば、音楽以外でも、ある人物の肖像画を観賞したとき、[色彩や仕上げの美しさなど] 他の理由によってではなく、肖[15]像画に描かれた姿そのものを観賞することのゆえに喜びを感じるのならば、その肖像画のもとになった本物の人物それ自体を観ることも、必ずや観賞者に快楽をもたらすのである。[16]

では、その他の感覚ではどうかといえば、感覚の対象の中に人間の性格と似た特徴がまったく含まれない場合もあり、例えば触覚や味覚の対象がそうである。それに対し、肖像画の例を挙げた視覚の対象の場合には、かすかながら性格と似た特徴を含んでおり、例えば、さまざまな形がそうした特徴を持つ。形が特徴を含む程度はわずかにすぎないけれども、それに気づくような感覚を万人が共有しているのである。[17] もう一点、付け加えれば、視覚の対象が含む特徴は、人間の性格それ自体と似たものであるというより、むしろ、性格の特徴が形や色となって現れ出た象徴である。[18] つまり、形や色は、魂が一定の状態にあるとき、それが身体の表面に現れ出たもの[19]なのである。[20]

14　例えば、勇気の徳を備えた人間は勇気ある行為を喜び、愛するが、臆病な行為を憎む。後述のように、勇ましいリズムや旋律は勇気に類似しているため、それらに喜びを感じる性格が形成されれば、勇気ある行為も喜ぶ人間になる。

15　原語は eikōn。人間以外の事物の「像」や「似姿」も意味しうるが、ここでは肖像画を指すと解釈した。

16　『詩学』第四章一四四八b一五―一九にも、ほぼ同じ説明がある。

17　ロスは否定詞の ou を挿入して否定文に修正しているが、写本通りに肯定文として読む。

18　「象徴」の原語は sēmeia。例えば、勇気ある性格が、肖像画では鋭い形の目や眉、紅潮した頰の色に象徴されるような場合であり、これらは勇気という徳の形や色ではないゆえに「似たもの」ではないと述べられている。

そうはいっても、肖像画ならばみな同じというわけではなく、どの作品を観賞するかで違いが生じる。その事実がある限り、若年者の観賞するべき肖像画は［劣った性格の人物を描いた］パウソン[21]の作品ではなく、［優れた性格の人物を描いた］ポリュグノトス[22]の作品、もしくは、人物の性格を見事に描く画家や彫刻家が他にもいれば、そうした作家たちの作品である。

旋律とリズムの種類

一方、聴覚でとらえられる旋律の場合は、それ自体のうちに、人間のさまざまな性
格を模倣した特徴を含む。このこともまた明らかである。何より、さまざまな旋法の a40
音階は本性が異なるため、どの旋法の旋律を聴くかによって、聴いた者は異なる魂の
状態に置かれ、同じようにはならない。 1340b

例えば、ミクソリディア旋法[23]と呼ばれるものを聴くときのように、もの悲しさが増し、重い気持ちになる場合もあれば、ゆったりとした調子の旋法[24]を聴くときのように、柔和な気持ちになる場合もある。さらに別の旋法を聴くときには、中庸を得て最も落ち着いた気持ちになることがあり、さまざまな音階の中でドーリス旋法だけがそうし

た作用を持つようである。それに対しフリギア旋法は、魂を霊感に満ちた状態にする。実際、音楽教育について哲学的に考察した人々は[25]、こうした旋法の違いを見事に論じている。それは、考察した人々が、経験的事実そのものから、自分たちの議論の証拠

19　ロスは episēma（特徴）と修正しているが、写本通りに epi tou sōmatos と読む。
20　プラトンは『国家』第十巻で模倣的創作の低劣さを指摘し、絵画は事物の見かけしか描かないと非難したが、ここでアリストテレスは、見かけが含む形や色は性格の象徴だと主張し、反論しているとも考えられる。
21　詳細不明の画家だが、『形而上学』第九巻第八章一〇五〇a一九―二〇では、ヘルメス像を描いたことが記されている。
22　紀元前五世紀に活躍した画家で、エーゲ海の最北部にあるタソス島の出身と伝えられる。
23　これ以降に登場する古代ギリシャの旋法の呼称については、今日の音楽学で一般的に用いられる「ドーリス旋法」、「フリギア旋法」、「リディア旋法」、「ミクソリディア旋法」を使用する。
24　プラトン『国家』第三巻三九八C―Eによれば、「ゆったりとした調子の旋法」とはイオニア旋法（アリストテレスは音楽教育論で言及していない）とリディア旋法。
25　プラトン『国家』第三巻三九八C―三九九Aでは旋法について詳論されているので、少なくともプラトンやソクラテスが含まれると考えられる。

を得ているためである。

また、リズムに関しても事情は同じである。[26] すなわち、リズムの中には、比較的安定して動きの少ない性格のものもあれば、動的な性格を持つものもある。動的なリズムの中でも、あるものはより卑俗な動きを持つのに対し、あるものはより自由人にふさわしい［上品な］動きを持つ。

総括

以上より、音楽が人間の魂の性格を一定の性質のものに形成する力を持つことは明らかである。そして、そのように作用する力があるからには、若年者を音楽に触れさせ、音楽を用いて教育するべきだということも明らかである。また、音楽教育は、若い年頃の者の本性に適している。なぜなら、若年者というのは、年齢の特質ゆえに、快くないことには自ら進んで耐えようとはしないが、音楽は本性的に快いものだからである。

加えて、人間の魂は、音階（ハルモニア）やリズムに対する一種の親近性を内在させたものだと推察される。[27] それゆえ多くの知者たちが、「魂とは調和（ハルモニア）

である」と主張したり、「魂とは調和を持つものである」と主張したりしているのである。[28]

26 本章一三四〇a一三―一四において、音楽の作用は「リズムだけであっても、あるいは旋律だけであっても変わらない」と述べられたので、ここからはリズムの作用が説明される。

27 『詩学』第四章一四四八b二〇―二四では、音階とリズム（を使う人間の能力）が詩作の第二の原因に挙げられている。

28 『魂について』第一巻第四章四〇七b三〇―四〇八a一によれば、ピュタゴラス派は魂を「調和」と考えていた。

第六章　学習者は演奏に取り組むべきか

実際に演奏を行う意義

音楽教育を実施するべきだということは明らかになったので、先に提起した問題[1]を、 b20
いまや論じなければならない。すなわち、学習者があえて自分自身で歌ったり、演奏
したりすることを学ぶ必要があるか否かという問題である。
そこでまず、音楽によって魂の性格が一定の性質のものになるという教育効果の観
点から見ると、学習者自身が歌や演奏に実際に参加するならば格段に大きな効果が得
られることは明白である。というのも、そうした実演に参加することなく音楽の善し
悪しについて優れた判別者になることは、不可能ないし困難だからである。
同時にまた、演奏に取り組むべき別の理由として、年少者たちには、真剣になって
打ち込める何かが必要だという事情もある。それゆえ、哲学者のアルキュタス[2]が発明
したガラガラ鳴るおもちゃは、見事に作られたと考えるべきである。このおもちゃを

年少者に与えると、それを使って遊ぶので、家の中のものを壊されないようにする対策になる。要するに、低年齢の者はじっとしていられないのである。したがって、このおもちゃは年少者のうちでも幼児に適しているのであるが、他方、比較的大きくなった若年者にとっては、演奏の教育がガラガラ鳴るおもちゃに当たるのである。かくして、以上の理由から、演奏の実技にも参加するような仕方で音楽の教育が行われるべきことは明らかである。

非難への反論

しかし、演奏の教育は卑俗だと主張する人々がいるわけであり、そのような人々に対する反論は、年齢に応じて適する学習と適さない学習を区別した上で行えば難しくない。

第一に、実際の演奏に参加する必要があるのは、音楽の善し悪しを判別できるよう

1　前章一三三九a三三―b一〇で提起されている。
2　紀元前四世紀に活躍したピュタゴラス派の哲学者で、数学や音楽の分野で功績があった。

b30

になるためであるから、この目的からすれば、確かに若いときには実際の演奏を体験するべきであるが、年齢を増したら実際の演奏からは離れるべきである。そして、若いうちに行った学習のおかげで［音楽以外でも］美しいものを判別でき、正しい仕方で喜びを感じられるようになるべきなのである。

第二に、音楽は人間を卑俗にするという理由で非難する人々の見解に対しては、以下の三点を考察すれば、反論するのに困難はない。一つ目は、やがて市民として国家を運営するための徳を目指して教育を受ける者が、若い時期にどの程度まで演奏に参加するべきかということである。二つ目は、どのような旋律、どのようなリズムに親しむべきかということである。三つ目は、どのような楽器を用いて音楽の学習が行われるべきかということである（これによって教育効果が異なることも大いにありそうである）。すなわち、以上の三点において反論すれば、音楽教育への非難を論破できるのである。なぜなら、非難者が述べる通りに音楽が人間を卑俗にしてしまうことを否定できないのは、これらの三点に関して特定の方法で音楽教育を行う場合だからである。

どの程度まで演奏活動に参加するべきか

さて、まず明らかに、音楽の学習は、学習者が後年になって行うさまざまな実践の妨げになってはならないし、とりわけ軍事や国家の運営のための修練との関連でいえば、身体を卑俗で役に立たないものにしてもならない。つまり、身体を卑俗にするとは、既に若い時期に身体が使えない状態になるとか、後年に軍事や国家の運営を学ぶ上で[3]役に立たない状態になるとかいうことである。

こうした悪影響のない音楽の学習にするには、専門家が演奏技術を競い合う競技会や驚くべき非凡な演奏を目指して労力を注ぐこと（いまや、この姿勢が競技に入り込み、さらには競技から教育へ入り込んでいる）は避けるべきであろう。むしろ、演奏に取り組むとしても、[4]学習者が美しい旋律やリズムに喜びを感じられる程度までを目標にしなければならない。しかも、そこで学ばれる音楽は、多くの奴隷や年少者でさえも喜び、いわば人間以外の動物の一部でさえも喜ぶような通俗的な音楽の範囲にと

3　ロスは khrēseis（使用）と mathēseis（学び）を入れ替えているが、写本通りに読む。
4　ロスは否定詞の mē を挿入しているが、写本通りに読む。

どまってはならないのである。[5]

どのような楽器を用いるべきか

いま述べたことから、どのような楽器を用いるべきかという点も明らかになる。すなわち、縦笛を教育に導入してはならないし、竪琴[6]などのように音楽の専門家が用いる他の楽器も導入してはならない。導入してよいのは、音楽教育を受ける者であろうと、他の教育科目を受講する者であろうと、ともかく学習者を善い人間に作り上げる楽器に限られる。[7]

なお、縦笛について付言すれば、この楽器は人間の性格を表現することよりも、むしろ人間を恍惚とさせることに向いている。したがって、縦笛を用いるべき絶好の機会とは、演奏の鑑賞[8]によって音楽を学習できる場合というよりも、むしろ魂を浄化できるような場合なのである。[9]さらに付け加えておきたいのは、縦笛を用いると、教育に適した状態とは正反対になってしまうこと、すなわち、縦笛の吹奏が言葉の使用を妨げることである。それゆえ、先人たちは最初期こそ縦笛を用いていたけれども、次に述べるような経過を経て、若年者や自由人に縦笛の使用を禁じるようになったのであるが、それは適切である。

かつて、人々は裕福になったゆえに、いっそう余裕のある生き方をするようになり、徳の点でもいっそう気高い性格を持つようになっていた。さらに、ペルシャ戦争の前後の時期、さまざまな活動で成果を上げたことから意気高揚し、どんな学びであろうと見境なく貪《むさぼ》り求め、ありとあらゆる学習に手を出した。それゆえ、縦笛の吹奏も学習に導入したのである。当時は、ラケダイモンにおいてさえ、ある合唱舞踊隊の後援者が合唱舞踊隊のために自ら縦笛を吹奏したし、アテナイでも、自由市民の大多数

5　前章一三四〇a二―三において「誰もが感じられるような、万人に共通する音楽の快楽を享受するだけにとどまってはならない」と述べられたのと同じ主張。
6　竪琴には大別して二種類があり、「リュラ」は一般的に用いられたが、「キタ―ラ」は演奏を職業とする者など専門家が用いた。ここでは後者が挙げられている。
7　要するに、善い音楽家ではなく善い人間を育成するための楽器でなければならないということ。
8　原語は theōria で、元来は「観ること」を意味するが、ここでは音楽を聴くことに使われているため「鑑賞」と訳した。
9　次章一三四二b一―六では、縦笛とフリギア旋法が霊感的な旋律に向くと説明されている。

がだいたい縦笛に親しむほど地域で流行した。この事実は、トラシッポス[10]という人物が喜劇詩人エクパンティデス[11]のために合唱舞踊隊の後援者になったとき、献上した記念板から明らかである。

しかし、後になって、徳の涵養に貢献するものと貢献しないものを、より適切に判別できるようになったとき、人々は経験そのものに基づいて縦笛の使用を禁じた。同様に、古来の楽器の多くも使用が禁止された。例えば、リディア琴（ペークティス）[12]や多弦琴（バルビトス）[13]のほか、聴く者に陰影音[14]が快楽を与える七角琴（ヘプタゴーノン）[15]、三角琴（トリゴーノン）[16]、四弦三角琴（サンビュケー）[17]などである[18]。加えて、演奏技術上の知識を必要とする楽器も、すべて使用を禁じられた。

さらに、古人たちが縦笛について語った物語にも道理がある。その物語によれば、女神アテナは縦笛を発見したものの、それを投げ捨てた。投げ捨てた理由については、縦笛を吹くと顔の形が悪くなるゆえに女神の不興を買ったとする古人たちの説も悪くない。とはいえ、いっそうありそうな理由は別だと思われる。すなわち、縦笛の学習がまったく知性に結び付かないのとは正反対に、私たちはアテナを知識と技術の女神と考えていることである。

1341b　a40

結論

以上の理由により、私たちは楽器と演奏に関し、音楽の専門家になるための教育を排除する。「音楽の専門家になるための教育」とは、演奏の競技を目指す教育のこと b10

---

10 この人物については不詳であるが、喜劇の上演の際に自ら縦笛を吹奏したと推察される。

11 紀元前五世紀の喜劇詩人。

12 リディア人が用いた多弦の弦楽器。

13 亀の甲羅に横木と山羊の角《つの》をつけ、七本の弦を張る竪琴の一種で、歌の伴奏に用いられた。一説には、リディア琴の模倣品ともいわれる。

14 ロスは khrōmenōn（使用すると）を採用しているが、イミシュに従い、khrōmatōn と読む。「陰影音（khrōma）」とは、紀元前四世紀の音楽理論家アリストクセノスが用いた用語で、数学的に構成された音階ではなく、響きを聴いた際の情緒的な印象でとらえられた音の組織の一種。半音を含むため、「半音階」を意味する英語 chromatic の語源となった。

15 おそらく、後続の三角琴や四弦三角琴と同様、現代のハープに近い形をした弦楽器。

16 三角形に近い形状にちなんだ名称で、弦の数が十本以上だったと推測されている。

17 ホメロスが使用していたとも推測される四弦琴で、甲高い音を立てたといわれる。

18 プラトン『国家』第三巻三九九C—Dでは、リディア琴と三角琴が多くの転調を可能にするという理由で使用を禁じている。

である。なぜ排除するのかといえば、この種の教育においては、演奏に取り組む者が自分自身の徳のためではなく、演奏を聴く者の快楽のために練習することになるからである。[19]しかも、その快楽は低俗なものにほかならない。それゆえにこそ、演奏は自由人の行うべき活動ではなく、むしろ賃金労働者の仕事だと、私たちは判断するのである。

実際、演奏者は卑俗な者になってしまうということが起こる。なぜなら、演奏者が目的に据える演奏の達成目標は低劣なものになるからである。というのも、低俗な観客の常として、［自分が求める低俗な快楽に合うよう］音楽を変質させてしまうので、演奏の専門家たち自身も、観客のために実演するうちに特定の性質の人間になってしまい、さらには、演奏に伴う動作ゆえに身体も特定の性質のものになってしまうからである。

19　プラトン『ゴルギアス』五〇一B—五〇二Aでは、競技のために竪琴を弾く者は、聴衆の快楽だけを追求することになると述べられている。

第七章　教育に有用な音楽の要素の種類

どのような旋律（音階）とリズムを用いるべきか

そこで、さらに考察しなければならないのは、音階とリズム[1]についてである。すなわち、教育を目的とする場合、あらゆる音階とあらゆるリズムを用いるべきなのか、それとも、用いるものと用いないものに区別を設けるべきなのかということである。その次に、学習者ではなく、教育のために労力を注ぐ人々[2]に対しても同じ区別を設けるべきなのか、それとも、何か別の第三[3]の区別を設けるべきなのかということについて考察しなければならない。

なぜこれらが考察の課題になるのかといえば、私たちは音楽を旋律とリズムによって成立するものと見ているわけであり、それらの各々が教育に関してどんな力を持つかということは、見逃してはならない問題だからである。さらに、善い旋律の音楽と善いリズムの音楽では、どちらをより望ましいものとして選択するべきなのかという問題もある。

それゆえ、これらの事柄に関しては、現在活動している何人かの音楽家たちや、哲学に携わりつつも音楽教育に経験を持つ識者たちが多くのことを適切に語っていると信じ、一つ一つの事項について詳しい説明を望む人々に対しては、音楽家や識者にそれを求めさせたい。いま私たちが述べるのは、それらの事柄についての概略だけであり、一般原則を示す法律家の仕方で論じることにしよう。

三種類の旋律の区分

さて、ある人々は哲学に携わりながら旋律の区分を行っているので、私たちはその b30

1　本章にはリズムについての議論がない。この著作が未完だったことや、写本の欠落も考えられるが、本巻第五章では旋律論の後、「リズムに関しても事情は同じである」（一三四〇b七–八）として簡単な説明が付されているので、本章では省略された可能性もあるだろう。

2　実演してみせる教育者を指すと考えられるが、以下の議論では言及されない。

3　ロスは triton（第三の）を削除しているが、写本通りに読む。

区分を受け容れる。すなわち、性格に関わるもの、実践に関わるもの、霊感に関わるものという三分法である[4]。また、その人々は、それぞれの種類の旋律には本性的に対応する固有の音階があり、旋律が異なれば、対応する音階も異なると考えているが、その考え方も受け容れる。

しかし私たちとしては、音楽がただ一つの効用のためにではなく、多くの効用のためにも用いられるべきだと主張する[5]。すなわち、第一には教育のため、第二には浄化[6]のため（「浄化」という言葉で何を意味するかについては、いまは簡単に述べることとし、詩作術に関する諸議論の中で今度はもっと理解が増すように述べよう[7]）、第三には高尚な時の過ごし方のためや、緊張を緩めて休息するためにも用いられるのである[8]。

これらの効用があるゆえ、あらゆる音階を用いるべきなのは明らかだけれども、すべて同じ仕方で用いるべきではない。［自分で演奏することを含む］教育を目的にする場合には、最も性格に関わる諸音階を用いるべきなのに対し、他の者が演奏するのを聴くことを目的にする場合には、実践に関わる諸音階と霊感に関わる諸音階を用いるべきである。

1342a　b40

霊感に関わる旋律を用いる場合

まず、なぜ霊感に関わる諸音階も用いるべきなのかといえば、ある人々に強く起こる魂の状態は、程度の差こそあれ誰にでも起こるのであるが、それは憐れみや怖れの

4　この三分法は、本巻第五章で提示された音楽の使用目的による三分法（遊びと休息、徳の育成、高尚な時の過ごし方）と一致しない。しかし、「性格に関わるもの」が「徳の育成」に貢献することは明らかである。「実践に関わるもの」は、「遊びと休息」と「高尚な時の過ごし方」を目的とする音楽にほぼ該当し、「霊感に関わるもの」は、この後で述べられる「浄化のため」の音楽と一致する。

5　プラトン『国家』において、徳の育成だけを目的に音楽を論じるソクラテスへの批判とも考えられる主張。

6　前章一三四一a二三において、聴く者を恍惚とさせる縦笛の性質を述べるときにも「浄化」と表現されていたので、霊感的な音楽とだけ関わる用語である。

7　「詩作術に関する諸議論」は『詩学』か、亡失書の『詩人論』のいずれかを指すと考えられるが、少なくとも現存の『詩学』ではこの約束が果たされていない。

8　この新たな三分法は、前段落で言及された人々の三分法に対応する。本章注4に記したように、「実践に関わるもの」が「遊びと休息」と「高尚な時の過ごし方」の両方を包含することから、第三の種類に再編されたと考えられる。

ような感情に限らず、霊感で満たされることもそうだからである。つまり、こうした憑依的な変化を被りやすい人々が存在するのである。その人々に対して、魂を恍惚とさせる秘儀的な旋律を用いるとき、ちょうど治療や浄化を受けたときのように、神聖な旋律によって魂の鎮まるようすが見られる。

したがって、これと同じことを、憐れみを感じやすい人々や怖れを感じやすい人々、さらには、総じて感情的になりやすい性質の人々も必ずや経験する。そして、こうした性質ではない人々であっても、憐れみや怖れに類する感情が個人をとらえる程度に応じて同じことを経験するはずだから、霊感に関わる旋律によって誰にでも一種の浄化が生じ、快楽を伴って軽やかになるのは必然である。

実践に関わる旋律を用いる場合

同様に、実践に関わる旋律も無害な快楽を人間に与える。それゆえ、劇場で観客のために演奏する競技者たちに対しては、実践に関わる音階と旋律を用いることが認められなければならない。

しかし、観客には二種類の人々がいる。一方は自由人で教育ある者、他方は職人や賃金労働者などから成る低俗な者である。それゆえ、後者のような人々に対しても、休息のために競技や見世物を眺めることが許されるべきである。では、それに適した旋律があるのかといえば、低俗な者の魂が［労苦や無教養により］人間らしい本来のあり方から逸脱した状態にあるのとちょうど同じように、逸脱した音階や甲高く乱調になった旋律も存在する。それゆえ、一人一人の性質に合った固有の旋律が快楽を作り出すのである。だからこそ、演奏の競技者たちが低俗な観客を相手にする場合には、この種類の音楽を自由に用いる権限が与えられなければならない。

性格に関わる旋律を用いる場合

だが、教育のためには、既に述べたように、[9]性格に関わる旋律と音階を用いなければならない。先に挙げたドーリス旋法がその種のものであるが、もしも哲学研究と音楽教育の両方に携わる人々が私たちに何か他のものを勧めるのならば、それも受け容れなければならない。

a30

9　本章一三四二a二―三で述べられている。

とはいえ、プラトンの『国家』の中でソクラテスが、ドーリス旋法とともにフリギア旋法だけを「戦士たちの教育用に」認めて残したこと、しかも、楽器の中では縦笛の使用を禁じた上でそうしたこと[10]は適切ではない。なぜなら、音階の中ではフリギア旋法が持つのとまさに同じ力を、楽器の中では縦笛が持つからである。つまり、フリギア旋法と縦笛の両方ともが魂を恍惚とさせたり、特定の状態になりやすくさせたりするのである。実際、酒神バッコス的な興奮や、それに類する憑依的な変化の一切は、楽器の中ではとりわけ縦笛によって起こるし、音階の中ではフリギア旋法の旋律の中から、憑依的な変化を起こすのに適したものが得られるのである。

1342b

また、いま述べたことを詩作が示している。例えば、バッコスを讃えて歌うディテュランボス[11]は、人々の意見が一致している通り、フリギア旋法を用いたものと考えられる。そして、旋法の特質を理解する人々は典型的な例を多数挙げている。とりわけ、『ミュシアの人々』と題したディテュランボスを、ドーリス旋法で創作しようとして果たせなかった詩人のフィロクセノス[12]が、音階の本性によって導かれ、ディテュランボスに適した音階であるフリギア旋法に再び戻ったことを指摘している。

他方、ドーリス旋法については、最も落ち着きがあり、とくに勇気の性格を持っていることに誰もが同意する。その点に加えて、私たちは両極端の間にある「中庸」を賞讃し、それを追求するべきだと主張するのであるが、他のさまざまな音階と比較してみると、ドーリス旋法こそは中庸の本性を持っている。それゆえ、ドーリス旋法の旋律が、いっそう若年者の教育に適していることは明らかである。[13]

三つの教育目標

しかし、中庸を目指すこととは別に、実際的な教育目標には二種類があり、「能力的に可能なこと」と「自分に適したこと」である。[14]すなわち、それぞれの個人は、能

10　プラトン『国家』第三巻三九九A—Dの内容。
11　酒神への讃歌を原型とし、時代、地方、詩人によって様式が変わった合唱抒情詩。
12　紀元前四世紀に活躍したディテュランボス詩人。
13　ドーリス旋法は性格を形成する点で倫理的な作用を持つのに対し、他の旋法は心理的あるいは生理的な作用だけを持つという意味であろう。
14　「中庸」だけが教育目標ならばドーリス旋法のみ使えばよいことになるが、それ以外にも目標があると指摘し、リディア旋法なども生かそうとする議論。

力的に可能なことや自分に適したことにこそ、むしろ取り組むべきなのである。しかしこうしたことも、年齢に応じて決まるものである。

例えば、加齢によって活力の衰えた者が甲高い声を出す音階で歌うことは容易ではない。むしろ、こうした年齢の者たちに対しては、ゆったりと歌えるものを自然が提案してくれる。それゆえ、音楽に通じたある人々が、この点においてもソクラテスを非難するのは適切である。なぜならソクラテスは、ゆったりと歌える音階を教育に用いることに反対したのであるが、[15]それは、ゆったりとした音階が酒のように酩酊させる（すなわち、酩酊がバッコス的な興奮をいっそう激しくするので、高齢者には有害になる）と考えた結果ではないからである。つまり、酩酊させる力を根拠にしてではなく、ゆったりとした音階が人々の活力を衰えさせるという理由で反対したのがソクラテスなのである。したがって、その見解を受け容れる必要はなく、子どもが将来迎える年齢、つまり老齢に向けても、ゆったりとした音階と旋律に触れておくべきである。

さらには、さまざまな音階の中に、［快楽をもたらす］美しい調和[16]を持ちながら、同時に教育効果も持ちうるものが存在するならば、そうした性質ゆえに子どもの年齢には適するから、そのような音階（例えば、さまざまな音階のうち、とりわけリディア旋法がそのような性質を持つようである）にも触れておくべきである。

以上より明らかなのは、「中庸であること」、「能力的に可能なこと」、「自分に適したこと」の三点を、目標として教育の中に設定しなければならないということである。[17]

15 プラトン『国家』第三巻三九八Eの内容。

16 原語は kosmos。従来は、音階からの影響で子どもが身につける「規律」や「秩序」と解釈されることが多かったが、音階の特徴を述べた部分のため、このように訳した。

17 本巻は未完か、後続する部分が失われたと推測される。

『政治学（下）』解説

『政治学（下）』解説 目次

解説

三浦洋

一　現実的な最善の国制の探究

「訳者まえがき」でも述べたように、第五巻と第六巻は、「現実的な最善の国制の探究」を構成する部分です。両巻は主要な論題こそ違いますが、現実に多く存在する民主制と寡頭制を議論の中心に置き、二つの国制の混合によって貴族制や共和制が成立するととらえる点では共通しています。それは、第四巻の基調を継承しているからにほかなりません。

それゆえ、第四巻の議論、さらには第三巻までの内容も必要に応じて振り返りつつ、解説を進めてゆくことにします。また、この『政治学』がアリストテレス哲学の中で占める位置も示すため、他の著作との関連を説明するとともに、後世の思想との関係にも触れることにしましょう。

（一）第五巻の議論内容――なぜ国制は変動するのか

国家の内乱や国制の消滅などの変動を扱う第五巻は、一見すると、最善の国制の探究から懸け離れて見えるかもしれません。しかし、第八、九、十一、十二章に明瞭に見られるように、善い状態で国制を存続させるための方策を考えるのが狙いです。つまり、国制の消滅の原因を把握すれば、その原因とは正反対の善い状態を保つことによって国制を存続させられるということです。

国制の「善い状態」とは、法律や制度の内容そのものが整っているというより、むしろ市民の善い生き方が保障されている状態を意味します。それゆえ、「生きがいのない生活」（第八章一三〇八b二一）ではなく、市民にとって「自分が活かされること」（第九章一三一〇a三六）の可能なとき、国制は善い状態なのです。

また、「国家は自然的に存在するものに属する」（第一巻第二章一二五三a二）と考えるアリストテレスにとって、植物や動物など自然界に存在する他のものと同じように、国制は誕生し、変化し、消滅する性質のものです。それゆえ、この哲学者が国制の変動や消滅に注ぐ眼差しは、第一巻で国家共同体の発生に注いだ眼差しと同じだといってよいでしょう。国制に関して用いられる「生成（genesis）」、「変動（kīnēsis, metabolē）」、「消滅（phthorā）」という言葉はもとより、「維持・存続・生存（sōtēriā）」も、アリストテレスが他の著作で自然物を扱うときに用いる語彙と同じです。『生成消滅論』という著作によれば、月より下の世界、すなわち、自然界では存在者が永遠に同じ状態でとどまることはありません。もちろん、植物にも、動物にも、人間にも寿命があります。それとまったく同じなわけではないにせよ、『政治学』第三巻第十五章一二八六b八―二二で示された、王制↓貴族制あるいは共和制↓寡頭制↓独裁制↓民主制という典型的な変遷パターンを見る限り、国制にも寿命のようなものがあると考えられていることになります。

第五巻に話を戻すと、変動に関しては第一―四章が総論、第五―七章が国制ごとの各論です。第八―九章で存続策がまとめて述べられた後、第十―十二章が単独者支配制に触れるという構成になっています。

状態、目的、発端

第一章一三〇一b六―二六によれば、国制の変動には大別して二種類があり、現行の国制から別の国制へ移る場合と、国制は変わらないものの支配者が変わる場合です。前者は反乱や革命の類による変動で、日本史では「乱」と呼ばれるもの、後者はクーデターによる変動で、「変」と呼ばれるものに対応します。ただ、アリストテレスは、この二種類のいずれも「内乱（stasis）」と表現し、国内の抗争や動乱の総称として用いています。

では、内乱が起こる原因は何でしょうか。第二章一三〇二a一八―二二によれば、内乱を発生させた国家の「状態」、内乱の「目的」、内乱の「発端」の三つの要因があります。広い意味では三つとも「原因」ですが、しばしばアリストテレスは「状態」と「目的」をまとめて「原因」と呼び、「発端」と区別しています。

第一―三章の論述に基づき、寡頭制で内乱が発生する場合を具体的に考えてみると、次のようになります。寡頭制の中で生きる貧困者たちは、自由な人間という意味で自分と対等なはずだと考えている富裕者たちが支配権を握り、多くの富を得ている「状態」に不満を持っています。そこで、平等を実現するという「目的」で内乱を起こそうとします。ある時、富裕者たちが傲慢な態度を見せたことが「発端」となって、内乱が起こります。

このように、寡頭制の場合、内乱は人々の不平等がもとになり、平等という正義の実現を求めて起こされますので、正義に関わる「状態」と「目的」は本質的な意味での「原因」です。他方、傲慢な態度は内乱の引き金にすぎないことから、事の「発端」として区別されるわけです。この「発端」は、近代哲学で「機会原因」と呼ばれるものとよく似ています。

人文学としての政治学

とはいえ、アリストテレスが「発端」を軽視しているわけではありません。むしろ、第二章で挙げられた七種類、あるいは別の数え方で十一種類の「発端」については、第三章でかなり長い説明が与えられています。中でも、第三章で「発端」の筆頭に挙げられた「傲慢（hybris）」をめぐる議論は、王制と独裁制の変動の原因を説明する第十章において、かなりの部分を占めています。傲慢さは、同じく第五巻に頻出する「より多く得る（pleonektein）」と同様、徳の欠如の表れにほかなりません（『ニコマコス倫理学』第四巻第三章一二二四a二六―三〇)。徳を重視する倫理学に依拠した『政治学』では一種の「徳治主義」が提示されていますから、傲慢さへの戒めが説かれるのは当然の帰結ともいえるでしょう。支配者の有徳性を尊ぶ姿勢は、ソクラテスやプラトンの思想を受け継いでおり、人間性を問う人文学としての政治学の特徴が端的に表れています。

また、第三章で「発端」の種類の最後に挙げられた「市民の非同質性」も注目されます。「さまざまな非同質性が存在するにせよ、おそらく国家に最大の分裂を引き起こすのは、美徳と悪徳の差異であり、その次には、富裕と貧困の差異である」(第三章一三〇三b一五―一六)と述べられているのは、異なる国制を支持するゆえに人々が対立するという以前に、とにかく性質の異なる人々は分裂しがちだという意味です。性質の異なりには、人種の違い(一三〇三a二五)や住む場所の違い(一三〇三b七―八)も含まれます。人間の属性の単純な異なりが内乱の発端になるという指摘は、あたかも現代の世界への警告のようです。

第四章冒頭では、「内乱は原因として小さな事柄から発生するけれども、結果は小さな事柄だけに及ぶわけではなく、人々が実際に起こす内乱は大きな事柄に及ぶ」と述べられ、その後で次々と挙げられるのは、個人の恋愛問題、兄弟の遺産相続争い、婚礼での事件などが内乱を招いた事例です。こうした私的な出来事は、国家の運営から見れば「小さな事柄」にすぎませんが、結果的には国制の変動という「大きな事柄」を生じさせることになります。近代にも、同じことを述べた思想家がいました。「クレオパトラの鼻、それがもっと低かったら、大地の全表面が変わっていただろう」と『パンセ』に書いたパスカルは、鼻の小ささと大地の大きさの不釣り合いに目を向けています。人間の世界では小さな原因から大きな結果が起こること、その不条理や偶然性を見つめるのも、人文学としての政治学といえるかもしれません。

民衆指導者と煽動家の危険性

第五―七章の各論では、国制ごとの変動の原因が説明されています。民主制の場合は、民衆の歓心を買う民衆指導者が力を持ち、やがて国制を変質させます。民衆指導者から独裁者への変貌に言及した叙述（第五章一三〇五a七―一〇）は、大衆迎合主義（ポピュリズム）の政治の危険性が指摘される現代にも当てはまりそうです。寡頭制の場合は、支配層の富裕者が大衆に不正を行ったり、支配層の内部で抗争が起こったりすることが変動の原因になりますが、優れた仕方で支配を行っても、民衆が少数者支配そのものに苛立つ場合もあります。また、寡頭制の支配層の内部から煽動家が出現することもあり、アリストテレスはその一例として、アテナイの「三十人政権」を挙げています（第六章一三〇五b二五―二六）。

三十人政権は、アテナイがペロポネソス戦争でスパルタに敗れた後にできた寡頭制の支配組織で、スパルタの将軍の命令で作られた傀儡政権でした。この政権は一年ほどで崩壊しますが、その後に成立した民主制ではソクラテスが裁判にかけられ、死刑に処されたことから、アリストテレスは過去の歴史的事実としてよく知っていたと推測されます。おそらく、寡頭制から民主制への変動を語るとき、その例として思い浮かべていたことでしょう。

存続策は国制の混合と中間的な国制

一方、第七章で述べられる「貴族制と共和制の変動の原因」には、第八―九章の「国制を存続させるための方策」と直結する内容が含まれています。それは、国制の混合と「中間的な国制」に関する議論です。

まず、第七章では、「共和制と貴族制が崩壊する最大の原因は、国制そのものが正しい状態から逸脱していることである。すなわち、共和制の場合、崩壊の始まりとなるのは、民主制と寡頭制が適切に混合されていない状態である。それに対し、貴族制の場合、崩壊の始まりとなるのは、民主制と寡頭制に加えて『徳』という要素が適切に混合されていない状態であり、とりわけ二つの国制（すなわち、民主制と寡頭制）の混合が適切ではない状態である」（一三〇七a五—一一）と述べられます。これは、第四巻第八章の「単純にいえば、共和制は寡頭制と民主制の混合」（一二九三b三三—三四）という説明と、同章の「富と自由の二つの要素に対応して富裕者と貧困者を混合している場合は『共和制』と呼ばれるべきであるのに対し、徳を含め三要素のすべてを混合している国制の場合には、最初に挙げられた真の貴族制は別としても、とりわけ他の種類の貴族制に該当すると認められるべきだ」（一二九四a二二—二五）という論述を受けた議論です。すなわち、共和制も貴族制も、民主制と寡頭制の適切な混合で成立しているときには正しい状態になるものの、混合が不適切だと変動しやすくなり、崩壊を招くということです。

すると、存続策としては、混合を適切に行えばよいということになります。第八章では、「公職者が利益をむさぼらない制度を確立できた場合、その制度こそ、民主制と貴族制が同時に存在できる唯一の方法にもなる。というのも、そうした制度下であれば、名士たちも大衆も、それぞれが望むものを手に入れられるだろうからである。すなわち、かたや大衆にとっては、誰もが公職に就くことを『許される』という意味での民主制が手に入り、かたや名士たちにとっては、実際に自分たちが公職の地位に『就いている』という意味での貴族制が手に入るのである」（一三〇八b三八―一三〇九a三）と説明されています。引用文中の「民主制と貴族制が同時に存在できる」とは、少数者支配になるゆえに寡頭制の性格を持つ貴族制が、民主制と混合されるという意味で、富、自由、徳の三要素の混合であり、いい換えれば、富裕者、貧困者、有徳者の混合です。このうち富裕者と有徳者は、ほぼ同じ人物が兼ねると想定されています。つまり、公職者になっても大きな利益を得られない制度にすれば、生活に余裕のある富裕者かつ有徳者だけが公職に就き、貧困者は私事に専心するものの、貧困者にも公職に就く権利だけは与えられているので誰もが満足できる制度になる、ということです。

さらに、民主制では富裕者が、寡頭制では貧困者が公職に就きやすくなるようにするという提案（第八章一三〇九a二七―三〇）や、民主制と寡頭制のいずれも極端を避け、「中庸」の制度を採用するべきだという主張（第九章一三〇九b一九）は、第四巻第九章と第十一章で詳述された「中間的な国制」の構築法を継承したものです。しかし、第四巻第十三章において、国制を中間的にする方法の一つのように語られていた懐柔策については、第五巻第八章で、「欺瞞であることは事実によって証明される」（一三〇七b四〇―一三〇八a二）と述べられていますので、可能な限り避けるべき方策なのでしょう。

中間の人々の役割

なお、民主制と寡頭制を比較した場合、民主制の方が安定しているとアリストテレスは考えており、その根拠は「中間の人々」の存在です。第五巻第一章では、「中間の人々が参与する国制は［支配者の数が多くなるため］少数者支配の寡頭制より多数者支配の民主制に近くなることも、堅固さの理由である。まさにこのような国制こそが、不安定になりやすい国制の中では最も堅固である」（一三〇二a一四―一五）といわれています。すなわち、富の所有において富裕者と貧困者の中間の人々がいれば、それに対応して国制そのものも寡頭制と民主制の中間的な制度となり、恩恵を被る人々が多数派になって安定化するということです。

第五巻第四章でも、「富裕者と民衆のように、国家の中で対立していると考えられる部分同士が互いに対等な力で拮抗しているとき、中間の人々がまったく存在しないか、ごくわずかしか存在しなければ国制は変動する」（一三〇四a三八―b二）と述べられていますので、中間の人々は富裕者と貧困者の間に立ち、いわば緩衝作用を担うということでしょう。中間の人々が、富裕者と貧困者の双方から信頼される「国家の中の仲裁者」（第四巻第十二章一二九七a四―六）と呼ばれるゆえんです。

高い意識と信頼

一方、第五巻第十一章で独裁制の存続策が説かれるのは奇妙にも見えますが、示唆に富む内容を含んでいます。それは、独裁を強化する政策として、人々が高い意識と信頼を持たないようにするため、共同食事、政治的集会、教育などの活動に独裁者は警戒するというものです。現代でも、独裁的な性格を持つ支配者たちは同じような弾圧を行っているのではないでしょうか。

裏を返せば、人々の高い意識と信頼こそが独裁を阻止するということです。これは、アリストテレスが現代の私たちに送ったメッセージのようにさえ思われます。

（二）第六巻の議論内容——民主制と寡頭制の改善

第六巻は、第四—五巻への補足という性格を持っています。とくに、第四巻第十四—十六章で整理された内容、すなわち、国制の中で審議、公職、裁判を担う部分のあり方を再検討する巻になっています。かたや第四巻第十四—十六章では、国制ごとのしくみの違いを明確にしようとしていましたが、かたや第六巻では、異なる国制同士の部分的な組み合わせが検討されます。例えば、「審議を担う部分と公職者の選出方法は寡頭制的な制度にする一方、法廷に関する制度は貴族制的にするという組み合わせ方」（第六巻第一章一三一七a四—七）のようなものが検討課題です。アリストテレスは、「こうした組み合わせ方について最初から考察するべきだったにもかかわらず、考察対象に据えてこなかったのが現状なので、その点をいま述べているのである」（第六巻第一章一三一七a三—四）と、論述の趣旨を明らかにしています。ここでは「混合」という語が用いられず、国家の部分と動物の部分を類比した第四巻第四章一二九〇b三五と同じく、「組み合わせ」と表現されているのが注目されます。原語の synduasmos は、「二つのものが一緒になること」を指し、第一巻第二章一二五二a二六と『ニコマコス倫理学』第八巻第十二章一一六二a一七では、同系語が「男女が組になる」の意味で用いられています。「同居」を意味するフランス語の「コアビタシオン（cohabitation）」がこの語に近い含意を持ち、対立する党派の「連立政権」の意味でも使われることを想起すると、異なる国制同士の部分的な組み合わせの意味合いが見えてくるのではないでしょうか。

また、寡頭制と民主制の混合を議論の基調にしていた第四―五巻とは異なり、第六巻では、国制のいずれかの部分を改善することで寡頭制を貴族制に近づけたり、民主制を共和制に近づけたりするという方向性、つまり、部分的修正によって、逸脱した国制を正しい国制に引き戻すという方向性が打ち出されています。そして、こうした論述と並行するのが、寡頭制にも民主制にも複数の種類があるという議論です。第四章で示される四種類の民主制、第六章で示される三種類の寡頭制は、いずれも、最も極端な最悪の種類の国制を避けることを目的にして説明されています。したがって、

「最善の国制」の探究というよりは、「より善い国制」の追求という色彩の強い論述です。

民主制的な正義と平等

アリストテレスは、審議、公職、裁判を担う部分の組み合わせ方を具体的に説明しつつも、同時に民主制や寡頭制を原理的に考え直して改善を図ろうとします。「民主制の基本的前提と民主制の性格、つまりは民主制が目指すものについて先に述べよう」（第一章一三一七a三九）と記し、第二、三章の正義論では民主制的な自由、正義、平等を再考しています。既に第三巻第九―十三章の正義論でも、国制ごとの正義や平等については論じられましたが、それと大きく異なるのは、富裕者を排除するような民主制の側面が批判される点です。すなわち第六巻では、数における多数者の支配が正義であるという民主制の考え方が批判されるのです。

まず第二章では、可能な限り全市民が審議、公職、裁判に参与する方法を民主制に共通する制度として挙げた上で、人間の価値の大小にかかわらず、一人の個人に必ず一つのものが与えられるような「数に応じて配分するという意味での平等」（一三一八a五）を徹底するよう説きます。すなわち、「この意味での平等に従えば、貧困者が富裕者より支配権を多く持つこともなければ、多数者である貧困者だけが最高の権限を握ることもない。貧困者と富裕者の全市民が数に応じた平等を享受し、一個の人間として同じ権限を持つのである。つまり、このような状態になってこそ、民主制という国制には平等と自由があると、人は考えるだろう」（一三一八a六―一〇）というのです。富裕者を排除したり差別したりせず、一個の人間として平等に扱う制度は、実質的には共和制に近づくはずです。

財産の査定額で決める例

また、第三章でも、貧困者と富裕者の対立をどう調停するかということに問題が設定されます。「市民の多数者の意見が決定権を持つべき」（一三一八a二八―二九）だと考える点は両者に共通しますが、富裕者は「財産における多数者（財産を占有する割合での多数者）」（一三一八a二〇）の意見に従うのが正義だと主張するため、貧困者と対立するわけです。

アリストテレスの見解は、「国家は実状として、富裕者と貧困者という二つの部分から構成されている」（一三一八a三〇―三一）という現実認識に立ち、「富裕者と貧困者で意見が一致している場合か、あるいは、富裕者の中の多数派と貧困者の中の多数派で意見が一致している場合に決定権を持つと考えなければならない」（一三一八a三一―三三）というものです。では、富裕者の意見と貧困者の意見が対立した場合はどうするのかというと、「財産を占有する割合での多数者、すなわち、財産の査定額の総和で優る側の人々に決定権が与えられなければならない」（一三一八a三三―三三）と述べます。この叙述だけを読むと、富裕者に対して貧困者が一方的に譲歩するべきだと説いているように見えますが、その後に挙げられる「十人の富裕者と二十人の貧困者」の例（一三一八a三四―b一）は、そう単純ではありません。アリストテレスの記述に従い、次のような具体例を考えると、「財産の査定額の総和」で決める意味が見えてきます。

いま、十人の富裕者がいて、どの人物も財産の査定額は三百万円だとしましょう。同時に、二十人の貧困者がいて、どの人物も財産の査定額は百万円だとしましょう。ある政治的な問題で意見が対立しており、どちらかといえば富裕者に有利な意見Aには、既に六人の富裕者が賛成する旨を表明しています。他方、どちらかといえば貧困者に有利な意見Bには、既に貧困者十五人が賛成する旨を表明しています。まだ意見を表明していない人々を除いて考えると、意見Aの賛成者の場合、財産の査定額の総和は三百万円×六人＝千八百万円となります。それに対し、意見Bの賛成者の陣営は、財産の査定額の総和が百万円×十五人＝千五百万円で、この時点では、意見Aの陣営に負けています。

ところが、残っていた四人の富裕者が意見Bに加勢すると、この陣営は千五百万円＋三百万円×四人＝二千七百万円となります。一方、残っていた五人の貧困者が意見Aに加勢すると、千八百万円＋百万円×五人＝二千三百万円となり、意見Bの陣営が逆転勝ちします。したがって、財産の査定額の総和で優る側に決定権を与える方が意見Bの優勢につながり、貧困者にとって有利な結果となります。この結末は、十人の富裕者全員が意見Aに賛成して財産の査定額の総和が三百万円×十人＝三千万円、二十人の貧困者全員が意見Bに賛成して財産の査定額の総和が百万円×二十人＝二千万円だった場合と比較してみれば、いっそう「逆転」の効果の大きさがわかるでしょう。

おそらくアリストテレスの狙いは、二十人の貧困者全員が意見Bに賛成するより、一人少ない十九人の混合的賛同者（十五人の貧困者＋四人の富裕者）の方が意見Bの優勢につながることを示す点にあったのでしょう。つまり、貧困者の支持する「数に基づく正義」（多数者の意見に決定権がある）に従って一人でも多くの賛同者を獲得しようとするより、富裕者の支持する「価値に基づく正義」（財産の多さにおいて優る者の意見に決定権がある）に従った方が、かえって貧困者に有利な結果になる場合があるという例解です。

さらに、第二巻第六章一二六五b二一―二三で触れられた、プラトンの『法律』の財産論を考慮すると興味深いことがわかります。すなわち、『法律』に書かれている通り、「個人が財産の総体を五倍まで増やすことは許容される」国制を仮定すると、貧困者の財産の査定額が百万円で、富裕者の財産の査定額は五百万円という事態が考えられます。この査定額を先の事例に適用すると、最終的に意見Aの陣営も意見Bの陣営も三千五百万円になります（意見Aは五百万円×六人＋百万円×五人、意見Bは五百万円×四人＋百万円×十五人）。そして、五倍よりもさらに多く財産を増やせる場合には、アリストテレスの事例において意見Aが常に勝つことになり、もはや意見Bは逆転勝ちできなくなります。アリストテレスはこの境界点を計算に入れて、例を挙げたのかもしれません。

籤引きも方法の一つ

実際、一般的に意見Aと意見Bが対立するとき、必ずしも貧困者の全員が意見Aに賛成し、富裕者の全員が意見Bに賛成するとは限りません。それぞれの意見への賛同者に、貧困者と富裕者が混在していることは、よくあるでしょう。そして、たとえ財産の査定額の総和で優劣を決めようとしても、両陣営が同額になる場合もありえます。その点もアリストテレスは考慮し、「たまたま両陣営の総和が等しくなったときには、現在の民会や法廷で投票が同数に割れた場合と共通する問題と考えるべきであるから、籤引きで決するか、それに類する他の方法で決するべきである」(一三一八a三七―b一)と述べています。

こうした結論が、決して容易に導かれたものでなかったことは、第三章の結びの文から知れます。「平等と正義というものは、その真理を発見することにどれほど大きな困難を伴うとしても、それでもなお、より多くの事物を力ずくで自分のものにしようとする者たちを説得することに比べれば、真理に達することの方が容易である。なぜなら、平等と正義を求めるのは、常に弱者なのであって、力で優る者たちはまったく顧慮しないからである」（一三一八b一一一五）という叙述にはアリストテレスの苦渋が滲み出ているといえるでしょう。

民主制の存続策を考察する第五章でも、やはり富裕者への配慮が説かれています。富裕者の財産を没収して国家の財源を確保するような政策は行わず、むしろ手当の支給を削減するよう民会の開催回数を減らしたり、裁判員の手当を貧困者に限って支給したりするなどの方法が提案されています（一三二〇a一二―一七）。民主制に適した法律とは、最も長い期間にわたって民主制を存続させる法律であり、貧困者だけを利するような法律ではないという主張（一三二〇a一―四）は、要するに、富裕者への顧慮を訴える主張にほかなりません。

望ましい寡頭制

そして第六章では、今度は寡頭制に対し、貧困者への配慮を訴えています。すなわち、最も望ましい種類の寡頭制では、「公職などに就く条件となる財産の査定額を、貧困者用の低額と富裕者用の高額に分けて定めなければならない。こうすれば、低額の条件を満たす者は国家にとって必要不可欠な公職に参与し、高額の条件を満たす者はもっと重要な権限を持つ公職に参与することになる」（一三二〇b二一―二五）。その結果、支配に当たる公職者が増えて共和制に近づくため、富裕な家門だけが支配権を独占し、最悪の寡頭制となる門閥制を防止できます。財産の査定額の高低によって、就任できる公職に差をつけているのは、「価値に基づく正義」（一三二一a二―三）こそが寡頭制的な正義だという考え方を、アリストテレスが堅持しているからです。

続く第七章では、寡頭制の存続策が主題になっています。貧困者の大衆も政府に加われるような三種類の制度（一三二一a二六―三一）が挙げられているほか、戦力にも言及されているのが大きな特徴です。馬の飼育や武器の所有は富裕者だけに可能なことから、騎兵と重装歩兵は富裕者の役割になる一方、軽装歩兵と水兵は貧困者の任務でした。そのため、軍事の領域でも富裕者と貧困者の混合や協調が課題になるわけです。とくに貧困者の軽装歩兵は、国内で対立が起こった場合、富裕者にとって脅威になる恐れもあります。その問題についてアリストテレスは、寡頭制の支持者の息子は若い時に軽装歩兵などになり、その後、騎兵や重装歩兵になるようにすればよいと説いています。富裕者の息子たちが若い時に軽装歩兵などになれば、貧困者の中から反乱者が現れるのを察知したり、防いだりできるということなのでしょう。

また、貧困者を公職に就かせることには逆行するものの、高位の公職者に公共奉仕を義務づけることも提案されています（一三二一a三一―三五）。資産がなければ公共奉仕はできないため、公職から貧困者を排除する規定にはなりますが、大きな代償を支払う公職者に対し、民衆が思いやりを持つようになるといわれています。要するに、寡頭制が存続するには、尊敬されるような公職者でなければならないということです。アリストテレスが寡頭制の支持者に対し、「利得」ではなく「名誉」を求めるよう主張するのも、同じ考えに基づいています。いわば、富裕者に対して有徳者になるよう求めているわけであり、寡頭制を貴族制に近づける意図があります。名誉を重んじる富裕者というのは、近代以降の「貴族」にかなり似ているように思われます。

　程度に違いこそあれ、貧富の差を是認することになる寡頭制では、支配者が被支配者から敬愛されなければならないし、支配者は名誉を重んじて行動しなければなりません。このような状態になったとき寡頭制は安定し、存続できるという思想は、個人の人間性や人間同士の関係を重視する政治学の徳治主義的な思想といえるでしょう。

二　理想的な最善の国制の探究

第七―八巻は、第六巻までの議論とは別のグループになります。そのことを示すのが、第七巻第一章冒頭の、「最善の国制について適切な方法で探究を行おうとする者は、人間の最も望ましい生き方とはどのようなものであるかを最初に規定しなければならない」（一三二三a一四―一六）という文です。この文が第七―八巻の「最善の国制」に関する探究の開始を告げているのは明らかですが、「人間の最も望ましい生き方」を参照して探究を進めようとする点は、第四―六巻における「最善の国制の探究」と進め方が異なります。

その異なりを確認するため、第四巻第一章を見ると、「国家の運営者は、これまで［第一章冒頭で］述べた最善の国制を目指すだけではなく、現行の国制に対して助力を与えることもできなくてはならない。……国制の種類がいくつあるかを知らないでいれば、この仕事を果たすことはできない（現実には、民主制は一種類しかないとか、寡頭制は一種類しかないとか、思い込んでいる人々も存在するが、それは真実ではない)」(一二八九a五—一〇)と述べられています。つまり、第四—六巻は既存の国制を念頭において議論を進めようとしており、その意味で、「現実的な最善の国制の探究」ととらえられます。それに対し第七—八巻は、人間(個人)と国家を類比する方法で考察を進め、特定の国制にとらわれずに「最善の国制」を構想しようとしています。これは純粋に理論的な考察であり、文字通り、理想的な国制を求める探究といえるでしょう。

(一)第七巻の議論内容——国土づくりと人づくり

第七巻は、個人の生き方と国家のあり方を主題にする第一—三章、人口など国家の基本条件を問う第四—六章、市民など国家の構成要素を考察する第七—十章、首都や公共の場所について検討する第十一—十二章、そして、市民の教育などに関わる第十三—十七章から成ります。概括的にいえば、「国土づくり」と「人づくり」の二大テーマに沿って最善の国制を求める探究です。

最も望ましい生き方

まず、第一章で考察される「人間の最も望ましい生き方」とは、「人間（個人）の最善の生き方」のことです。アリストテレスは『ニコマコス倫理学』で説明した外的な善（富、名誉、権力、友人など）、身体の善（健康、体力、美しい容姿など）、魂の善（勇気、節制、正義、思慮などの徳）を挙げた上で、最善の生き方にとっては、とりわけ徳が重要だと主張します。例えば、「外的な善を必要以上に多く所有しながら性格と知性の点では他人に劣る人々より、他人に優るほど性格と知性の点で徳を身につけながら、外的な善の獲得はほどほどにしている人々の方が幸福に生きるということも事実なのである」（第一章一三二三b二―六）と述べています。『ニコマコス倫理学』では、生きるために身体の善や外的な善が手段的な要素として必要不可欠だとしつつ、知性的な徳を発揮して哲学的な観想を行うことが最善の生き方、すなわち幸福だと結論づけられていました。その点は『政治学』でも基本的に変わりませんが、いま問題にしている第七巻第一章では、富などの外的な善は「ほどほどに」あればよいということ、つまり、「必要とされる一定の限度がある」（一三二三b七）ということが強調されています。これは、第一巻第九章などで展開された、金儲けの術への批判、すなわち、際限なく富を追求しようとする「財産の獲得術」への批判と軌を一にするものです。富は人生の目的ではなく手段であること、この論点を強調するために、三種類の善の区別があらためて提示されたと考えられます。

そして、個人と同様、国家も徳を備え、立派に行為を為すときに幸福になるというのがアリストテレスの見解です（一三二三b二九—三六）。人生の目的は幸福だとする「幸福主義」と、有徳でなければ幸福になれないとする「徳倫理」の思想が、『ニコマコス倫理学』から継承されていることは『政治学』の全篇において明らかですが、とりわけこの第七巻には強く表れています。第一巻冒頭で述べられた、国家が目指す最高善とは「幸福」にほかならず、それを実現するのが「最善の国制」ですから、理想的な国制を考察する際、そうした倫理思想の特徴が前面に出るのは当然のことでしょう。

幸運と幸福の違い

また、第七巻第一章には、『ニコマコス倫理学』と共通する主張がもう一つ見られます。それは、「幸福」は外的な善に依存しないゆえに、その点で「幸運」とは異なるという主張です。先ほど述べたように、有徳でなければ幸福になれませんが、徳は幸運によって身につくものではなく、学習や経験、習慣づけによって備わるものです。確かに、生きるためには富などの外的な善が一定の程度、必要だとしても、富があれば必ず幸福になれるというわけではない、つまり、富は幸福の十分条件ではないという意味で、幸福は外的な善に依存しないと述べられているのです。

他方、富や生まれの善さなどの外的な善は、幸運に依存する面が大きいといえます。それゆえ、『ニコマコス倫理学』第一巻第八―九章では、幸運とは外的な善に関わるものであると説明されています。したがって、幸運は幸福と間接的に関わりますが、両者は同一ではなく、学習などの自己修養で達成される幸福の方が尊いというのがアリストテレスの見解です。

現代の倫理学では、「道徳的運（moral luck）」の名で呼ばれる問題が設定され、道徳的な生き方と幸運との関係がしばしば論じられます。端的にいうと、幸運に恵まれなければ道徳的に善良な生き方はできないと考えるか、それとも、徳さえ備えれば運に左右されずに善良に生きられると考えるか、が主要な選択肢となる問題です。この

「道徳的に善良な生き方」を「幸福」に置き換えると、人生の目的を「幸福」と考える幸福主義者アリストテレスが考察した問題になります。実際、『政治学』第七巻第十三章一三三二a一九―二〇では、有徳者ならば不運に対応できることが示唆されています。

仮に、有徳者には幸福になるための手助けをしなくてよいと考えたとしても、幸運に恵まれない社会的弱者に国家がどう対応するか、という問題を立てれば、これが現代でも政治学や社会哲学の一大問題であることは明らかでしょう。

幸福の実質的な内容

第二―三章では、やはり個人と国家を見比べる方法で、両者にとっての「幸福」の実質的な内容が同じかどうかを問います。この問いを提起する第二章冒頭では、すぐに「同じである」という結論が示されますが、どのような内容で同じなのかは具体的に示されません（一三二四a五―八）。なぜかというと、例えば、富さえあれば個人が幸福になると考える人は、国家も富さえあれば幸福だと考える（一三二四a八―九）というように、同じ要因が幸福をもたらすと推論するだけで、富、徳、権力などの候補のうち、どれが実際に幸福の要因なのかは考察してみなければわからないからです。

そこでアリストテレスは、個人の幸福の内容は実際にはどうなのか、そして、国家の幸福の内容は実際にはどうなのか、という二つの問題を提起します（一三二四a一四―一九）。後者の問題は、国家の幸福な生き方を問うもので、「ある意味では、国制は国家にとっての生き方」（第四巻第十一章一二九五a四〇―b一）ですから、結局のところ、最善の国制を問うことになります。

ここまで説明したことを整理すると、アリストテレスの考察方法は二段階から成っています。①もしも富によって個人が幸福になるのならば、国家も富によって幸福になる（「富」の部分は「徳」でも「権力」でもよい）。これは、実際に富によって個人もしくは国家が幸福であるかどうかは別にして、ともかく仮定を立てて論理的に考えるとそうなるということです。これに加えて、②実際に個人は富によって幸福になっている、という事実が示されれば、国家も富によって幸福になることが証明され、個人と国家の幸福の要因が富という同じものであることが完全に確証されます。アリストテレスは他の著作において、①のような方法を「論理的な仕方での（logikós）解明」と呼び、②のような方法を「実際的な仕方での（physikós）解明」と呼んで、『ニコマコス倫理学』第七巻第三章や『形而上学』第七巻第四章などで用いています。

ところが、「幸福」について「実際的な仕方での解明」を企てる第二―三章の議論は、やや複雑な経路をたどります。まず、最初に個人の幸福な生き方をつきとめ、それに基づいて国家の幸福を考察する方法が採用され、個人の幸福な生き方の候補として「政治的な生き方（実践的な生き方）」と「哲学的な生き方（自由人の生き方）」が挙げられますが、結論は持ち越されます（一三二四a二三―b一）。次いで、個人の生き方を優先的に考えない見解、すなわち、個人も他国も隷従させる独裁制こそが幸福をもたらすという見解が取り上げられ、その専制的な支配と、軍事を最優先する国制が批判されます（一三二四b一―一三二五a一四）。こうして第二章が閉じられ、第三章では、あらためて「実践的な生き方」と「自由人の生き方」が考察されます。

第三章で示されるアリストテレスの見解は、どちらの生き方を支持する人も「ある意味では正しいが、ある意味では正しくない」（一三二五a二三―二四）というものです。すなわち、自由人の生き方を支持する人々は、その生き方が、他者を専制的に支配する生き方より優れていると考える点では正しく、自由人同士の支配の意義と、徳に基づく実践の意義を認識していない点では正しくありません（一三二五a二四―三四)。他方、実践的な生き方を支持する人々は、「幸福とは善き実践だ」と考える点では正しく、他者と関わらなければ実践的に生きられないと考え、自分が単独で思考したり哲学的な観想を行ったりすることの実践的な性質を認識していない点では正しくありません(一三二五b一四―二三)。

では、どのような結論になるのかといえば、「実践的な生き方(政治的な生き方)こそが、国家全体の公共的な観点から見ても、一人一人の個人の観点から見ても、最善の生き方であることになるだろう」(一三二五b一五―一六)と述べられていますので、ここだけを読むと、自由人の生き方(哲学的な生き方)が完全に退けられたかのように見えます。しかし、自由人の生き方が批判されるのは、国家の運営に参加しようとしない面だけです。アリストテレスが実際に提示しているのは、哲学的な生き方にも実践的な性質があること、また、政治的な生き方にも観想的(哲学的)な性質があることであり、二つの生き方は排他的ではないという内容になっています。それを例解するのが、国家の最高指導者の比喩として挙げられる「大工の棟梁」(一三二五b二三)です。

大工の棟梁は、建材の使い方や手下の仕事の分担を考えて指示しますが、自分自身が建材を運んだり、作業したりすることはありません。それゆえ、身体を動かさないという点では、実践的でも活動的でもありません。しかし、アリストテレスによれば、大工の棟梁が「自分の内部で思考している」(一三二五b二三)ことこそが「実践」なのです。すると、政治について思考する国家の最高指導者も「実践」するわけであり、それは「国家の運営に関する哲学(政治哲学)」(第三巻第十二章一二八二b二三)と呼べるものです。つまり、この意味では、哲学も実践だということになりますから、哲学的な生き方と政治的な生き方(実践的な生き方)が排他的ではなくなるわけです。

「エネルゲイア」の思想

ただ、哲学も実践だととらえると、理性の非実践的な使用こそが観想であり、すなわち哲学的思惟だと説明する『ニコマコス倫理学』からは離反するように見えます。そこで、いま焦点を合わせている『政治学』第七巻第三章の「実践」ないし「実践的」という言葉の意味合いを掘り下げてみなければなりません。

「実践」と訳されたprāksisは、現実に何かを行うという意味での「活動」や「実行」に近く、アリストテレスの造語である「エネルゲイア(energeia)」の代役を果たしていると考えられます。「エネルゲイア」は、従来、「実現態」、「現実態」、「現実活動態」、「現実活動」などと訳されてきましたが、この新訳では「発現状態」（第七巻第八章一二二八a三八、同巻第十三章一二三二a九の二カ所）と訳しました。要するに、能力を実際に発揮して活動する状態、あるいは、潜在していた可能性が現実化した状態を指し、その対義語は「可能態」、「可能性」、「能力」などと訳される「デュナミス（dynamis）」です。「エネルゲイア」に関わる思想は広汎なため、簡略には説明できないものの、その基底には、可能性や能力が潜在したままの状態よりも、現実化した状態の方が善いという世界観があります。例えば、植物の種子がそのままの状態であるよりも、発芽して開花し、成体として生きる状態になった方が善く、このときに、種子の目的は実現されています。そして、植物が生き続ける限り、目的が実現された状態は続きますから、その生命活動をエネルゲイア＝実践ととらえると、「ある種の実践は目的そのものになる」（一二三五b二一）という説明の意味がよくわかります。この「エネルゲイア」の世界観から、実践的な方が善い、あるいは、活動的な方が善いという判断も生じるわけです。

一般に、実践や活動は他者と関わるため、個人が単独で行う思考や哲学的な観想は

「実践的」だととらえにくいわけですが、「エネルゲイア」の思想に基づけば、それらも理性の能力の発揮という意味で「実践的」ということになります。理性の能力が優れていれば「知性的な徳」を持つことになりますから、徳の発揮という意味での「エネルゲイア」ととらえてもよいでしょう。

国家における内部の実践

こうして、個人の幸福は「実践的な生き方」にあるという結論が導かれたことから、国家の幸福もこれと類比的に考えられることになります。すなわち、あえて「論理的な仕方での解明」に立ち戻ってみると、「実践的な生き方によって個人が幸福になるのならば、国家も実践的な生き方によって幸福になる」わけです。では、他国と関わる実践を行わなければ、実践的な国家にはならないのでしょうか。このことを考察する第三章終結部によれば、ある国家が「他国と関わらず、自国だけで鎮座するように存立している場合」（一三二五b二四）でも、「国家の内部で部分ごとに実践が生じることも可能」（一三二五b二五―二六）です。つまり、他国と交渉したり、他国の支配を目指して戦争したりしなくても、自国の内部で、共同体を運営するために市民が活動すれば実践的な国家となり、幸福な国家を築けるということです。

同様の実践が、一人一人の個人の内部、全宇宙の内部、さらには神の内部でも行われているという叙述（一三二五b二七―三〇）は、ミクロコスモス（小宇宙）からマクロコスモス（大宇宙）に至る全領域の「エネルゲイア」の描写といえます。ここで言及される「神」は、『形而上学』第十二巻第九章でも説明されるように「思惟」という実践を行っていると考えられます。この「神の思惟」を提示するための伏線として、大工の棟梁の「内部の思考」が挙げられたとも考えられます。こうしたアリストテレスの説明を踏まえ、中世のキリスト教哲学者トマス・アクィナスは、思惟を行う神こそ純粋な「現実態（ラテン語でactus）」であると説きました。

船、港、海軍

続く第四―六章では、理想的な国家の人口や国土の大きさ、地形などが論じられます。ここで注目されるのは、第四章一三二六a三五―b二において、国家の大きさが船の大きさに譬えられる点です。大きすぎても小さすぎても不可であり、適度な大きさでなければならないという論旨は明快ですが、その例に船が挙げられるのは、現代でも世界屈指の海運国であるギリシャだからでしょう。

船を国家に見立て、航海を国家の運営に見立てる論述は、第一巻第四章に比喩として登場する航海術や、『ニコマコス倫理学』第三巻第一章一一一〇a八―一二で例示されている嵐の中の船（「船長の例」と呼ばれる）を想起させます。「船長の例」では、航海中、嵐に遭遇した船長が、乗組員を救うために積み荷を捨てるという選択をします。積み荷を捨てたくて捨てるわけではなく、嵐の状況でやむをえず捨てるわけですから、船長の行為には自ら進んで行っている面もありつつ、不本意に行っている面もあります。その意味では混合した性質の行為ですが、アリストテレスによれば、どちらかというと自ら進んで選択した行為に該当します。個別の状況に即して適切な判断を下した点は賞讃に値し、船長の有徳さを示す行為になっています。

この例を『政治学』に当てはめると、天候次第で状態が急変しやすい海は、国家の状況の比喩になります。いまだ経験したことのない不測の事態が国家を襲うこともあるわけですから、政治家は船長として国家の運営を適切に舵取りする必要があります。その際、個別の状況判断が何よりも重要になることはいうまでもありません。

そして、第六章の論題となる首都と海の関係、港の位置や海軍の規模は、やはりギリシャでは国家の重要事項といえます。とりわけ海軍の規模が「国家の生き方と相関する」（一三二七b三―四）という叙述には、軍事的な覇権への問題意識が表れています。

人づくりの理念

先に、第七巻の二大テーマは「国土づくり」と「人づくり」だと解説しましたが、「人づくり」は、市民など国家の構成要素を考察する第七―十章と、市民の教育などに関わる第十三―十七章とに論述が分かれています。それらを総体として見たときの特徴は、特定の国制との関連で「最善の国制」が構想されていないことです。

例えば、第八章で国家の構成者に挙げられた農民、職人、戦士、資産家、祭司、裁判員と審議員に関し、第九章では国家の全員がそれらのすべてに参与するべきかどうかを問いますが、「民主制のもとでは国家の全員がすべての働きに参与するけれども、寡頭制のもとでは正反対になる」（一三二八b三二―三三）といわれています。そのいずれの方法も最善なわけではなく、最善の国制では、「市民は職人の生き方や商人の生き方をしてはならないということである。というのも、そのような生き方は卑俗であり、徳とは正反対の性質のものだからである。したがってまた、市民であろうとすれば、農民であってもならない。なぜなら、徳の涵養にせよ、徳に基づいた国家の運営の実践にせよ、余裕のある生き方を必要とするからである」（一三二八b三九―一三二九a二）と主張されます。つまり、既存の国制は参考にされるだけで、その中から最善の国制が見つかるわけではない、という探究姿勢が一貫しています。いま引用した文にある「余裕のある生き方」が、第七―八巻における「理想的な最善の国制の探究」を導く理念となり、この理念に基づく人づくりが構想されることになります。この「余裕のある生き方」については後述します。

友愛と共同食事

第十章で注目されるのが、「友愛」と共同食事を結び付ける議論です。すなわち、「財産の所有ではなく使用に限れば、友愛の精神で土地などを共用し、市民の誰ひとりとして食糧に困窮しないようにするべきだというのが私たちの主張である。同じ理由によって、共同食事の制度についても、善く構築された国家で行うのなら役立つと誰もが賛同しており、私たちもそれに賛同する」（一三三〇a一―四）というものです。

財産の使用の共有化と、その典型である共同食事については、（上巻）「解説」二（三）節において第二巻との関連で既に述べましたが、この第七巻第十章では市民の徳よりも「友愛の精神」を打ち出しているのが特徴です。それは、「共同食事は全市民の参加が必須となるが、生活困窮者の場合、定められた費用を私費で納め、かつ、他の家計もまかなうのは容易ではない」（一三三〇a五―八）という理由を挙げ、公費による負担を訴える際に、市民同士の友愛が前提になるからでしょう。第七章でも、知人に対する友愛への言及（一三二七b三八―一三二八a一）が見られるように、しばしば『政治学』では友愛の意義が強調されます。それは、『ニコマコス倫理学』第八―九巻の多角的な友愛論を継承しつつ、共同食事のような国家の政策に友愛を生かそうとする試みといえるでしょう。

余裕のある生き方

第七巻の「人づくり」論で最も規範的な内容を持つのは、優れた市民によって優れた国家を構築するべきだと主張する第十三―十五章です。

まず第十三章では、優れた市民になるための三つの要因、すなわち、自然本性、習慣、理性が挙げられ、とくに人間だけが持つ理性の重要性が示されます（一三三二a三八―b一二）。自然本性という要因は生まれつきの性質に当たりますから、第十六章では生殖への配慮が説かれ、第十七章では子どもの誕生後の配慮が説かれます。こうした内容が現代の政治学や社会哲学で扱われることは考えにくいですが、古代では国家運営の一部として知識人が考えるべき問題だったようです。他方、子どもの習慣づけと、理性で言葉を受け止めさせる教示は、二種類の異なる教育方法に位置づけられ、第八巻の教育論で詳述されることになります。

それに対し第十四―十五章では、教育の目的が議論の中心となり、「余裕のある生き方」ないし「余裕のある有閑的な生活」を目指した教育の必要性が強調されます。それぞれの章から引用すると、第十四章では、「確かに、労働に従事できなくてはならないし、戦争を遂行できなくてはならないが、それ以上に、平和の中で生きられなければならないし、余裕のある生き方ができなくてはならない。あるいは、確かに、必要不可欠にして役立つことを実践できなければならないが、それ以上に、美しく立派なことを実践できなければならない。したがって、まだ幼少期にある者に対してにせよ、幼少期以外の年齢ではあるが教育を必要とする限りの者に対してにせよ、以上述べた目標に向かって教育を行うべきなのである」（一三三三a四一—b五）と述べられています。そして第十五章でも、「最善の人間にとっての目標と、最善の国制にとっての目標とは同じになるのが必然だから、余裕のある有閑的な生き方のための徳が、個人にも国家にも必要になることは明らかである。というのも、これまで繰り返し述べたように、平和こそが戦争の目的であり、余裕のある有閑的な生活こそが、労働に追われる忙しい生活の目的だからである」（一三三四a一一—一六）と説明されています。

引用文で「余裕」と訳されているのは skholē というギリシャ語で、「閑暇」を原義とします。後継のラテン語は schola もしくは scola で、中世に「学校」を指すようになったことから、この意味は英語の school に受け継がれました。「余裕のある生き方をする」や「閑暇の時を過ごす」と訳した動詞は同系の skholazein ですが、原語が名詞でも動詞でも、文脈によっては「余裕のある生き方」ないし「余裕のある有閑的な生活」と訳しています。「有閑的」を付加した箇所は、「閑暇」と「余裕」の両方の意味合いを生かす必要があると判断した箇所です。

スパルタ批判

「余裕のある生き方」と「労働」の対は、「平和」と「戦争」の対に重ね合わせられます。アリストテレスによれば、労働も戦争も、個人の人生や国家の運営の目的ではありません。それらは、いわば手段として行われるのであり、平和の中で余裕を持って生きることこそが人間の目的です。つまり、その生き方が人間の幸福を実現します。それゆえ、最善の国制は、余裕のある生き方を可能にする制度でなければならず、市民はその目的に適した教育を受けるべきだということになるのです。

とくに「平和」と「戦争」の対に言及されるときには、戦争で勝つことだけを目的として国制を構築したスパルタ（ラコニア）への批判が込められています。第十四章末尾での、「ラコニア人に似た制度を持つ国家の多くは、戦時には戦って生き残るけれども、支配権を手中にした後には滅んでしまう。それは、あたかも鉄の剣のように、平和の中で暮らすときには切れ味が悪くなってしまうからである。その責任は立法者にあり、市民が閑暇の中で余裕を持って生きられるよう教育しなかったことに起因するのである」（一三三四a六—一〇）という批判は痛烈です。ペロポネソス戦争でアテナイに勝利したスパルタが、その後、平和の中で没落したこと、その歴史的事実を知るアリストテレスが「現実の出来事が証人になっている」(一三三四a五)と語っているわけですから、とりわけ当時の人々には説得力があったことでしょう。

また、「余裕のある生き方」は「必要不可欠な事物(労働も含む)」との対立で表現される場合もあります。この対立は、基本的には人間の生活の仕方に関するものですが、生活の場である広場(アゴラ)にまで適用されています。商品売買など日常生活に必要不可欠な行為を行う広場は丘の下の方に置き、閑暇の時を過ごすための自由な広場は丘の上の方に置くべきだと説く第十二章一三三一b一一―一三の論述は、人生の目的として行われる優美な行為の場と、手段として行われる必要不可欠な行為の場を分離するよう求めており、目的と手段の区別を徹底しています。自由な広場で行われる人間の活動には、ソクラテスの行った哲学的対話が含まれるのはもちろん、現代でいえば「文化」と呼ばれる営為のすべてが含まれると考えてよいでしょう。第十二章一三三一a三〇―四〇では、体育場も自由な広場に設置されると説明されています。このようなことから、「余裕のある生き方」とは「文化的な生き方」だといえそうです。

（二）第八巻の議論内容――徳の涵養と音楽教育

国家の「人づくり」の中心に教育があることは現代でも変わりませんが、ソクラテスやプラトンにとって教育は政治の中でとくに重要な分野でした。プラトンの『国家』や『法律』では、教育をめぐる議論が少なくない部分を占めます。善い国家は善い市民によって作られるゆえ、公共的な教育制度が欠かせないという思想はアリストテレスにも受け継がれ、ある意味では『政治学』における「最善の国制」論の要になっています。実際、最善の国家の教育制度について考察する第八巻には、ソクラテスが使っていた「エピメレイア（気づかい、配慮）」という言葉が「教育」の意味で頻出します。それゆえ、ソクラテスの主張した「魂の配慮」が、国家による市民の教育という政治思想に引き継がれたといってよいでしょう。

また、第七―八巻が、既存の特定の国制にとらわれない「理想的な最善の国制の探究」であることも、教育論に適しています。なぜなら、最善の国家が求める「善い市民」とは「善い人間」そのものであり、国制の特性ごとに異なる「市民の徳」のように相対的ではないからです。このことについて第三巻第四章では、「国制には多くの種類があることからして、「国制ごとに異なる」優れた市民の徳というものが、完全な一つの徳へとまとまりえないのは明らかである。それに対し、善い人間の徳は、完全な一つの徳であるというのが私たちの主張である。以上より、優れた市民ではあっても、優れた人間であるための徳を備えていない場合がありうること、このことが明らかとなった」（一二七六b三一―三五）と述べられていました。

なぜ音楽教育が存在するのか

第八巻の教育論は、公共的な教育が必要だと説く第一章から始まります。「国家全体にとって目的は一つであるから、明らかに教育も、国家の全員にとって一つの同じものでなければならない」（一三三七a二一―二三）というのが、その理由です。

では、それはどのような教育なのでしょうか。善い人間、つまり徳を備えた人間を作るにはどのような教育を行えばよいか――この問いに答えるのは、さほど簡単ではありません。そもそも、教育は徳を目指して行われるものではなく、生活に役立つことを学ばせるのが目的だという意見もあれば、市民の全員が同じ教育を受ける必要はないという意見もあります。そうした意見の対立を第二章で概観したアリストテレスは、第三章において、当時教えられていた四科目、すなわち、読み書き、体育、音楽、図画について検討するという方法で議論を進めます。

まず、読み書きが「実用的な意味で役立つ」（一三三八a一五―一七）ことは明らかです。体育は「健康や武勇に役立つ」（一三三八a一九―二〇）科目で、武勇との関連でいえば、「勇気という徳を涵養」（一三三七b二七）します。また、図画でさえも、「職人が作ったものを見極める能力を高めるのに役立つ」（一三三八a一七―一九）こと、あるいは、扱う事物を絵に描いて取り引きすることで「家具の売買で欺かれない」（一三三八a四一―四二）ことなどの点では実用性を持ちます。問題は、まったく実用性のない音楽が、なぜ教育科目の中に含まれているかということです。「大多数の人々が快楽のために音楽に親しんでいる」（一三三七b二八―二九）事実も、一見すると、教育科目にはふさわしくないことの証拠のように思われます。

アリストテレスの推察によれば、最初期に音楽を教育の中に位置づけた人々は、「正しい仕方で労働に従事するだけではなく、優美に余裕のある生き方もできるようにすること、それを人間の自然本性そのものが求めているという理由でそうしたのである。なぜなら、優美に余裕のある生き方をすることこそ、万事の原点だからである」（一三三七b二九―三三）ということになります。ここで「優美に余裕のある生き方をする」といわれたことは、「閑暇を高尚に過ごす」（一三三八a一〇、二一―二二）とも表現され、教育論を導く理念になっています。そして、「余裕のある生き方をする場合、それ自体が快楽を含むため、幸福に生きることや至福の中で生きることさえも含んでいると考えられる」（一三三八a一―三）と述べられ、音楽がもたらす快楽は、人生の目的である幸福との関連で考察されるようになります。

自由学芸の原型

以上の論点は、「実用的に役立つからでも生活に必要不可欠だからでもなく、自由人にふさわしい優美さのゆえに教育されるべき事柄」（一三三八a三〇―三二）があるという主張に集約されます。これは、ヨーロッパ中世の「自由学芸（ラテン語で artes liberales）」や、現代の教養教育に当たる「リベラル・アーツ（英語で liberal arts）」の考え方の原型ともいえます。主役は音楽教育とはいえ、図画についても「身体の美を観賞できる人間になるために行われなければならない」（一三三八b一―二）と明言されていますから、美的感覚を養う芸術教育の意義が認められているといってよいでしょう。

さらに、芸術が「余裕のある生き方」と結び付けられている点は、哲学との関連も想起させます。なぜなら、『ニコマコス倫理学』第十巻第七章では、もっぱら哲学的観想の特徴に挙げられていた「余裕のある」という性質が、この『政治学』第八巻では芸術にまで拡張されているように見えるからです。人間にのみ可能な哲学と芸術が、ともに「優美に余裕のある生き方をする」ことなのだとすれば、教育の分野だけではなく、広く文化全体の意義を考える上で示唆に富んだ主張です。

音楽教育の具体的な目的

アリストテレスが生きた時代、既に音楽教育は行われていたわけですから、第八巻の議論は、音楽という科目の新設を提唱するものではありません。既に定着している音楽教育について、いったいその目的は何であり、どのような方法で行うのが適切かということをあらためて本質的に考え直そうとする議論です。この点では、既に存在する国家について、国家の目的は何であり、どのような方法で運営されるのが適切かということを本質的に問い直す『政治学』の国制論と軌を一にしています。

音楽教育の目的を具体化する第五章では、遊び、徳の教育、高尚な時の過ごし方という三つの候補が列挙されます。徳の教育以外の二候補は、幼少期に音楽教育を受けた人が、成長してから遊びや高尚な時の過ごし方に役立てられるという意味で挙げられているものです。そして、いずれも候補に挙げられるのには道理があり、実際に音楽は三つのすべてに関与すると認められます（一三三九b一一―一五）。したがって、三つの目的のいずれかをあえて排除する必要はないわけですが、本質的な優劣を明確にしないと、音楽教育の方法を綿密に検討できません。

遊びと高尚な時の過ごし方は、どちらも労働時間以外に行われますので、現代ならば区別されない可能性が高いでしょう。しかし、アリストテレスにとっては、この区別が非常に重要でした。なぜなら、いずれも快楽を含むため、人生の目的である「幸福」特有の快楽はどちらなのかということが問題になるからです。もしも遊びの快楽が幸福の快楽ならば、人生の目的は遊びになります。そのようなことはありえないと考えるアリストテレスは、次のような根拠を示して、高尚な時の過ごし方を幸福と結び付けます。

まず、遊びは休息のためにあり、労働による労苦を癒すために存在する（一三三九

b一六—一七、三三六—三三八）わけですから、人生の目的となる幸福ではありえません。他方、高尚な時の過ごし方は、優美さと快楽の両方を含むゆえに「幸福に生きる」ことの条件を満たします（一三三九b一七—一九）。さらに第七章一三四二a一八—二二では、高尚な時の過ごし方を享受するのが「自由人で教育ある者」、休息のために音楽や見世物などを楽しむのが「職人や賃金労働者などから成る低俗な者」と区別されます。つまり、教養ある市民かどうかで、音楽の楽しみ方の質が分かれるということです。

そして、もう一つの候補である徳の教育が第五章の最大の論題となります。まず、なぜ音楽に徳を涵養する力があるのかというと、「勇気や節制といった徳と、それらの徳に対立する悪徳（臆病や放縦）のすべて、さらには、他のさまざまな性格に似た特徴もリズムや旋律に含まれている。これは経験的事実から明らかである。すなわち、こうした性格や徳に似た特徴を含む音楽を聴くとき、私たちの魂は一定の状態に変化するのである」（一三四〇a一二〇—一二三）と説明されます。例えば、勇ましい音楽には、勇ましさという性格、いい換えれば、勇気という徳と似た特徴が含まれているゆえに、それを聴くと勇ましい気持ちになり、ひいては勇気の徳が涵養されるということです。

このような文脈で「性格」を意味するギリシャ語の「エートス」が重要語になること

から、音楽教育論は「エートス論」とも呼ばれてきました。既に第一章冒頭でも「国制に応じた教育」の必要性が述べられ、「それぞれの国制が持つ『性格』は固有のものので、その固有の性格こそが、最初に国制を確立する役割も果たせば、国制を守る役割も果たすというのが世の習い」（一三三七a一四―一六）だと説明されていましたので、アリストテレスの教育論は、すなわちエートス論です。

音楽教育の具体的な方法

このようにして、「音楽が人間の魂の性格を一定の性質のものに形成する力を持つ」（一三四〇b一一―一二）ことが示された後、今度は具体的な教育方法が考察されます。課題は三点あり、第一に、若い時期にどの程度まで演奏に参加するべきか、第二に、どのような旋律とリズムに親しむべきか、第三に、どのような楽器を用いて音楽の学習が行われるべきか、ということです。とくに第一の課題については、演奏に取り組ませると、いわば「演奏の職人」のような卑俗な人間になってしまうという理由で反対する人々がいるため、音楽教育論にとって不可避な論点でした。

第一と第三の課題は、第六章で考察されます。第一の課題に関しては、演奏に参加すれば音楽の善し悪しを判別するのに役立つことを認めた上で（一三四〇b三五―三九）、演奏の競技会を目指すような教育や非凡な演奏を目指して労力を注ぐことは禁じます（一三四一a九―一三）。第三の課題に関しては、縦笛や竪琴の問題点が指摘され、具体的に推奨する楽器は挙げられないものの、「学習者を善い人間に作り上げる楽器に限られる」という指針が示されます（一三四一a一七―b八）。

そして、第二の課題について詳論するのが最終第七章です。そこでは、旋律と密接な関係にある音階（旋法）が検討されますが、リズムに関しては、理由は不明ながら、説明が見られません。まず、ある人々が提唱した旋律の三区分に従い、性格に関する旋律、実践に関する旋律、霊感に関わる旋律に分けられます。このうち実践に関する旋律は、「無害な快楽」（一三四二a一六）を与えることが特徴に挙げられます。その上で、先にも触れたように、高尚な時の過ごし方を享受する「自由人で教育ある者」と、休息のために音楽や見世物などを楽しむ「職人や賃金労働者などから成る低俗な者」とに対し、それぞれに合った旋律を使用するよう説かれます（一三四二a一八―二八）。

また、性格に関する旋律は、教育のために用いられるものです。アリストテレスによれば、最も落ち着きがあって勇気の性格も持ち、中庸の本性を持つドーリス旋法が、教育には最も適しています（一三四二b一二―一七）。しかし、教育の目標は「中庸であること」だけではなく、「能力的に可能なこと」や「自分に適したこと」もあるため、そうした目標に適した音階としてリディア旋法なども使いうることを示唆して第七章は終わります（一三四二b一七―三四）。おそらく、さまざまな旋法を音楽教育に導入しうるけれども、そのことについては「音楽家や識者」（一三四一b三一）に尋ねてみなければわからない、というのがアリストテレスの論述姿勢なのでしょう。

以上のように、音楽教育の目的の候補に挙げられた、遊び、徳の教育、高尚な時の過ごし方に関しては、実践に関する旋律と性格に関する旋律がその役割を果たすことになります。アリストテレスの議論を総合すると、善い市民を作るための徳の教育、幸福な生き方につながる高尚な時の過ごし方が最も重要であり、遊び（休養）のための音楽も、必要に応じて許容されてよいという結論になります。

「カタルシス」の問題

もう一つ、「浄化（カタルシス）」のための、霊感に関わる旋律という区分がありました。これは、必ずしも音楽教育に役立つという理由で取り上げられたわけではなく、現実に存在するすべての旋律を分類すると、このような秘儀的な旋律が見出されるゆえに言及されたものです。第七章でアリストテレスが念頭に置いているのはフリギア旋法であり、「魂を恍惚とさせたり、特定の状態になりやすくさせたりする」（一三四二b三）作用を持ちます。こうした憑依的な変化は、徳の教育とは無縁であるにせよ、フリギア旋法の音楽を聴いた人々が「ちょうど治療や浄化を受けたときのように、神聖な旋律によって魂の鎮まるようすが見られる」（一三四二a八—一一）点では効能を持ちます。そして、人々は一般に、「憐れみや怖れに類する感情が個人をとらえる程度に応じて同じことを経験するはずだから、霊感に関わる旋律によって誰にでも一種の浄化が生じ、快楽を伴って軽やかになるのは必然である」（一三四二a一一—一四）と説明されます。快楽を生じさせる点では、先に挙げた、実践に関する旋律と似ていますが、憑き物を落とす治療の後に生じるような快楽ですから、やはり種類が異なります。

ところが、ここに登場する「浄化（カタルシス）」は、アリストテレス研究の世界では古来、注目を集めてきました。その最大の理由は、「『浄化』という言葉で何を意味するかについては、いまは簡単に述べることとし、詩作術に関する諸議論の中で今度はもっと理解が増すように述べよう」（一三四一b三八―四〇）と但し書きが付されていることにあります。ここでいわれる「詩作術に関する諸議論」が『詩学』を指すのか、それとも、亡失書の『詩人論』を指すのかは不明ですが、『詩学』だと考える研究者が少なくありません。なぜなら『詩学』第六章に、「悲劇とは、真面目な行為の、それも一定の大きさを持ちながら完結した行為の模倣であり、作品の部分ごとに別々の種類の快く響く言葉を用いて、叙述して伝えるのではなく演じる仕方により、［ストーリーが観劇者に生じさせる］憐れみと怖れを通じ、そうした諸感情からのカタルシス（浄化）をなし遂げるものである」（一四四九b二三―二八）という「悲劇の定義」があるからです。

なるほど、この定義に含まれる「憐れみ」、「怖れ」、「カタルシス」という語彙は、いま見てきた『政治学』第八巻第七章と共通します。また、第七章が扱う旋律や音階は音楽論の一部ですから、『詩学』の悲劇論と同じく芸術を扱っています。すると、アリストテレスがいう「カタルシス」は、さまざまなジャンルの芸術が共通して持つ作用なのではないか、という想像もできそうです。このような事情で、『政治学』と

『詩学』を相互参照して「カタルシス」を解明しようとする試みが積み重ねられてきました。

しかし、現存する『詩学』には「カタルシス」についての詳論が含まれていません。そのため、もともと二巻本だった『詩学』の第一巻だけが現在まで伝えられ、第二巻は伝承の過程で失われたと推測する研究者もいます。つまり、失われた『詩学』第二巻の中に、「カタルシス」についての詳細な議論があったはずだという推測です。結局のところ、アリストテレス自身の説明が不在のまま、『政治学』第八巻第七章と『詩学』を中心とする著作をもとに多種多様な「カタルシス」解釈が作られ続けています。世界的な研究の動向を見る限り、解釈が統一される気配はありません。

訳者は、『詩学』の「カタルシス」について、苦から快を生み出す悲劇の働きを表現したものと理解し、治療に譬えられる『政治学』の「カタルシス」とは異なると考えています。詳しい内容については、拙訳の『詩学』（光文社古典新訳文庫、二〇一九年）に付した「解説」一（四）「『カタルシス』は何を意味するか」を参照して頂ければ幸いです。

三　現代の政治哲学と『政治学』

『政治学』は、後世の政治哲学に大きな影響を与えた著作です。とくに近代以降は、経済学も含め、法哲学や国家論など社会思想全般の領域でアリストテレスの思想が参照されるようになりました。そのような場合、同時に倫理学の思想も注目されることが多く、『ニコマコス倫理学』などで展開される自然主義的な人間本性論が見直される機会にもなっているように思われます。

ここでは、現代の社会哲学に限定して、アリストテレスの思想が与えた影響を瞥見します。古典思想の常として、現代思想から厳しい批判を受けることも少なくないのですが、それは取りも直さず、アリストテレスの著作が骨董品と化さず、現代でも無視できないような主張を含むと見なされている証拠でしょう。

（一）どのように正義論を構想するか

現代の政治哲学の議論は、米国ハーバード大学の教授を務めたジョン・ロールズ（一九二一―二〇〇二年）の『正義論』（一九七一年）によって活性化され、主に英語圏で規範的な政治理論が再興するきっかけになったといわれています。ロールズの理論には、決して小さくはないアリストテレス批判が含まれますが、倫理学的な思想の面では、アリストテレスの人間観を生かそうとする議論も見られます。また、ハーバード大学での政治哲学の講義が紹介されたことから、日本ではよく知られるようになったマイケル・サンデル（一九五三年―）は、ロールズへの批判を含む議論を展開しつつ、アリストテレスの思想に基づいた正義論を提唱しています。そこで、どのように正義論を構想するかという観点から、両者の見解とアリストテレスの思想との関係を見てゆきます。

本節の解説では、ジョン・ロールズ著、川本隆史、福間聡、神島裕子訳『正義論　改訂版』（紀伊國屋書店、二〇一〇年）、マイケル・サンデル著、鬼澤忍訳『これからの

「正義」の話をしよう　いまを生き延びるための哲学』（早川書房、二〇一〇年）を参照しています。

ロールズの「正義の二つの原理」

ロールズの『正義論』は、正義の二つの原理を提示します。第一原理は、言論の自由や信教の自由を含む基本的な自由が、誰に対しても権利として平等に配分されなければならないという「平等な自由の原理」です。第二原理は、社会的・経済的な不平等が許容されるには、どのような条件が満たされなければならないかということに関するもので、「公正な機会均等の原理」と「格差原理」から成ります。前者は、教育や雇用などに関する機会均等を指し、後者は、社会の中で最も不遇な立場の人々にも利益がもたらされる状態でのみ、社会的・経済的な不平等が許容されることを意味します。格差原理によれば、一部の個人が持つ天賦の才能は公共の資産と見なされ、その才能から生み出される利益は、才能に恵まれない者の状況を改善するという条件下でのみ認められます。

これらの原理には、当然、社会を構成する人々の同意が必要です。いい換えれば、正義について取り決める社会契約が必要です。では、どのようにして合意が可能になるのかといえば、人種、性別、社会的地位、財産、宗教的信条、道徳観、利害などにおいてさまざまに属性の異なる人々が「無知のヴェール」をかぶり、自分の属性が一切わからない状態、すなわち「原初状態」に置かれたと想定すれば、誰もが二つの原理に同意するというのがロールズの見解です。つまり、自分が社会の中で最も不遇な立場の人間かもしれないと考えたときに、リスクを避けるため、これらの原理に同意するということです。この「原初状態」は、理論的な虚構とはいえ、人々の非対等性や価値観の違いをいったん除去した上で、権利、自由、雇用や教育の機会、富などの「基本財」を公正な仕方で配分する合意を確立するために考案された装置です。議論の細部こそ違え、「配分の正義」に焦点を合わせる正義論は、大枠でアリストテレスと共通します。

また、最も不遇な人々を顧慮する「格差原理」は、ロールズがアリストテレスから得た理念ではないとしても、『政治学』で主張される「財産の公共的な使用」や、公費による共同食事の実施と考え方は似ています。アリストテレスは、財産の私有をはじめとする「私」の原理を肯定し、際限なしにではないにせよ、個人の利益追求も是認した上で、公費による共同食事を推奨しているわけですから、ロールズの構想に近似する点が多いと考えられます。

しかし、ロールズの正義論には、アリストテレスの徳論と相容れない見解が含まれます。それは、『正義論』第四十八節を中心とする「道徳的功績」についての議論です。それによれば、個々人の徳に応じた幸福こそが正義だという見解は、ロールズが提唱する「公正としての正義」の立場からは否定されます。否定する根拠は、現実社会における基本財の配分が、道徳的功績のような人間としての本質的価値に基づいてはいないという現実認識です。また、道徳的功績といえども、恵まれた家庭環境や社会の状況など、自分の功績とはいえない要因に左右されることも、否定する理由に挙げられています。

こうしたロールズの見解の基底には、アリストテレスのように、人間としての徳(卓越性)の実現こそが善だと考える「完成主義(perfectionism)」への批判があります。つまり、『政治学』の基盤になっている『ニコマコス倫理学』の徳倫理が根本的な批判の対象だということです。確かに、現実社会を見たとき、すべての個人について徳を基準とした基本財の配分というのは見当たらないでしょう。

しかし、ロールズが提唱する正義の二つの原理のうち、とくに格差原理については、徳を備えていない市民が受け容れるかどうか、疑問が残ります。なぜなら、「原初状態」に置かれたとき、もしかすると自分が最も不遇な人間かもしれないと想像して、利己的な防衛のために「格差原理」を是認するとは限らないからです。むしろ、アリストテレスが『政治学』第二巻第五章一二六三a二九—三〇で述べているように、貧困者への顧慮を動機とした、財産の公共的使用は「徳によって実現されるべき事柄」になるのではないでしょうか。公共的な教育の力で有徳な市民の数を増やしてこそ、格差原理の支持者が確保されるはずです。

一方、ロールズは『正義論』第六十五節を「アリストテレス的原理」と題し、人間の活動の動機づけに関してアリストテレスの主張を認めています。すなわち、人間は自分の能力の実現に喜びを感じるものであり、高度で複雑な能力であればあるほど、その実現は大きな喜びを生むという思想を『ニコマコス倫理学』第七巻第十一—十四章、第十巻第一—五章に見出しているのです。このように能力を開花させるという思想は、この「解説」二（一）節で述べた「エネルゲイア」の思想にほかなりません。ロールズは、アリストテレスの能力観に共感しつつも、「徳の開花」こそが「能力の開花」の最も重要な部分である点は顧慮しなかったのかもしれません。

サンデルの共同体主義

サンデルの政治哲学がロールズと異なるのは、主に二つの論点です。

第一に、人間が共同体との関わり合いで生きていることを重視する点です。人間は誰でも、特定の歴史、伝統、文化を持った国家共同体の中で生まれ育つという意味で、特定の「位置ある自己」として存在するとサンデルは考えます。それに対し、共同体から制約されず、自分の価値観で自由に生きる個人を想定するロールズの人間観では「負荷なき自己」となるため、この考え方をサンデルは批判します。つまり、特定の価値観と制度を持つ共同体で生きる個人を念頭に置くのがサンデルの正義論であり、この特徴から「共同体主義」の思想と見なされています。

第二に、個人の徳に基づく事物の配分を認める点でロールズとは異なり、アリストテレスの考え方を受け継いでいます。すなわち、優れた市民道徳を持ち、道徳的生活を送る人々が共同体に最も貢献し、その個人も幸福を実現するという考え方です。したがって、道徳的な議論を排除しようとする市場の論理は批判の対象となります。これは「市場の道徳的限界」と呼ばれる問題です。

これら二つの論点は、サンデルの前掲書の第八章「誰が何に値するか？——アリストテレス」において詳述されていますが、その大部分の内容は『政治学』に依拠しています。まず、共同体論に関しては、第一巻第二章一二五三a七―九の、人間は「あらゆる種類の蜂や群生動物のすべてにも優り、国家を形成する動物になっている」という叙述が引用されています。また、徳に基づく配分については、第三巻第十二章一二八二b三一―一二八三a三の「笛吹き」の例を用いた説明が行われています。

とくに、アリストテレスが共同体と個人の徳との関係を端的に述べた次の論述が、サンデルの政治哲学にとっては重要な基盤になっています。すなわち、「国家共同体は「善く生きることの内実となる」立派な活動のために存在するのであって、ともに生きることを目的としているのではないと考えるべきである。だからこそ、「立派な活動を行うことによって」国家共同体に対して最大の貢献をなす人々は、次に挙げる人々よりも、よほど国家に参与している度合いが大きい。すなわち、自由や生まれの善さの点では他人と対等か、他人より優っているものの、市民に求められる徳の点では他人と対等になりえない人々である。あるいは、富の点では他人より優っているものの、徳の点では劣る人々である」（第三巻第九章一二八一a二―八）という論述です。サンデルが「共同体主義者」と呼ばれるのは、国家共同体においてのみ人間の本質を発揮できると考え、人間には徳性が不可欠で、有徳になることによって幸福を実現できるというアリストテレスの思想の核心部分を継承しているからにほかなりません。一般に現代の正義論は、名誉、徳、道徳的功績をめぐる議論を切り離そうとし、さまざまな価値観に対して中立的な正義の原理を探ろうとするのに対し、サンデルの場合は、徳には相対化できない価値があると認め、その根拠を人間の自然本性論に求めているのが特徴だと思われます。端的にいえば、『ニコマコス倫理学』と『政治学』の自然主義的な人間観に、徳と共同体を結び付ける正義論の土台を見出しているといえるでしょう。

（二）潜在能力と自由

サンデルとは別の仕方でロールズを批判したのが、一九九八年にノーベル経済学賞を受賞した厚生経済学者アマルティア・セン（一九三三年―）です。基本財の平等な配分こそが正義だと考えるロールズとは異なり、センは人間が持つ潜在能力（ケイパビリティ）に着目して、善い社会の実現を構想します。また、アリストテレス哲学の研究者で、米国シカゴ大学教授のマーサ・ヌスバウム（一九四七年―）も、センと同様、教育などの条件を整えて潜在能力を伸ばし、人間としての機能を十全に発揮させることが政治の目的だと考えます。

本節の解説では、アマルティア・セン著、徳永澄憲、松本保美、青山治城訳『経済学と倫理学』（ちくま学芸文庫、二〇一六年）、同著、池本幸生、野上裕生、佐藤仁訳『不平等の再検討――潜在能力と自由』（岩波現代文庫、二〇一八年）、アマルティア・セン、マーサ・ヌスバウム編著、竹友安彦監修、水谷めぐみ訳『クオリティー・オブ・ライフ――豊かさの本質とは』（里文出版、二〇〇六年）、マーサ・ヌスバウム著、池本幸生、田口さつき、坪井ひろみ訳『女性と人間開発　潜在能力アプローチ』（岩波書店、二〇一六年）を参照しています。

センの「潜在能力アプローチ」

センの中心的な主張は、「アリストテレスの『ニコマコス倫理学』でも明瞭に論じられているように、所得と富は、人間の優位性を判断する上で不適切な指標である」ゆえに、個々人の「潜在能力の全体を見る必要がある」というものです。この考え方は「潜在能力（ケイパビリティ）アプローチ」と称されます。センによれば、潜在能力とは、「人間が善い生活や善い人生を生きるため、どのような状態にありたいかということと、どのような行動をとりたいかということを結び付けたときに成立する機能の集まり」です。「潜在能力主義」ではなく「潜在能力アプローチ」と名乗るのは、成果を重視するような実力主義とは一線を画するためでしょう。その特徴は、ロールズが扱う基本財は生活の手段にすぎないと考え、真の平等の問題は、幸福な生き方を達成する「自由」、すなわち、幸福を達成できる「能力」にあると考える点です。つまり、ある人間が何かを選択して行動できる能力を持っているとき、真の意味で、その人間は行動する自由を持っているという思想です。

この自由論は、「結果的な平等」ではなく「機会の平等」に主眼を置くセンの平等論とも密接に関わります。すなわち、真の意味での「機会の平等」とは、国家が何もしない状態で機会が等しく与えられているというのではなく、社会政策によって「潜在能力の平等」を実現し、機会の平等が実質化された状態です。このように表現上は

「能力」に焦点を合わせた議論になっていますが、能力の発現が最終的な目的になるという意味では、アリストテレスの「エネルゲイア」論から影響を受けているといえるでしょう。アリストテレスの表現に置き換えれば、生活の手段である基本財は「外的な善」にすぎず、それを使って幸福を実現するための能力こそが、より重要性の高い「魂の善」や「身体の善」ということになります。

ヌスバウムの機能主義

センと共同で潜在能力アプローチを提唱したこともあるヌスバウムは、「人間の中心的な機能的ケイパビリティ」として、生命、身体の健康、感覚・想像力・思考力、感情、実践理性など十項目を挙げています。そして、ある人間が何を達成したかではなく、何かを達成するために何を行うことができ、どのような状態になれるかということを重視します。ヌスバウムによれば、潜在能力とは「資源を機能に変換する能力」であり、最終的には機能の発揮が人間の目的になります。この見解は、センにもましてアリストテレスの「エネルゲイア」の思想に近いものです。

人間としての機能の発揮こそが人生の目的であり、幸福であるという考え方を「機能主義」と呼ぶとすれば、ヌスバウムはアリストテレス由来の機能主義の提唱者に数えられるでしょう。この立場から、人間が機能を十分に発揮できるような環境を整えることこそ政治の役割だと説き、人々の潜在能力を対等に保障する社会が正義にかなった社会だと主張する側面には、政治哲学ないし正義論としての性格が強く表れていますが、人間の自然本性としての潜在能力を生かそうとする議論が基盤になっている点では、アリストテレスの自然主義的な人間観を現代に受け継いだ思想といえるでしょう。

ちなみに、二〇〇九―二〇一七年に米国大統領となったバラク・オバマ（一九六一年―）は、かつてシカゴ大学ロースクールの教員を務めたことがあり、当時の同僚の一人がヌスバウムでした。憶測の域を出ないにせよ、アリストテレス研究の伝統を持つシカゴ大学の思想空間が、何らかの形で米国の現代政治に影響を与えているのではないかと思われます。

アリストテレス年譜

アリストテレス誕生以前

紀元前四六九年、ソクラテス、アテナイに生まれる。前四三一年、アテナイとスパルタのあいだでペロポネソス戦争勃発。前四二七年、プラトンがアテナイに生まれる。前四〇四年、アテナイがスパルタに降伏し、ペロポネソス戦争はアテナイの敗北で終結。敗戦後のアテナイでは、クリティアスを中心とする親スパルタ派三〇人の独裁政権が樹立される（翌年の前四〇三年に崩壊）。前三九九年、ソクラテス、政治家アニュトスを後ろ盾とする詩人メレトスにより不敬神の罪で告発される。裁判が行われ、死刑判決が下される。一月《ひとつき》後の三月に刑死。前三八七年、プラトンがアテナイ郊外に学園アカデメイア創設。

紀元前三八四年　　プラトン四三歳

アリストテレス、北部ギリシャのカルキディケ地方スタゲイラ（今日のテッサロニキ付近の町）に生まれる。父はニコマコス、母はファイスティスで、両親ともイオニア系ギリシャ人の医者の家系。父ニコマコス自身も医者であり、マケドニア王アミュンタス三世の侍医となった。父母はともにアリストテレスが若い頃死去。

紀元前三六七年　　プラトン六〇歳
　　アリストテレス一七歳

後見人のすすめでアリストテレスはアテナイのプラトンの学園アカデメイアに入学、プラトンの弟子となる。この年からアカデメイアを離れる前三四七年頃までは、アリストテレスの「修業時代」と呼ばれる。プラトンはこの年、弟子ディオンによりシチリア島シュラクサイに招聘されていたため、アカデメイアにはいなかった。シュラクサイでは政争が起こりディオンは国外追放となり、プラトンも一年あまりシュラクサイ王ディオニュソス二世により監禁される。その後解放され帰国し、『ソフィスト』『政治家』『ティマイオス』『フィレボス』『法律』などの後期対話篇を執筆。

紀元前三五九年　　プラトン六八歳
　　アリストテレス二五歳

マケドニア王フィリッポス二世即位。

紀元前三五六年　　プラトン七一歳
　　アリストテレス二八歳

マケドニア王家に王子アレクサンドロ

ス（後の大王、アレクサンドロス三世）生まれる。

紀元前三四八年　プラトン七九歳　アリストテレス三六歳

マケドニアのフィリッポス二世、ギリシャ北部のオリュントスを攻略する。この一件でアテナイには反マケドニアの気運が高まった。

紀元前三四七年　プラトン八〇歳　アリストテレス三七歳

プラトン死去。アリストテレスは学友クセノクラテスとともに小アジアのアッソスの支配者ヘルミアスに招かれ、厚遇をうけて研究を行う。この年からアテナイで学園リュケイオンを創設するまでの十数年間の時期は、アリストテレスの「遍歴時代」と呼ばれる。アカデメイアでは第二代学頭選出の際アリストテレスとクセノクラテスも候補となったが、プラトンの甥スペウシッポスが学頭となって引き継ぐ。学園アカデメイアは後五二九年まで存続した。

紀元前三四五年　アリストテレス三九歳

ヘルミアス、ペルシャ軍の捕虜となる。マケドニアとの同盟の密約について白状するよう拷問され、やがて処刑される。アリストテレスは敬愛する友人で恩人のヘルミアスの死を悼み、彼を讃える詩を作るが、その中の表現が二二年後の前三二三年にアテナイで、不敬神にあたるとして告発者に利用された。アリストテレスは翌年、友人テオフラストスの故郷レスボス島ミュティレネに移り、研究を続行するとともに、ヘルミアスの養女（姪）ピュティアスと結婚する。ピュティアスはアリストテレスよりかなり前に亡くなり、アリストテレスはその後ヘルピュリスという女性（奴隷の身分の人）と暮らす。ピュティアスの産んだ娘のほか、ニコマコスという名の男児がアリストテレスにはいたが、ディオゲネス・ラエルティオス『ギリシャ哲学者列伝』「アリストテレス」の項目の中に伝えられる彼の遺言状の言葉を信ずるなら、母親はヘルピュリスの方である。この息子ニコマコスは夭折したと伝えられる。アリストテレスは後にミュティレネから一度故郷スタゲイラに戻る。

紀元前三四三年　アリストテレス四一歳

アリストテレスはフィリッポス二世の要請によりマケドニアに移り、一三歳の王子アレクサンドロスの家庭教師になる。アリストテレスのマケドニア滞在はフィリッポス二世暗殺、アレクサンドロスの王位継承まで続く。

紀元前三四一年　アリストテレス四三歳

この年、ヘレニズム期を代表する学派の一つであるエピクロス学派を開いた古代快楽主義者エピクロスが、サモス島に生まれる。

紀元前三三九年　アリストテレス四五歳
アカデメイア第二代学頭スペウシッポス死去。第三代学頭選出の際もアリストテレスは候補に挙がったが、学友のクセノクラテスが就任。

紀元前三三八年　アリストテレス四六歳
カイロネイアの戦いでフィリッポス二世のマケドニアがギリシャ連合軍を破る。

紀元前三三六年　アリストテレス四八歳
フィリッポス二世が暗殺され、二〇歳のアレクサンドロスがマケドニア王となる。

紀元前三三五年頃　アリストテレス四九歳
アリストテレスはアテナイに戻り、学園リュケイオンを創設する。これ以後をアリストテレスの「学頭時代」と呼ぶ。この頃、後にヘレニズム期の哲学の学派の一つとなるストア派の始祖ゼノン（「ストアのゼノン」ないし「キティオンのゼノン」）がキュプロス島キティオンに生まれる。

紀元前三三四年　アリストテレス五〇歳
アレクサンドロス大王の東方遠征開始。

紀元前三三一年　アリストテレス五三歳
アレクサンドロス大王、エジプトを占領。エジプトでは、後に文化の一大中心地となるアレクサンドリア市の建設が始まる。

紀元前三三〇年　アリストテレス五四歳
アケメネス朝ペルシャ帝国滅亡。

紀元前三二七年　アリストテレス五七歳
アレクサンドロス大王に同行してペルシャに赴いていた歴史家でアリストテレスの甥カリステネスが、アレクサンドロス大王により大逆罪とされ、拷問を受けた末に死ぬ。

紀元前三二三年　アリストテレス六一歳
アレクサンドロス大王、遠征先のバビロンで病を得て三三歳の若さで急逝。激烈な後継者戦争が勃発する。アテナイでは反マケドニア運動が起こり、アリストテレスは不敬神で告発される。

紀元前三二二年　アリストテレス六二歳
前年末かこの年の初めに、アリストテレスはリュケイオンを第二代学頭テオフラストスに委ね、母の生まれ故郷ボイオティアのカルキスに移るが、まもなく病気で没する。この年マケドニアのアンティパトロスがアテナイに占領体制を布き、アテナイ民主政は終わりを迎える。

紀元前三一八年
アテナイ最後の有力将軍で政治家のフォキオンが市民に不敬神で訴えられ、裁判の結果有罪となり刑死する。

紀元前二八八年
リュケイオン第二代学頭テオフラストス死去（一説では前二八五年）。ストラトンが第三代学頭となる。

紀元前四〇～前二〇年頃

リュケイオンの学頭、ロドス島出身のアンドロニコスにより、アリストテレス全集（Corpus Aristotelicum）が編集され、公刊される。この著作集に、『ニコマコス倫理学』や『形而上学』『自然学』『政治学』『詩学』など、今日著名なアリストテレスのリュケイオンにおける講義録的主要著作はすべて入る。この著作集公刊以前には、リュケイオンの外部のローマなどでは、アリストテレスは対話篇形式の今日散逸している別の作品群によってのみ知られていた。

訳者あとがき

哲学と民主主義。

古代ギリシャ人の最大の発明はこの二つだと、ずっと信じてきました。ほぼ同じ時代に誕生した芸術とオリンピックの虜《とりこ》になっているいまも、フィロソフィアー（知への愛）とデーモクラティアー（民衆による支配）への憧憬は変わりません。むしろ、政治の世界における反知性主義の進行が指摘される現代であればこそ、哲学と民主主義は、ますます手を携え合うべき関係になっているように思われます。

アリストテレスの主要な著作の中では『形而上学《けいじじょうがく》』に次ぐ長編の『政治学』を訳し始めた際、大著の隅々を味わえる喜びとともに、向こう岸の見えない大海を渡るような茫漠とした思いにも包まれました。そうした折節、しばしば手にとっては個人的な感慨に耽ったのが、学生時代の愛読書だった出隆《いでたかし》（一八九二―一九八〇年）の『ギリシアの哲学と政治』（岩波書店、一九四三年）です。

独特の文体で哲学と政治の理想を語る、この古典的書物と邂逅しなかったなら、大学卒業後に北海道内の新聞社で約六年間、記者として働くこともなかったでしょうし、その後、大学院に入学して学び直すこともなかったでしょう。三十路も半ばを過ぎてから研究者として歩み出し、二〇〇五年には小さな研究会に参加するため、英国オックスフォード大学を初めて訪れました。その折、たまたま宿泊したB&B（英国の民宿）の住所が、この『政治学』の底本を校訂したウィリアム・デイヴィッド・ロス卿（一八七七―一九七一年）のかつての住居の近くだったことを、ロスに師事した出隆の文章で知った時には驚いたものです。このように自分の来し方を振り返ると、いま『政治学』の翻訳に取り組めたことが決して偶然には思われません。

個人的な思いをもう一つ書かせて頂けば、『政治学』を通読して最も心に残ったのは、どんな貧困者も参加できる「共同食事」の制度でした。アリストテレスは、その重要性を繰り返し語っています。現代の「ナショナル・ミニマム（最低限の生活保障）」や「ベーシック・インカム（最低限の所得保障）」の思想につながる制度で、福祉あるいは厚生の原型として普遍性を持つことはいうまでもありませんが、四歳まで北海道三笠市の炭鉱住宅――「炭住」と略称され、形状による通称は「ハーモニカ長屋」――で育った訳者にとって、「共同食事」は現実の体験に属します。鉱山では同一の企業で働く労働者の世帯が一つの共同体を形成し、そこには集会場のような大食堂もあれば、プールほどの大きさを持つ共同浴場もありました。二十代から採炭夫として働いた父は、石炭の粉塵で真っ黒になった顔を共同浴場で洗い、無学ながら手がけた文芸創作誌の同人たちと大食堂で長時間、談義を交わしました。病院も映画館も商店も、歩いて数分以内のところにあり、この「ヤマの共同体」が、子どもの目には世界の全体のように映っていたにちがいありません。アリストテレスが「共同体」や「共同食事」という言葉を使うたび、訳者の心に浮かんだのはこの原風景です。

アリストテレスの著作の翻訳に関していえば、『政治学』に先立って『詩学』に取り組んだ経験が役立ちました。二つの著作は「カタルシス（浄化）」の概念をめぐって相互に参照される関係にありますから、ともに新訳が完成したことで、ある程度は訳者としての責任を果たせたのではないかと思います。

また、アリストテレスの『自然学』や動物学の著作群、さらには論理学系の著作の語彙に馴染んでいたことも幸いしました。とはいえ、『政治学』の翻訳作業が容易だったわけではありません。「いったい翻訳とは何だろうか」と考え込む日もありました。一九九六年にノーベル文学賞を受賞したポーランドのヴィスワヴァ・シンボルスカ（一九二三―二〇一二年）は、いかにもショパンの国の女流詩人らしく、翻訳とは「二台のピアノの音を聴き比べること」だと書いています。詩人の至言に従えば、古代ギリシャ語というピアノと現代日本語というピアノを鳴らしてみて、二つの音が近づくように調整を繰り返せばよいわけですけれども、かえって根本的な音色の違いを痛感する場合さえありました。

そんな時は、古代ギリシャ語の一語あるいは一文を、現代日本語の一語あるいは一文に置き換えようとする、自分に染み付いた習性を捨て、「アリストテレスが同じ内容を現代日本語で述べたらどうなるか」を自問自答して訳文に反映させるよう心がけました。それは、取りも直さず、大学院時代の恩師である田中享英《たかふさ》先生から受けた教えの反映でもあります。田中先生は、アリストテレス哲学を論じた拙稿の問題含みの箇所に、しばしば緑色のペンで「原文を味読せよ」と簡潔に書き記されました。まさに翻訳とは味読の別名だと悟ったいま、頂戴した言葉の重みをあらためて実感します。

もとより、どんな分野の書物であれ、新たに一冊の翻訳書を刊行することは文化的な一大プロジェクトであって、翻訳作業はその一部にすぎません。今回も、翻訳編集部の中町俊伸編集長をはじめ、光文社の皆様にはさまざまな面でお世話になりました。謝意を言葉には尽くせませんが、心よりお礼申し上げます。

二〇二三年　初春の令月を迎えた札幌にて

三浦　洋

本書第七巻第十六章において、アリストテレスが立法者（為政者）にとって望ましい子どもを産み育てるための諸条件を具体的に説く中で、「生まれた子どもを遺棄するか養育するかが問題になる事例については、障害がある場合に養育しないと定めた法律があることを認めよう」と、身体に障害のある子の遺棄を肯定的に捉える記述や、出産時の親の年齢が子の心身の健康に影響を与えるなどの記述がみられます。

これらは今日の倫理観や医学的知見からみると、とうてい許容しえないものですが、本書が書かれた紀元前四世紀のギリシャにおいては、こうした考えが社会的に広く受容されていました。こうした時代背景とその中で成立した作品をより深く理解するため、編集部ではこれらの表現についても原文に忠実に翻訳することを心がけました。差別の助長を意図するものではないことをご理解ください。

（編集部）

kobunsha classics
光文社古典新訳文庫

政治学《せいじがく》（下）

著者　アリストテレス
訳者　三浦《みうら》 洋《ひろし》

2023年7月20日　初版第1刷発行

発行者　三宅貴久
印刷　萩原印刷
製本　ナショナル製本

発行所　株式会社光文社
〒112-8011東京都文京区音羽1-16-6
電話　03（5395）8162（編集部）
03（5395）8116（書籍販売部）
03（5395）8125（業務部）
www.kobunsha.com

ISBN978-4-334-75483-9 Printed in Japan

いま、息をしている言葉で、もういちど古典を

長い年月をかけて世界中で読み継がれてきたのが古典です。奥の深い味わいある作品ばかりがそろっており、この「古典の森」に分け入ることは人生のもっとも大きな喜びであることに異論のある人はいないはずです。しかしながら、こんなに豊饒で魅力に満ちた古典を、なぜわたしたちはこれほどまで疎んじてきたのでしょうか。

ひとつには古臭い教養主義からの逃走だったのかもしれません。真面目に文学や思想を論じることは、ある種の権威化であるという思いから、その呪縛から逃れるために、教養そのものを否定しすぎてしまったのではないでしょうか。

いま、時代は大きな転換期を迎えています。まれに見るスピードで歴史が動いていくのを多くの人々が実感していると思います。

こんな時わたしたちを支え、導いてくれるものが古典なのです。「いま、息をしている言葉で」――光文社の古典新訳文庫は、さまよえる現代人の心の奥底まで届くような言葉で、古典を現代に蘇らせることを意図して創刊されました。気取らず、自由に、心の赴くままに、気軽に手に取って楽しめる古典作品を、新訳という光のもとに読者に届けていくこと。それがこの文庫の使命だとわたしたちは考えています。

このシリーズについてのご意見、ご感想、ご要望をハガキ、手紙、メール等で翻訳編集部までお寄せください。今後の企画の参考にさせていただきます。
メール　info@kotensinyaku.jp

光文社古典新訳文庫　好評既刊

ニコマコス倫理学（上・下）

アリストテレス
渡辺　邦夫
立花　幸司　訳

知恵、勇気、節制、正義とは何か？　意志の弱さ、愛と友人、そして快楽。もっとも古くて、もっとも現代的な究極の幸福論、究極の倫理学講義をアリストテレスの肉声が聞こえる新訳で！

詩学

アリストテレス
三浦　洋　訳

古代ギリシャ悲劇を分析し、「ストーリーの創作」として詩作について論じた西洋における芸術論の古典中の古典。二千年を超える今も多くの人々に刺激を与え続ける偉大な書物。

ソクラテスの弁明

プラトン
納富　信留　訳

ソクラテスの裁判とは何だったのか？　ソクラテスの生と死は何だったのか？　その真実を、プラトンは「哲学」として後世に伝え、一人ひとりに、自分のあり方、生き方を問うている。

パイドン——魂について

プラトン
納富　信留　訳

死後、魂はどうなるのか？　肉体から切り離され、それ自身存在するのか？　永遠に不滅なのか？　ソクラテス最期の日、弟子たちと獄中で対話する、プラトン中期の代表作。

メノン——徳《アレテー》について

プラトン
渡辺　邦夫　訳

二十歳の美青年メノンを老練なソクラテスが挑発する！　西洋哲学の豊かな内容をかたちづくる重要な問いを生んだプラトン対話篇の傑作。『プロタゴラス』につづく最高の入門書！

光文社古典新訳文庫　好評既刊

プロタゴラス　――あるソフィストとの対話

プラトン
中澤　務　訳

若きソクラテスが、百戦錬磨の老獪なソフィスト、プロタゴラスに挑む。通常イメージされる老人のソクラテスはいない。躍動感あふれる新訳で甦る、ギリシャ哲学の真髄。

饗宴

プラトン
中澤　務　訳

悲劇詩人アガトンの優勝を祝う飲み会に集まったソクラテスほか6人の才人たちが、即席でエロスを賛美する演説を披瀝しあう。プラトン哲学の神髄であるイデア論の思想が論じられる対話篇。

テアイテトス

プラトン
渡辺　邦夫　訳

知識とは何かを主題に、知識と知覚について、記憶や判断、推論、真の考えなどについて対話を重ね、若き数学者テアイテトスを「知識の哲学」へと導くプラトン絶頂期の最高傑作。

ゴルギアス

プラトン
中澤　務　訳

人びとを説得し、自分の思いどおりに従わせることができるとされる弁論術にたいし、ソクラテスは、ゴルギアスら3人を相手に厳しい言葉で問い詰める。プラトン、怒りの対話篇。

ソクラテスの思い出

クセノフォン
相澤　康隆　訳

徳、友人、教育、リーダーシップなどについて対話するソクラテスの日々の姿を、自らの見聞に忠実に記した追想録。同世代のプラトンによる対話篇とはひと味違う「師の導き」。

光文社古典新訳文庫　好評既刊

経済学・哲学草稿
マルクス
長谷川 宏 訳

経済学と哲学の交叉点に身を置き、社会の現実に鋭くせまろうとした青年マルクス。のちの『資本論』に結実する新しい思想を打ち立て、思想家マルクスの誕生となった記念碑的著作。

ユダヤ人問題に寄せて／ヘーゲル法哲学批判序説
マルクス
中山 元 訳

宗教批判からヘーゲルの法哲学批判へと向かい、真の人間解放を考え抜いた青年マルクス。その思想的跳躍の核心を充実の解説とともに読み解く。画期的な「マルクス読解本」の誕生。

善悪の彼岸
ニーチェ
中山 元 訳

西洋の近代哲学の限界を示し、新しい哲学の営みの道を拓こうとした、ニーチェ渾身の書。アフォリズムで書かれたその思想を、肉声が音楽のように響いてくる画期的新訳で！

道徳の系譜学
ニーチェ
中山 元 訳

『善悪の彼岸』の結論を引き継ぎながら、新しい道徳と新しい価値の可能性を探る本書によって、ニーチェの思想は現代と共鳴する。ニーチェがはじめて理解できる決定訳！

ツァラトゥストラ（上・下）
ニーチェ
丘沢 静也 訳

「人類への最大の贈り物」「ドイツ語で書かれた最も深い作品」とニーチェが自負する永遠の問題作。これまでのイメージをまったく覆す、軽やかでカジュアルな衝撃の新訳。

光文社古典新訳文庫　好評既刊

光文社古典新訳文庫　好評既刊

カンディード

ヴォルテール
斉藤悦則 訳

楽園のような故郷を追放された若者カンディード。恩師の「すべては最善である」の教えを胸に度重なる災難に立ち向かう……。「リスボン大震災に寄せる詩」を本邦初の完全訳で収録！

読書について

ショーペンハウアー
鈴木芳子 訳

「読書とは自分の頭ではなく、他人の頭で考えること」……。読書の達人であり一流の文章家ショーペンハウアーが繰り出す、痛烈かつ辛辣なアフォリズム。読書好きな方に贈る知的読書法。

フランス革命についての省察

エドマンド・バーク
二木麻里 訳

進行中のフランス革命を痛烈に批判し、その後の恐怖政治とナポレオンの登場までも予見。英国の保守思想を体系化し、のちに「保守主義の源泉」と呼ばれるようになった歴史的名著。

人口論

マルサス
斉藤悦則 訳

「人口の増加は常に食糧の増加を上回る」。デフレ、少子高齢化、貧困・格差の正体が人口から見えてくる。二十一世紀にこそ読まれるべき重要古典を明快な新訳で。（解説・的場昭弘）

存在と時間（全8巻）

ハイデガー
中山元 訳

「存在（ある）」とは何を意味するのか？　刊行以来、哲学の領域を超えてさまざまな分野に影響を与え続ける20世紀最大の書物。定評ある訳文と詳細な解説で攻略する！（全8巻）

★続刊

死霊の恋／ヴィシュヌの化身　ゴーティエ恋愛奇譚集

テオフィル・ゴーティエ／永田千奈・訳

司祭としての人生が始まる瞬間に絶世の美女の悪魔に見初められた男を描く「死霊の恋」、人妻に片思いする青年とその女性の夫の魂が魔術によって入れ替わってしまう「ヴィシュヌの化身」など、欲望と幻想が美しく混淆する官能の奇譚集。

判断力批判（上・下）

カント／中山元・訳

『純粋理性批判』『実践理性批判』につぐ第三の批判書と呼ばれるカントの主著。知性（世界の認識）の能力と理性（意思の自由）の能力の橋渡しとしての「判断力」について、美と崇高さの分析から自然の合目的性という概念へと考察を進める。

ドラキュラ

ブラム・ストーカー／唐戸信嘉・訳

トランシルヴァニア山中の城に潜んでいたドラキュラ伯爵は、獲物を求めて英国ロンドンへ向かう。嵐の中の帆船を意のままに操り、コウモリに姿を変えて忍び寄る魔の手から、ロンドン市民は逃れることができるのか。吸血鬼文学の不朽の名作。